대표저자 소개

이은주 現

- **인지학습치료전문가 / 슈퍼바이저**
- 구성아카데미 대표강사
- 구성커뮤니케이션즈(주) 대표
- 구성심리상담센터 본점 원장
- 한국정신건강심리학회 회장
- 서울사이버대학교 일반대학원 상담 및 임상심리학과 겸임교수
- 경기대학교 사회과학대학 범죄교정심리학과 겸임교수
- 중앙대학교 사범대학 졸업
- 중앙대학교 일반대학원 임상심리학 석사
- 경기대학교 일반대학원 범죄심리학 박사
- 정신건강 임상심리사 1급
- 범죄심리전문가
- 한국심리학회 산하 여성심리학회 여성심리사 1급 및 이사

임의진 現

- **인지학습치료전문가**
- 구성아카데미 워크숍강사
- 구성심리상담센터 인지학습치료사
- 심바키즈 사회성 인지학습치료사
- 서울긍정심리연구소 연구원
- 마인드모스트 연구원
- 한국정신건강심리학회 정회원
- 아주대학교 심리학과 학사 졸업
- 성균관대학교 일반대학원 아동청소년 임상 및 상담심리 석사
- 서울상담심리대학원대학교 긍정심리 박사과정
- 인지학습심리상담사 1급
- 청소년상담사 2급

이수현 現

- **인지학습치료전문가**
- 구성아카데미 워크숍강사
- 구성심리상담센터 인지학습치료사
- 병원 아동발달클리닉 임상심리사 및 인지학습치료사
- 한국정신건강심리학회 정회원
- 건국대학교 미술치료학 대학원 석사
- 인지학습심리상담사 1급
- 임상심리사 1급

목차

1장 개요

2장 수학 기하중심으로 (초등 1~2학년을 위한 인지학습치료 액티비티)

서문

[초등 1~2학년을 위한 인지학습치료 워크북]을 펴는 소중한 우리 친구들, 그리고 늘 곁을 지켜주시는 부모님과 선생님께!

반짝이는 눈망울과 끊임없는 호기심으로 매일을 살아가는 초등 1~2학년 친구들, 안녕하세요! 이 워크북을 통해 만나게 되어 저는 정말 기뻐요!

우리 친구들은 하루하루 새로운 것을 배우고 경험하면서 정말 멋지게 성장하고 있어요. 하지만 때로는 조금 어렵게 느껴지거나, '이게 뭐지?' 하고 헷갈리는 순간도 있을 거예요. 집중하는 게 힘들거나, 방금 배운 것을 금세 잊어버리는 것 같아서 속상했던 적도 있을 수 있죠. 괜찮아요! 그건 너무나도 당연한 일이고, 바로 그런 친구들을 위해 이 워크북이 탄생했답니다.

[초등 1~2학년을 위한 인지학습치료 워크북]은 왜 특별할까요? 여러분의 잠자는 인지 능력을 깨울 보물 지도예요!

놀이처럼 즐거운 학습, 지루할 틈이 없어요! 딱딱한 공부는 이제 그만!
이 워크북은 우리 친구들이 좋아하는 알록달록한 그림과 재미있는 게임, 신나는 퍼즐, 창의력을 키우는 만들기 활동들로 가득 차 있어요. 마치 숨겨진 보물을 찾아 떠나는 모험처럼, 페이지를 넘길 때마다 '어떤 재미있는 일이 기다리고 있을까?' 하는 기대감으로 가득할 거예요. 지루할 틈 없이, '다음엔 뭘 해볼까?'하며 절로 손이 가는 마법 같은 학습 경험을 선사할 거예요!

집중력 쑥쑥! 기억력 팡팡! 생각하는 힘 뿜뿜!
이 워크북에는 우리 친구들의 집중력과 기억력을 키워주고, 문제를 척척 해결하는 논리적인 사고력과 새로운 아이디어를 떠올리는 창의력까지, 이 시기에 필요한 핵심 인지 능력들을 골고루 발달시킬 수 있는 알찬 활동들이 단계별로 구성되어 있어요. 아주 쉬운 활동부터 조금 더 깊이 생각해야 하는 활동까지, 한 발짝씩 나아가다 보면 어느새 '나 이렇게 똑똑했나?' 하고 깜짝 놀랄 만큼 성장한 자신을 발견하게 될 거예요!

"내가 해냈어!" 성취감으로 자신감 UP! 작은 성공이 모여 큰 자신감을 만들어요! 이 워크북은 우리 친구들이 혼자서도 충분히 해낼 수 있도록 아이들 눈높이에 맞춰 세심하게 디자인되었어요. 매 활동을 성공적으로 마칠 때마다 "와, 내가 해냈어!" 하는 짜릿한 성취감을 맛보면서, "나는 무엇이든 잘할 수 있어!"라는 긍정적인 자기 효능감을 키울 수 있을 거예요. 이 과정 자체가 최고의 인지치료가 될 거랍니다!

부모님과 선생님을 위한 따뜻한 길잡이! 아이들 곁에서 이 워크북을 함께 보실 부모님과 선생님들께도 드리고 싶은 말씀이 있어요. 이 책은 아이들에게 지시하고 가르치는 도구가 아니라, 함께 소통하고 공감하며 아이의 작은 시도와 성장을 응원하는 시간들을 선물할 거예요. 활동마다 아이의 흥미를 끌고 격려해 줄 수 있는 팁들도 담겨 있으니, 우리 친구들이 더욱 즐겁게 몰입할 수 있도록 따뜻한 눈빛과 칭찬으로 함께해 주세요! 사랑과 관심은 그 어떤 인지치료보다 강력한 힘이 되니까요!

사랑하는 우리 친구들이 이 워크북과 함께하는 모든 순간이 즐거움으로 가득하고, 자신감으로 빛나며, 무궁무진한 잠재력을 활짝 펼치는 소중한 시간이 되기를 진심으로 바라요. 저는 언제나 여러분의 반짝이는 내일을 응원합니다!

2025년 12월

인지학습치료 워크북 대표저자 **이 은 주** 드림

인지학습치료에 대한 개관

우리 아이의 잠재력을 깨우는 힘: 인지학습치료란 무엇일까요?

안녕하세요, 이 소중한 워크북을 통해 만나게 된 부모님과 선생님 여러분! 우리 아이들이 매일매일 새로운 세상을 탐험하며 한 뼘씩 자라는 모습을 보는 것은 정말 행복한 일이죠? 하지만 때로는 아이들이 학습에 어려움을 느끼거나, 또래보다 조금 느리다고 느껴질 때 마음 졸이는 순간도 있었을 거예요. 이 워크북은 바로 그런 걱정을 덜고, 우리 아이들의 숨겨진 잠재력을 활짝 펼칠 수 있도록 돕기 위해 태어났답니다!

그럼, 이 워크북의 핵심인 '인지학습치료'가 무엇인지, 왜 우리 초등 1~2학년 친구들에게 그토록 중요한지 함께 알아볼까요?

01 인지학습치료, 어렵지 않아요!

인지학습치료는 쉽게 말해, 우리 뇌가 정보를 받아들이고(인지), 저장하고(기억), 활용하는(학습) 과정을 더 효율적이고 즐겁게 만들도록 돕는 전문적인 활동을 의미해요. 아이들이 글씨를 읽고, 숫자를 계산하고, 친구들과 대화하며 새로운 것을 배우는 모든 과정 속에는 '인지 기능'이 숨어있답니다. 이 인지 기능들이 건강하게 발달할수록 아이들은 학습에 더 즐겁게 몰입하고, 학교생활과 일상생활에서도 더욱 자신감을 가질 수 있게 돼요.

특히 초등 1~2학년 시기는 아이들의 뇌 발달이 폭발적으로 일어나는 황금기예요! 이 시기에 적절한 인지학습 자극을 주는 것은 아이들이 앞으로의 학습과 사회성에 필요한 기초 체력을 튼튼하게 다지는 것과 같아요. 어려운 치료처럼 들리겠지만, 사실은 아이들이 좋아하는 놀이와 활동을 통해 자연스럽게 '생각하는 힘'을 키워주는 과정이랍니다!

02 우리 워크북이 키워주는 핵심 인지 기능들 (ft. 왜 중요할까?)

이 워크북은 초등 저학년 아이들에게 특히 중요한 다음 인지 기능들을 놀이처럼 즐겁게 발달시키도록 설계되었어요.

1) 주의 집중력(Attention) - 엉덩이 힘만으론 안 돼!

- **무엇인가요?**

  한 가지 활동에 꾸준히 몰입하고, 중요한 정보에 집중하며 불필요한 자극을 걸러내는 능력이에요.

- **왜 중요할까요?**

  수업 시간에 선생님 말씀을 놓치지 않고, 숙제를 끝까지 해내고, 친구와 대화에 집중하는 등 모든 학습과 일상 활동의 가장 기본적인 토대가 된답니다. 집중력이 부족하면 아무리 머리가 좋아도 학습 효율이 떨어질 수 있어요. 우리 워크북은 그림 찾기, 미로 찾기, 규칙 찾기 같은 활동들로 아이들이 자연스럽게 '선택적 집중'과 '지속적 집중' 훈련하도록 도와줄 거예요!

2) 기억력(Memory) - 잊지 않을 거야!

- **무엇인가요?**

  정보를 받아들이고(등록), 일시적으로 또는 영구적으로 저장하며(유지), 필요할 때 꺼내 쓰는(인출) 능력이에요.

- **왜 중요할까요?**

어제 배운 덧셈을 기억하고, 받아쓰기 단어를 외우고, 친구의 생일을 잊지 않는 등 학교생활과 사회생활 전반에 필수적인 능력이에요. 특히 순간적으로 정보를 기억하고 처리하는 '작업 기억력'은 읽기, 쓰기, 수학 문제해결에 아주 중요한 역할을 해요. 이 워크북에서는 그림 순서 맞추기, 단어 연상하기, 지시 사항 기억하기 등으로 아이들의 다양한 기억력을 재미있게 자극할 거예요!

3) 지각 능력(Perception) - 보고 듣고 느끼고!

- **무엇인가요?**

눈으로 보고(시지각), 귀로 듣는(청지각) 정보를 정확하게 파악하고 해석하는 능력이에요.

- **왜 중요할까요?**

글자 'ㅂ'과 'ㅍ'을 구분하고, 숫자를 바르게 인식하며, 친구의 목소리 톤 변화를 감지하는 데 필요해요. 지각 능력이 부족하면 글자를 거꾸로 쓰거나, 그림을 베껴 그리는 것을 어려워하고, 듣기 이해가 저하될 수 있어요. 이 워크북은 도형 구별하기, 숨은 그림 찾기, 소리 구분하기 같은 활동으로 아이들의 시지각, 청지각 능력을 섬세하게 길러 줄 거예요!

4) 문제해결 능력(Problem-solving) - 포기하지 않는 도전!

- **무엇인가요?**

복잡하거나 새로운 상황에서 목표를 설정하고, 해결책을 찾아 실행하며, 결과를 평가하는 종합적인 사고 능력이에요.

- **왜 중요할까요?**

수학 문제를 푸는 것부터 친구와 갈등을 해결하는 것까지, 우리 삶의 모든 순간은 작은 문제해결의 연속이에요. 이 능력을 통해 아이들은 어려움 앞에서 좌절하지 않고, 주도적으로 방법을 찾으며, 창의적인 아이디어를 발휘할 수 있게 된답니다. 순서에 따라 과제를 해결하거나, 퍼즐을 맞추는 등의 활동을 통해 논리적 사고력과 계획 능력을 향상시킬 수 있을 거예요!

5) 개념 형성 및 추론 능력(Concept Formation & Reasoning) - 아하! 그렇구나!

- **무엇인가요?**

다양한 정보 속에서 공통점을 찾아 묶고(개념 형성), 주어진 정보들을 바탕으로 새로운 사실을 이끌어내는(추론) 능력이에요.

- **왜 중요할까요?**

사물을 종류별로 나누고, 왜 그렇게 되는지 이유를 생각하며, 상황을 예측하는 데 필요해요. 이는 나중에 복잡한 과학이나 사회 과목을 이해하는 기초가 되며, 세상을 논리적으로 이해하는 눈을 길러준답니다. 범주화 활동, 규칙 찾기, 이야기 다음 내용 예측하기 등을 통해 아이들의 비판적 사고력과 통찰력을 키워줄 거예요!

03 [인지학습치료 전문가를 위한 인지학습치료 워크북]으로 아이의 성장을 응원해요!

이 워크북은 단순히 '치료'의 개념을 넘어, 우리 아이들이 가지고 있는 무한한 잠재력을 발견하고, 자신감을 가지고 세상을 탐험할 수 있도록 돕는 '성장 가이드'예요.

- **놀이 중심 학습**
  : 아이들이 좋아하는 다채로운 그림과 재미있는 스토리가 있는 활동으로 '공부'라는 생각 없이 즐겁게 인지 기능을 발달시킬 수 있도록 했어요.

- **단계별 맞춤 설계**
  : 초등 1~2학년 아이들의 발달 수준에 맞춰 쉬운 단계부터 점차 난이도를 높여가며 성취감을 느낄 수 있도록 구성했어요.

- **긍정적 경험**
  : 활동 하나하나를 마칠 때마다 "내가 해냈어!"라는 기쁨을 맛보며, 스스로 학습할 수 있다는 자기 효능감을 키워줄 거예요.

이 워크북과 함께하는 모든 시간이 우리 아이들의 행복하고 건강한 성장을 위한 소중한 밑거름이 되기를 진심으로 바랍니다. 부모님과 선생님의 따뜻한 관심과 격려는 아이들이 더욱 즐겁게 나아갈 수 있는 가장 큰 힘이 될 거예요.

저는 언제나 우리 아이들의 빛나는 내일을 응원합니다!

1장 개요

01 인지학습치료란?

02 인지학습치료의 주 대상은 누구일까요?

03 인지학습치료의 치료 과정 및 구조화

04 인지학습치료, 우리 아이들에게 어떤 좋은 영향을 줄까?

05 초등학교 1~2학년, 인지학습치료가 꼭 필요한 이유!

01 인지학습치료란?

1) 인지학습치료(Cognitive Learning Therapy)에 대한 전문적 이해

사랑스러운 자녀들의 건강한 성장을 위해 이 워크북에 관심을 가져주신 부모님과, 현장에서 아이들을 이끌어주시는 선생님들께 깊이 감사드립니다. 우리 아이들의 잠재력을 극대화하는 중요한 도구인 '인지학습치료(Cognitive Learning Therapy)'에 대해 보다 전문적이고 심층적인 관점에서 설명해 드리고자 합니다.

(1) 인지학습치료의 개념 정의

인지학습치료는 뇌의 핵심 인지 기능들을 체계적으로 평가하고, 개별 아동의 인지적 강점과 약점을 파악하여, 과학적 근거에 기반한 중재 활동을 통해 해당 기능을 강화함으로써 학습 효율성을 증진시키고 전반적인 발달을 촉진하는 다학제적 접근 방식입니다. 이는 단순히 학업 성적 향상을 넘어, 아동이 정보를 처리하고 활용하는 능력을 근본적으로 개선하여 자기 주도적 학습자이자 유능한 사회 구성원으로 성장할 수 있도록 돕는 총체적인 과정입니다. 여기서 '치료(Therapy)'라는 용어는 의학적 처치보다는 체계적이고 목적 지향적인 '중재(Intervention)' 및 '지원(Support)'의 의미를 내포하고 있습니다.

(2) 인지학습치료가 초점을 두는 핵심 인지 기능들

초등 1~2학년 시기는 인지 발달의 '결정적 시기(Critical Period)'로, 이 시기의 적절한 인지적 자극은 뇌 신경망 형성 및 인지 기능 통합에 지대한 영향을 미칩니다. 본 워크북에서 중점적으로 다루는 주요 인지 기능은 다음과 같습니다.

① 주의 집중력(Attention & Focus)

정의 특정 자극에 의식적으로 초점을 맞추고 불필요한 자극을 걸러내는 능력입니다. 이는 선택적 주의(Selective Attention), 지속적 주의(Sustained Attention), 그리고 여러 과제에 주의를 분배하는 분할 주의(Divided Attention) 등으로 세분화됩니다.

중요성 모든 학습 활동의 기초가 되는 능력으로, 수업 내용을 경청하고, 과제를 수행하며, 독서에 몰입하는 등 학업 성취에 직접적인 영향을 미칩니다. 주의력 결핍은 학습 부진의 주요 원인이 될 수 있습니다.

② 기억력(Memory)

정의 정보를 부호화(Encoding)하고 저장(Storage)하며 필요시 인출(Retrieval)하는 일련의 과정입니다. 특히 학습에서는 '작업 기억(Working Memory)'과 '장기 기억(Long-term Memory)'이 중요하게 작용합니다. 작업 기억은 정보를 일시적으로 유지하고 조작하는 능력으로, 문제해결, 추론, 언어 이해에 필수적입니다.

중요성 단어 암기, 수학 공식 이해, 지시 사항 기억, 복잡한 지문 해석 등 학교생활 전반에 걸쳐 학습된 정보를 유지하고 활용하는 핵심적인 능력입니다.

③ 지각 능력(Perception)

정의 시각, 청각 등 감각 기관을 통해 외부 정보를 받아들이고 이를 의미 있는 형태로 조직하고 해석하는 능력입니다. 여기에는 시지각(Visual Perception) 및 '청지각(Auditory Perception)'이 포함되며, 형태-배경 변별, 시각 통합, 공간 지각 등이 하위 요소로 작용합니다.

중요성 글자 변별(예: 'b'와 'd'), 그림이나 도표 이해, 소리 구분, 타인의 표정이나 비언어적 단서 해석 등 기본적인 학습 활동 및 사회적 상호작용에 필수적입니다. 지각 능력의 어려움은 읽기, 쓰기, 수학 등 특정 학습 영역의 어려움으로 이어질 수 있습니다.

④ 실행 기능(Executive Functions)

정의 목표 지향적인 행동을 계획하고, 조직하며, 시작하고, 유지 및 조절하는 고차원적인 인지 과정입니다. 여기에는 계획(Planning), 조직화(Organizing), 문제해결(Problem-solving), 인지적 유연성(Cognitive Flexibility), 충동 억제(Impulse Control), 자기 조절(Self-regulation) 등이 포함됩니다.

중요성 과제 수행 계획, 시간 관리, 우선순위 설정, 새로운 전략 수립 등 복잡한 학업 및 일상생활의 문제해결에 중추적인 역할을 합니다. 실행 기능의 발달은 자기 통제력과 독립적인 학습 능력을 키우는 데 결정적입니다.

⑤ 언어 능력(Language Skills)

정의 의사소통을 위해 기호(말, 글)를 이해하고 사용하는 능력으로, 수용 언어(Receptive Language: 듣고 이해하기)와 표현 언어(Expressive Language: 말하고 쓰기)로 구성됩니다. 어휘력, 구문론, 화용론 등이 중요 요소입니다.

중요성 지시 이해, 질문에 답변, 생각 표현, 독해 및 작문 등 학업 성취와 사회적 상호작용의 근간을 이룹니다.

⑥ 추론 및 문제해결 능력(Reasoning & Problem-Solving)

정의 주어진 정보들을 논리적으로 분석하고, 관계를 파악하며, 일반적인 원리를 도출하거나(귀납적 추론), 특정 상황에 적용하여(연역적 추론) 최적의 해결책을 찾는 복합적인 사고 능력입니다.

중요성 수학 문제해결, 과학적 탐구, 사회 현상 이해 등 비판적 사고력과 창의적 문제해결 능력을 요구하는 고차원적인 학습 활동에 필수적이며, 현실 세계의 다양한 도전 과제에 대처하는 역량을 길러 줍니다.

(3) 인지학습치료의 목적과 본 워크북의 역할

본 워크북은 위에서 언급된 핵심 인지 기능들을 아동의 발달 단계에 적합한 놀이와 활동 기반의 체계적인 프로그램을 통해 강화하는 것을 목표로 합니다. 각 활동은 특정 인지 기능을 활성화하도록 정교하게 설계되었으며, 이는 아동이 직접 경험하고 탐색하는 과정을 통해 자연스럽게 학습 능력을 향상시킬 수 있도록 돕습니다.

인지학습치료는 일회성 해결책이 아닌, 지속적인 관심과 적절한 중재를 통해 아동이 자신의 잠재력을 최대한 발휘하고, 스스로 학습하는 즐거움을 경험하며, 학업적 성공을 넘어 삶의 전반에서 유능감을 느낄 수 있도록 지지하는 과정입니다. 이 워크북이 그러한 소중한 여정에 든든한 동반자가 되기를 진심으로 바랍니다.

02 인지학습치료의 주 대상은 누구일까요?

인지학습치료는 정말 다양한 아이들에게 도움이 되는 만큼, 그 대상도 생각보다 넓습니다. 그냥 '공부 못하는 아이'가 아니라, 각자의 어려움 때문에 잠재력을 충분히 발휘하지 못하는 사람들을 위한 맞춤형 솔루션이라고 보면 됩니다.

주요 대상 그룹을 더 자세히 설명드리겠습니다.

1) 주의집중 및 과잉행동에 어려움이 있는 친구들

- **집중력이 낮아 산만한 아동:** 가만히 앉아 있기 힘들어하거나, 쉽게 주변 자극에 방해받아서 한 가지 활동에 몰입하기 어려운 친구들이 많습니다. 특히 ADHD(주의력결핍 과잉행동장애) 진단을 받은 아동들이 대표적입니다.
- **과제 시작이나 완료가 어려운 아동:** 집중이 어렵다 보니 새로운 과제를 시작하는 걸 힘들어하고, 한번 시작해도 끝까지 마무리 짓는 데 어려움을 느끼는 경우가 많습니다.
- **선택적 주의 집중이 어려운 아동:** 여러 정보 중에서 중요한 것을 가려내고 집중하는 능력이 부족해서 정보 과부하를 느끼거나 중요한 내용을 놓치기 쉽습니다.

2) 학습 능력 및 학업 성취에 어려움이 있는 친구들

- **학습 부진 및 학습 지진 아동:** 지능 자체에는 문제가 없는데도 불구하고 학업 성취도가 또래에 비해 현저히 낮은 친구들입니다. 주로 읽기, 쓰기, 셈하기 같은 기초 학습 기술에서 어려움을 겪는 경우가 많습니다.
- **학습 무기력감을 느끼는 아동:** 자기 지적 잠재력과 실제 성취 수준 사이에 불균형이 있어서 "아, 난 원래 안 돼..." 하고 포기하거나 의욕이 없는 친구들을 말합니다. 이런 친구들은 기초 교육이나 특정 영역에서 특히 어려움을 보이기도 합니다.
- **인지 기능의 저하로 인한 학습 어려움 아동:** 시각 정보 처리, 청각 정보 처리, 단기/장기 기억력, 추론 능력 등 인지 기능이 또래보다 느리거나 부족해서 학습 과정 자체를 힘들어하는 친구들입니다.

3) 발달 전반에 걸친 어려움이 있는 친구들

- **발달 지연 및 특정 증후군 아동:** 전반적인 발달이 또래보다 늦거나, 다운 증후군, 취약 X 증후군 등 특정 증후군으로 인해 인지 발달에 어려움을 겪는 친구들도 인지학습치료의 중요한 대상입니다.
- **시지각, 소근육 발달 등 세부 능력에 어려움이 있는 아동:** 글씨를 읽을 때 글자가 겹쳐 보이거나, 형태를 인지하는 데 어려움이 있는 '시지각 장애'를 가진 친구들이나, 연필 쥐기, 가위질 같은 '소근육 발달'이 느려서 학습 활동에 제약이 있는 친구들도 있습니다.
- **착석이나 수용/표현 언어에 어려움이 있는 아동:** 수업 시간에 자리에 앉아 있기 힘들어하거나, 선생님이나 친구의 말을 이해하는 데(수용 언어) 또는 자기 생각을 말로 표현하는 데(표현 언어) 어려움을 느끼는 친구들도 인지학습치료를 통해 발달을 촉진할 수 있습니다.

결론적으로, 인지학습치료는 단순히 주입식 교육으로 IQ나 학업 성취도를 높이려는 게 아니라, 아이 스스로 능동적으로 학습할 수 있도록 주의집중력, 기억력, 사고력 같은 핵심 인지 기능을 강화하는 데 초점을 맞춘 치료입니다.

우리 아이들이 자신의 강점을 찾고, 부족한 부분은 채워나가면서 잠재력을 활짝 펼칠 수 있도록 돕는 게 바로 인지학습치료의 궁극적인 목표라고 보면 됩니다.

03 인지학습치료의 치료 과정 및 구조화

인지학습치료는 아론 벡(Aaron Beck)에 의해 개발된 인지치료에서 확장된 개념이라고 이해하면 됩니다. 기본적인 틀은 인지치료를 따르면서 학습과 인지 발달에 초점을 맞추는 것입니다. 이 치료는 아주 능동적이고, 지시적이며, 시간 제한적이고, 현재에 초점을 맞춘 구조화된 방식이라는 특징이 있습니다.

1) 인지학습치료의 핵심! 인지 기능 발달에 초점!

인지학습치료의 가장 중요한 목표는 바로 우리 아이들의 인지 기능을 건강하게 발달시키는 데 있습니다. 인지 기능이란 지식을 습득하고, 개념을 만들고, 생각을 정리하고, 기억하고, 문제를 해결하고, 이름 붙이고, 원인과 결과를 이해하고, 추론하며, 규칙을 알고 일반화하는 모든 정신적인 활동을 말합니다. 그래서 치료 과정에서는 사회적 단서를 읽거나, 얼굴 표정을 이해하거나, 감정을 인지하고 자신의 감정을 파악하는 사회인지 과정도 중요한 부분으로 다뤄집니다. 우리 아이들이 세상을 더 잘 이해하고 상호작용할 수 있게 돕는 것입니다.

2) 치료 목표 설정: 우리 아이에게 딱 맞는 맞춤형 목표 찾기!

인지학습치료는 단순히 문제해결에만 집중하는 게 아니라, 아이가 가장 중요하다고 여기는 염려나 문제를 다루는 목표를 선택하도록 돕는 것부터 시작합니다. 이때, 아주 가까운 미래에 달성할 수 있는 현실적인 단기 목표들을 세우는 게 중요하다고 합니다. "어? 그럼 장기 목표는?" 하고 궁금해할 수 있는데, 단기 목표들을 차근차근 달성하면서 결국은 더 큰 변화를 이끌어 내는 거지! 몰입 100처럼 워크북을 만들 때도 이런 부분들을 고려해서 아이들이 성취감을 느낄 수 있도록 단계를 나누는 게 필요합니다.

3) 인지 재구조화: 생각의 틀을 바꾸는 마법!

치료 과정에서는 아이들의 인지 수준을 이해하는 것이 정말 중요합니다. 크게 네 가지로 나누어 볼 수 있는데, 바로 자동적 사고, 중재적 신념(중간 믿음), 핵심 신념(핵심 믿음), 그리고 스키마/도식입니다.

- **자동적 사고:** 이건 우리 마음속에 계속해서 스쳐 지나가는 생각의 흐름인데, 어떤 상황에서 느끼는 감정을 결정하는 데 영향을 미칩니다.
- **중재적 신념:** 자동적 사고를 형성하는 좀 더 극단적이고 절대적인 규칙이나 태도를 말합니다. 우리 아이들이 "난 이걸 못 해!" 같은 생각들이 여기에 해당할 수 있습니다.
- **핵심 신념:** 자신, 세상, 타인, 미래에 대한 가장 근본적인 생각입니다. 여러분도 혹시 "나는 원래 좀 이런 사람이야" 같은 핵심 신념이 있을까요?
- **스키마/도식:** 이런 모든 인지 수준을 지배하는, 정보를 처리하고 행동을 결정하는 정신 내의 인지 구조라고 할 수 있습니다.

치료사 선생님은 아이들이 이런 생각들을 스스로 인식하고, 좀 더 건강하고 유연하게 바꿀 수 있도록 돕는 과정을 거칩니다. 예를 들어, "나는 수학을 못 해"라는 생각을 "수학은 어렵지만 노력하면 잘할 수 있어"라고 바꾸도록 격려하는 거지! 생각의 힘이 얼마나 큰지 모릅니다!

4) 구조화된 치료 회기: 예측 가능한 안정감 속에서 성장!

인지학습치료는 매우 구조화된 절차를 따르기 때문에 아이들에게 예측 가능성과 안정감을 줄 수 있다는 장점이 있습니다. 보통 회기는 다음과 같은 방식으로 진행될 수 있습니다.

- **시작: 준비와 라포 형성**
  - 지난 활동 돌아보기(과제 또는 이전 활동 간단 점검)
  - 오늘의 컨디션 확인(기분·집중 상태)
  - 오늘 활동의 목표 안내(무엇을 해볼지 예고)

- **중간: 인지 기능 훈련 활동**
  - 핵심 인지 기능 자극 활동
    (언어이해, 주의집중, 시공간, 추론, 작업기억, 처리속도 등)
  - 사고 과정 점검(다르게 생각해 보기, 다른 방법 찾기)
  - 사회인지 및 정서인지(상황 이해, 감정 읽기, 인과관계, 내 마음 상태 인지, 자기표현, 역할 바꾸기 등)

- **마무리: 정리·표현·일반화**
  - 오늘 활동 내용 함께 정리
  - 만들기·그리기·상상하기 등으로 오늘 활동을 자기 방식으로 표현
  - 자신의 결과물에 대해 말로 설명하거나 발표
  - 잘한 점과 노력한 점에 대한 피드백
  - 가정 및 일상에서 적용해 볼 과제 안내

이런 명확한 구조 덕분에 아이들은 자신이 무엇을 해야 할지 알고, 단계별로 성장하는 경험을 할 수 있습니다.

04 인지학습치료, 우리 아이들에게 어떤 좋은 영향을 줄까?

인지학습치료는 단순히 학습 능력만 키워주는 게 아니라, 아이들이 세상을 인식하고 문제를 해결하며 성장하는 데 필요한 전반적인 인지적, 정서적 역량을 길러주는 아주 종합적인 치료입니다.

1) 집중력 & 학습 태도 UP!

가장 먼저 눈에 띄는 효과 중 하나는 바로 집중력 향상입니다. 인지학습치료를 받으면 아이들이 학습할 태도를 갖추게 되고, 자연스럽게 집중력이 높아지면서 한자리에 앉아 있는 시간이 늘어나는 효과를 볼 수 있습니다. 우리 어른들도 가끔 딴생각할 때가 있지만, 이건 아이들에게 정말 중요한 변화라고 할 수 있습니다.

2) 똑똑한 사고력 & 문제해결 능력 강화!

이 치료는 아이들의 사고 능력과 문제해결 능력을 쑥쑥 키워줍니다. 복잡한 문제를 만나도 당황하지 않고, 차근차근 해결해 나가는 힘을 길러주는 것입니다. 또, 학습 내용을 더 잘 조직화해서 머릿속에 오래오래 기억할 수 있도록 도와줍니다. 마치 복잡한 서랍 속에 물건을 잘 정리해서 나중에 필요할 때 쏙쏙 꺼내 쓰는 것과 비슷하다고 보면 됩니다.

3) 학습 효율성 최고!

인지학습치료는 아이들이 더 효율적으로 학습할 수 있도록 다양한 기술을 가르쳐줍니다.

- **학습 동기 향상 훈련:** "공부 재미없어!" 하던 아이들도 "나도 할 수 있어!"라는 마음을 갖게 되는 것입니다.
- **주의 집중력 향상 훈련:** 딴생각을 줄이고, 지금 하는 학습에 온전히 몰입하게끔 돕습니다.
- **시간 계획 훈련:** 계획을 세우고 실천하는 법을 배워서 스스로 학습 시간을 관리하게 됩니다.
- **학습 공간 조직화 훈련:** "내 책상은 왜 항상 전쟁터 같을까?" 하는 아이들도 학습 공간을 깔끔하게 정리하는 습관을 들이게 됩니다.
- **기억 기술 훈련:** 암기력을 높이는 다양한 방법들을 익혀서 더 오래, 더 잘 기억하게 됩니다.
- **효율적 읽기 훈련 & 노트 필기 기술 훈련:** 교과서를 더 효과적으로 읽고, 중요한 내용을 잘 정리하는 법을 배우는 것입니다.

이렇게 효율적인 학습 방법을 익히면 아이들이 공부를 훨씬 재미있고 쉽게 느낄 수 있겠죠?

4) 긍정적인 자아 개념 형성 & 정서 안정!

학습에서 오는 성취감은 아이들에게 엄청난 힘을 줍니다. 인지학습치료를 통해 아이들은 "나도 잘할 수 있네!" 하는 학습 성취감을 느끼고, 이런 긍정적인 경험들이 쌓여서 긍정적인 자아 개념을 형성하게 됩니다. 자신감이 뿜뿜 생기는 것입니다! 게다가 감정을 인지하고, 조절하는 사회인지 과정 훈련도 있어서 정서적으로도 안정감을 찾을 수 있게 됩니다.

5) 우리 아이만을 위한 맞춤형 치료!

모든 아이는 다 다릅니다! 인지학습치료는 아이의 지능 평가, 심리 평가, 기초 학습 기능 검사, 주의력 검사 등을 통해 학습 능력뿐만 아니라 성격, 정서, 적성까지 고려한 개인별 맞춤 학습 프로그램으로 진행됩니다. 그래서 우리 아이에게 딱 맞는 효과를 기대할 수 있는 것입니다.

05 초등학교 1~2학년, 인지학습치료가 꼭 필요한 이유!

이 시기의 아이들은 인지 발달과 학습의 기초를 다지는 골든타임을 보내고 있습니다. 이때 제대로 된 도움이 이루어지지 않으면, 나중에 더 큰 어려움으로 이어질 수 있어서 정말 섬세한 접근이 필요합니다.

1) 뇌 발달의 황금기 & 결정적 시기!

초등학교 저학년 시기는 아이들의 뇌가 폭발적으로 발달하는 시기입니다. 특히 집중력, 기억력, 문제해결 능력 등 인지 기능이 빠르게 형성되고 성숙해지는 결정적인 시기입니다. 이때 적절한 인지학습치료를 받으면 뇌의 발달을 촉진하고, 인지 능력의 기반을 튼튼하게 다질 수 있습니다. 말랑말랑한 뇌에 좋은 자극을 줘서 잠재력을 최대한 끌어올릴 수 있습니다.

2) 기초 학습 능력의 초석 다지기!

1, 2학년은 국어, 수학 등 모든 학습의 기초가 되는 읽기, 쓰기, 셈하기 능력을 배우는 아주 중요한 시기입니다. 만약 이 시기에 기초가 부실하면, 고학년으로 올라갈수록 학업 성취도가 뒤처지게 되고 학습에 대한 흥미를 잃기 쉬워집니다. 인지학습치료는 바로 이 기초 학습 능력 발달에 필수적인 인지적 과정을 강화해서, 아이들이 학습의 계단을 차근차근 밟아 올라갈 수 있도록 도와줍니다.

3) 학습 부진 및 지연의 조기 발견 & 개입!

아이들은 각자 발달 속도가 다르기 때문에, 어떤 아이는 읽기나 쓰기, 집중하는 데 또래보다 어려움을 겪을 수 있습니다. 이 시기에 나타나는 사소한 학습 지연이나 부진은 조기에 발견하고 개입하는 것이 정말 중요합니다. 인지학습치료는 아이들의 인지적 강점과 약점을 파악해서 맞춤형으로 개입함으로써, 나중에 학습 장애나 학습 부진이 더 심화되는 것을 예방하고 빠르게 정상 궤도로 돌릴 수 있게 해줍니다.

4) 긍정적인 학습 경험 & 정서 발달 지원!

학습 초기 단계에서 실패감을 경험하거나 좌절하게 되면, 아이들은 "나는 못 해"라는 부정적인 생각을 갖기 쉬워집니다. 이는 자신감 하락은 물론, 또래 관계나 학교생활에도 악영향을 줄 수 있습니다. 인지학습치료는 아이들이 작은 성공들을 경험하게 함으로써 학습에 대한 긍정적인 태도와 동기를 심어주고, "나도 할 수 있어!"라는 자아 효능감을 높여줍니다. 긍정적인 정서 발달에도 큰 도움을 주는 것입니다.

5) 환경 변화에 적응 & 문제해결 능력 향상!

초등학교에 입학하면서 아이들은 유치원과는 완전히 다른 학습 환경과 규칙에 적응해야 합니다. 혼자서 숙제를 하고, 발표하고, 문제해결을 해야 하는 새로운 도전에 직면하는 시기인 만큼, 변화된 환경에 잘 적응할 수 있는 인지적 유연성과 문제해결 능력을 길러주는 것이 중요합니다. 인지학습치료는 이런 사회적인 맥락에서의 인지 기능도 함께 발달시켜 준다고 보면 됩니다.

2장

수학

기하중심으로

초등 1~2학년을 위한 인지학습치료 엑티비티

1 회기 주사위로 알아보는 정육면체

1 준비물

주사위(점, 숫자로 된 여러 종류의 주사위), 필기구, 가위, 풀, 양면테이프

2 적용 대상

평균 하(80~89) 지능에 해당하는 초등학교 1~2학년 학생

3 적용 시기

초기

4 소요 시간

약 50분

5 향상 목표 주요 지표

언어이해, 시공간, 유동추론

① 주사위 놀이

약 10분

주사위 놀이를 해본 적 있나요?

주사위는 우리가 게임을 할 때 자주 사용하는 **정육면체**의 사물이에요. 주사위의 6면에는 각각 1부터 6까지의 숫자가 적혀 있거나 숫자에 해당하는 수 만큼의 점이 찍혀 있어요.

주사위의 숫자에 숨겨진 비밀 하나, 바로 주사위의 한 면에 적힌 숫자와 그 반대쪽 면에 적힌 숫자를 더하면 늘 ________이 된다는 사실이에요! 신기하죠? 게임할 때 주사위를 굴릴 때마다 이 비밀을 떠올려 보세요.

치료사용 지침

① 다양한 주사위(숫자, 점이 찍힌)를 준비해 굴려 보고 만져 보며 탐색하게 해요. ② 주사위 놀이를 해본 경험에 대해 나누며 주사위를 탐색한 후, 본 활동지를 제시합니다. ③ 글을 함께 읽고 주사위를 직접 굴려 보며 빈칸을 채워 보게 합니다.

정답 7, 6, 정사각형, 12, 8, 3

정육면체란?

정육면체는 길이, 너비, 높이로 이루어진 3차원의 도형이에요. 정육면체에는 면이 ______개 있고,
모든 면은 □□□□ 모양이에요.
또한, 변(모서리라고도 해요)은 ______개,
꼭짓점은 ______가 있으며,
각 꼭짓점에서는 ______개의 면이 만난답니다.

기하 1회기

② 주사위를 펼치면…

약 15분

주사위를 펼쳐보면 어떤 모습이 될까요?

수학에서는 이렇게 입체적인 사물의 구조를 전개도로 나타내요. 전개도는 3차원 도형의 표면을 평면 위에 펼쳐 놓은 모양을 말한답니다.

정육면체 전개도는 옆의 그림처럼 생겼어요. 정육면체의 모든 면은 정사각형이고, 총 ______개의 정사각형 면으로 이루어져 있어요.

전개도대로 정육면체를 만들려면 각 면이 서로 이어진 띠 모양의 종이가 필요해요. 이 종이를 면 안쪽으로 접은 뒤 풀로 붙이면, 멋진 정육면체 모양의 주사위가 완성되지요.

우리 함께 직접 주사위를 만들어 볼까요?

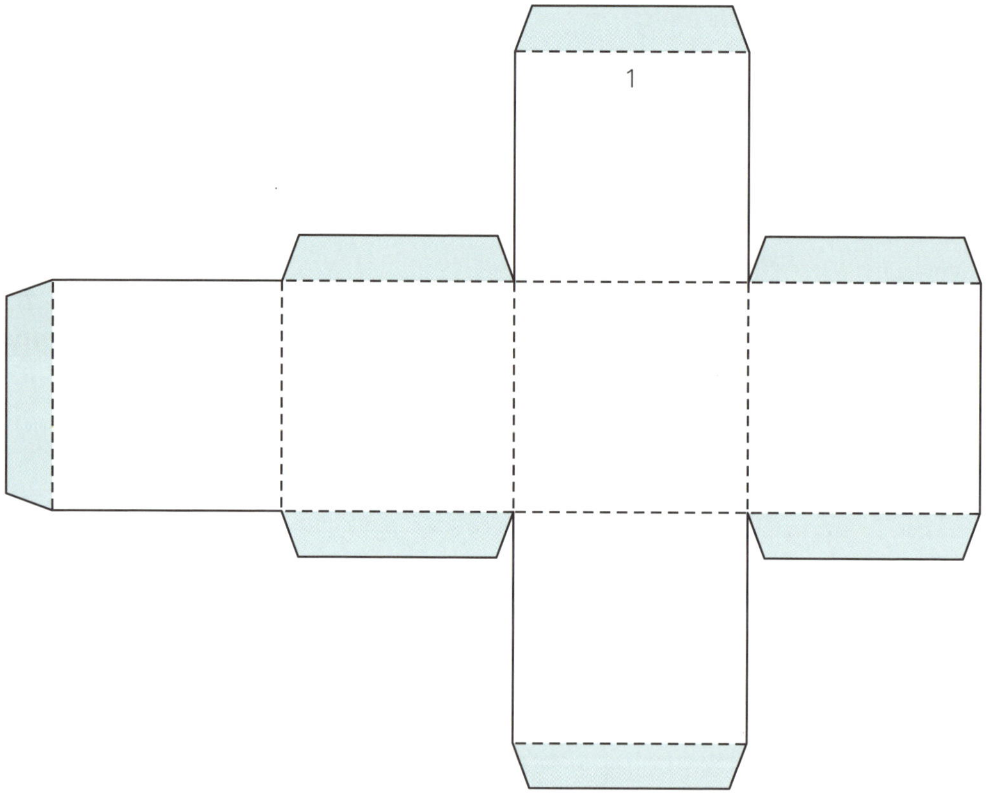

치료사용 지침

① 가위, 풀을 준비하여 전개도를 오리게 합니다. ② 붙이기 전 각 면에 들어갈 숫자대로 점을 찍어보게 합니다. 이때 반대쪽 면에 적힌 숫자끼리 합치면 7이 된다는 사실을 다시 한번 알려주고 어떤 면과 어떤 면이 반대쪽에서 만나게 될지 유추해 보게 합니다. ③ 그리고 주사위로 만들었을 때 숫자들이 제대로 쓰였는지 함께 점검해 봅니다.

정답 6

기하 1회기

약 15분

③ 주사위 속의 나

이번에는 새로운 전개도를 이용하여
나를 소개하는 주사위를 만들어볼까요?

좋아하는 것과 싫어하는 것,
자신 있는 것과 자신 없는 것이
반대면이 되는 칸에 쓰여 있어요.

주사위를 던져보고
나오는 질문에 답해 봅시다.
그리고 반대면에 있는 질문에도
함께 답해보며 나를 소개해 보아요.

치료사용 지침

① 가위, 풀을 준비하여 전개도를 자르게 합니다. ② 이 전개도는 앞서 나온 전개도와 모양은 다르지만 결국 같은 정육면체로 나오게 됨을 알려줍니다.

③ 첫 시간이니만큼 라포 형성을 위해, 학생이 자신의 이야기를 가볍고 편안하게 나눌 수 있도록 도와주세요.

기하
1회기

④ 주사위를 만드는 11가지 방법

약 5분

같은 정육면체이지만 11가지의 방법의 전개도를 그려서 완성할 수 있답니다.
정육면체 전개도의 **공통점**은 무엇일까요?

치료사용 지침

① 같은 정육면체이지만 11가지의 방법의 전개도를 그릴 수 있음을 설명합니다. ② 각 전개도의 모양을 살펴보고 이들의 공통점이 무엇인지 유추해 보게 합니다. 면이 6개인 점, 모든 면이 정사각형인 점 등을 말할 수 있도록 이끌어내 줍니다.

기하 1회기

⑤ 우리 주변의 정육면체

약 5분

우리 주변에서 볼 수 있는 정육면체는 어떤 것들이 있을까요?

치료사용 지침

① 우리 주변에서 볼 수 있는 다양한 정육면체의 사물들에 대해 이야기 나눠 봅니다.
② 활동지에 나와있지 않은 사물 중에서도 어떤 것들이 떠오르는지 이야기할 수 있게 합니다.

과제

집에서 해봅시다.

앞서 우리는 같은 정육면체 모양도 11가지의 방법으로 전개도를 그릴 수 있다는 것을 배웠어요.
그렇다면 서로 반대면이 되는 면을 같은 색으로 **색칠**해볼까요?

2회기

다양한 도형 알기

1 준비물

7가베 혹은 패턴블럭 교구, 스티커, 필기구, 가위, 풀, 테이프

2 적용 대상

평균 하(80~89) 지능에 해당하는 초등학교 1~2학년 학생

3 적용 시기

초기

4 소요 시간

약 50분

5 향상 목표 주요 지표

언어이해, 시공간, 유동추론, 작업기억, 처리속도

기하 2회기

① 우리 주변의 다양한 도형

약 5분

- 우리 주변에는 다양한 모양의 도형이 있어요.
  점, 선, 면, 체로 이루어진 도형에는 삼각형, 사각형, 원, 구 등이 있지요.
- 아래 그림들을 보고 **같은 모양끼리 묶어 보세요.**

치료사용 지침

① 우리 주변에 있는 도형들을 알려주고, '네모', '세모', '동그라미'의 명칭보다는 '사각형', '삼각형', '원 ' 이라는 수학적인 용어로 말할 수 있도록 유도해 주세요. ② 교실에서 볼 수 있는 다양한 도형들을 더 탐색해볼 수 있도록 이끌어 주세요.

기하 2회기

② 그래프 만들기

약 5분

다양한 도형들에 대해 충분히 탐색해 보았나요?
그렇다면 앞에서 묶어 본 도형들이 각각 몇 개씩 있었는지 **그래프로 표현**해 볼까요?

	총 ________ 개	총 ________ 개	총 ________ 개
4			
3			
2			
1			
개수 / 도형	▲	■	●

치료사용 지침

① 앞장에서 본 도형들의 개수를 그래프로 표현해 보게 합니다. 막대 그래프도 좋고 칸마다 좋아하는 스티커를 붙여 표현하는 방법도 있습니다. 다양한 방식으로 그래프의 개념과 특성에 접근할 수 있도록 지도해 주세요. ② 막대 그래프를 통해 도형의 개수를 직관적으로 비교할 수 있었음을 알려 주시고, 각 도형의 개수는 몇 개씩이었는지 빈 부분을 채워 볼 수 있도록 도와 주세요.

정답 ▲ : 4 / 삼각자, 삼각형 경고 표지판, 피자 조각, 트라이앵글 ■ : 2 / 책, 창문 ● : 3 / 팬케이크 접시, 스마일 얼굴, 축구공

기하
2회기

③ 우리 주변의 정육면체

약
10분

도형과 색의 분류에 따라 **매트릭스**를 채워 넣어 볼까요?

	빨강	파랑	초록	보라
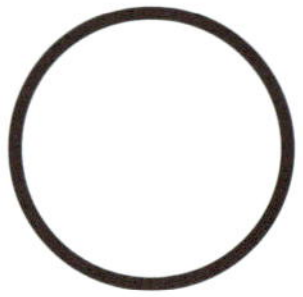				

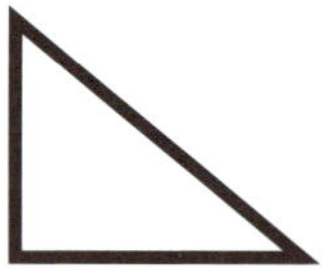				

치료사용 지침

① 매트릭스 속 도형, 색의 조건에 맞추어 매트릭스를 채워 보게 합니다. ② 이 때, 가베나 패턴도형 등의 실물 교구를 활용하면 효과적이에요. 그러나, 교구가 구비되어 있지 않다면 색연필로 그림을 직접 그려 넣을 수도 있습니다.

기하 2회기

④ 패턴 목걸이 만들기

약 10분

오늘은 사랑하는 엄마의 생신 날!
엄마에게 생신 선물로 예쁜 목걸이를 만들어 걸어 드리려고 해요.
패턴에 따라 목걸이를 만든다고 할 때, 다음 순서에 맞는 도형을 그려 넣어 목걸이를 완성해 보세요.

치료사용 지침

① 앞서 나온 도형의 패턴을 보고 추론함으로써 AB 패턴을 이해하게 합니다.

정답 왼쪽: ●, ▲, 오른쪽: ■, ◆

기하 2회기

⑤ 내 손에서 탄생하는 도형

약 10분

이번에는 직접 도형들을 가위로 오려서 만들어 볼까요?
내가 오린 도형들을 가지고 어떤 것을 만들 수 있을까요?

치료사용 지침

① 가위를 이용하여 도형들을 오려 보게 합니다. ② 정삼각형이나 정사각형 외에도 이등변삼각형, 직각삼각형, 직각 이등변삼각형, 직사각형, 사다리꼴 등의 도형도 점과 선의 개수에 따라 삼각형 또는 사각형으로 분류될 수 있음을 알려 줍니다. 뿐만 아니라 크기, 방향, 모양이 다른 여러 예시들을 알게 해줍니다.

⑥ 내 손에서 탄생하는 도형

약 10분

이번에는 내가 직접 오린 도형들을 가지고 **멋진 그림**을 만들어 볼까요?

(예시)

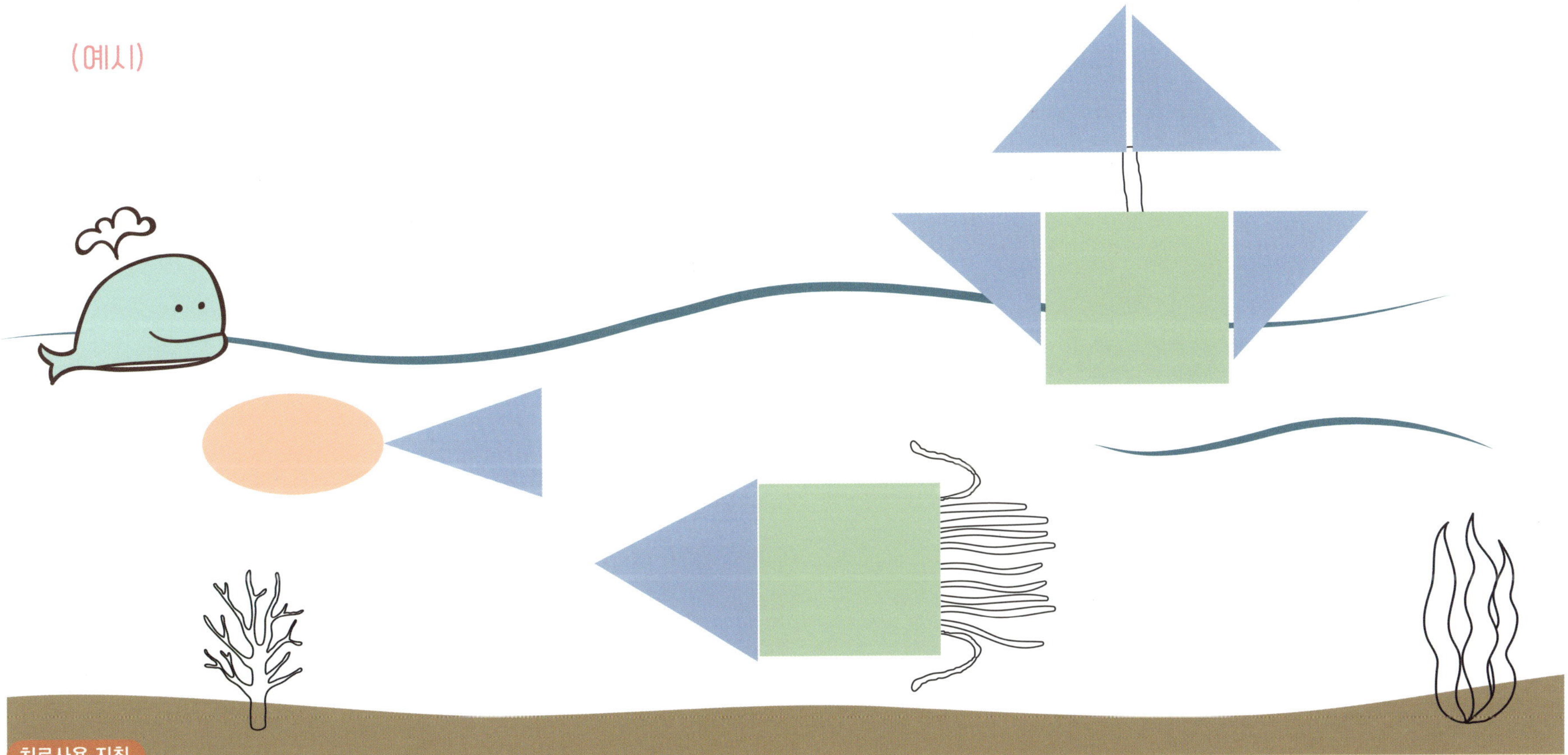

치료사용 지침

① 가위로 오린 다양한 도형들을 가지고 빈 종이 위에 두고 자유롭게 배치하고 결합하여 다양한 형태의 그림을 만들어 보게 합니다. ② 만든 그림들로 나만의 이야기를 만들어 보게 함으로써 언어 자극을 촉진시켜 줍니다. ③ 학생이 어려워 하는 경우, 학생에게 친숙하거나 관심 있는 주제의 환경을 제시하여 줄 수 있습니다.

예) 해양동물을 좋아하는 학생에게는 바닷속 환경, 로보트를 좋아하는 학생에게는 '로보트' 등의 제시를 해줌으로써 촉진할 수 있습니다.

과제

집에서 해봅시다.

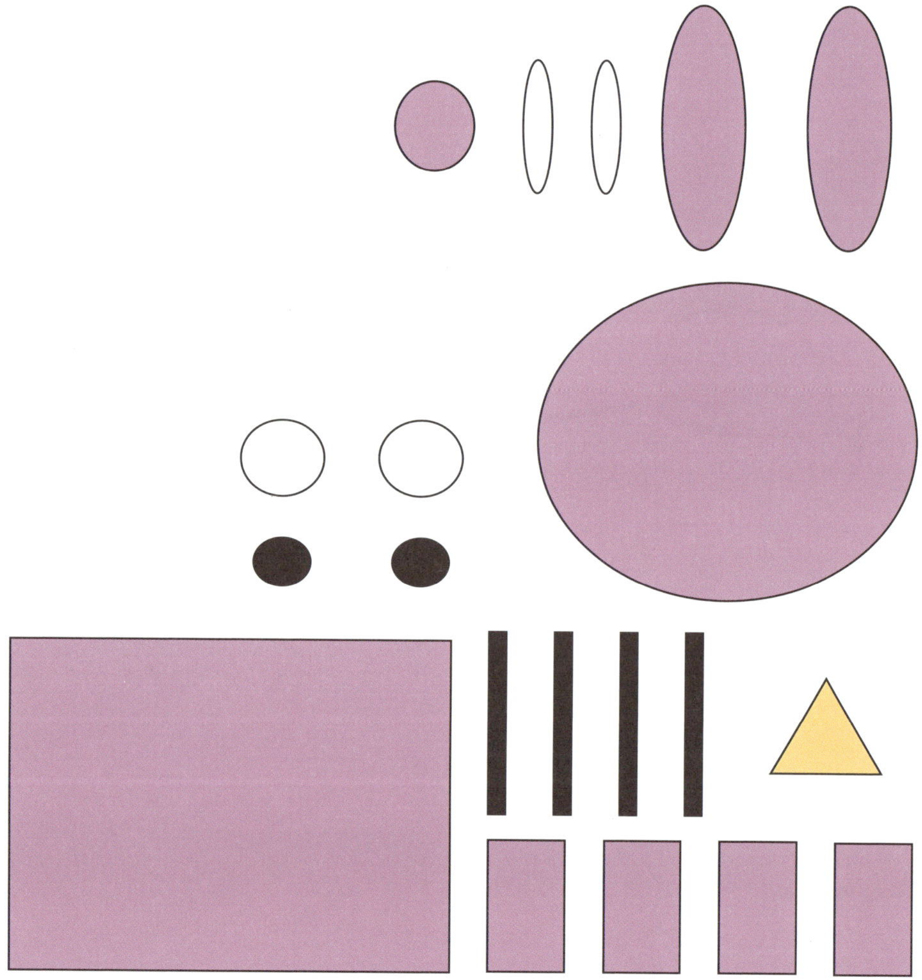

과제

집에서 해봅시다.

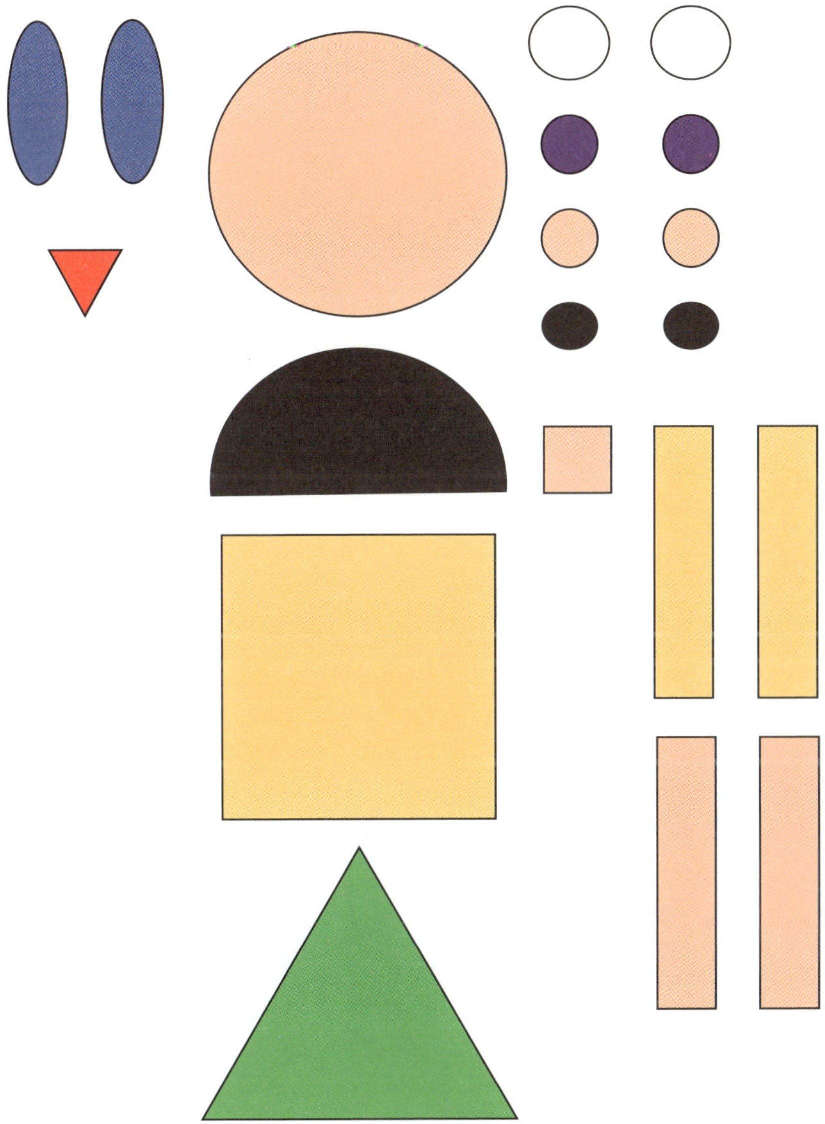

과제

집에서 해봅시다.

3회기 위치와 방향

1 준비물

필기구, 사탕이나 초콜릿과 같은 작은 보상

2 적용 대상

평균 하(80~89) 지능에 해당하는 초등학교 1~2학년 학생

3 적용 시기

초기

4 소요 시간

약 50분

5 향상 목표 주요 지표

언어이해, 시공간, 유동추론, 작업기억

기하 3회기

① 기차를 타고 떠나요.

약 10분

기차를 타고 여행해 본 적이 있나요?
기차를 타고 여행했던 기억에 대해 나누어 봅시다.

기차에 타고 있는 동물 친구들을 보고
'위', '아래', '앞', '뒤', '왼쪽', '오른쪽' 등
위치와 방향을 설명하는 용어를 활용하여 이야기를 만들어 봅시다.

치료사용 지침

① 기차를 타고 여행해 본 기억에 대해 이야기 합니다. 기차를 타 본 기억이 없다면, 지하철이나 버스, 비행기 등에 관한 이야기를 나누어볼 수 있도록 합니다. ② 기차에 타고 있는 동물 친구들이 어디로 여행을 가고 있을 것 같은지 이야기 해보고, 학생에게는 어디로 여행하고 싶은지에 관한 이야기를 자유롭게 나누어 보게 합니다. ③ 앞, 뒤, 위, 아래 등 위치와 방향을 설명하는 수학적 용어를 활용하여 스토리텔링을 해볼 수 있게 합니다. 이때, 기차의 방향은 기차의 맨 첫 칸을 보고 유추할 수 있게 합니다. ③ 학생이 어려워 한다면, 치료사가 몇 가지 예시를 들어 설명할 수 있습니다. 예) "생쥐가 맨 첫 칸에 타 있고 생쥐 뒤에는 말과 토끼가 타 있네. 그런데 말은 토끼 위에 있는데, 토끼 등에 업혀 있는 걸까? 왜 업혀 있지? 재밌네."

기하 3회기

② 위치와 방향을 연습해요.

약 10분

다음을 보고 각 지시에 알맞은 그림에 'O'표 해보세요.

김영호의 **사물함**은 [위 / 아래] 칸에,
이하윤의 **사물함**은 [위 / 아래] 칸에 있어요.

학생은 교실 안에서 창 밖을 보고 있네요.
학생은 **사물함**보다 [앞 / 뒤]에 서 있어요.

고양이는 **나무**보다 [위 / 아래]에 있어요.
고양이는 **나무**보다 [앞 / 뒤]에 앉아 있어요.
강아지는 **나무**보다 [앞 / 뒤]에 앉아 있어요.
강아지는 **다람쥐**보다 [앞 / 뒤]에 앉아 있어요.
작은 새는 **고양이**보다 [위 / 아래]에 있어요.
다람쥐는 **고양이**의 [왼쪽 / 오른쪽]에 있어요.
작은 새는 **강아지**의 [왼쪽 / 오른쪽]에 있어요.

치료사용 지침

① 읽기를 어려워 한다면, 함께 읽고 O표시 할 수 있도록 도와 주세요. ② 주어진 과제를 다 한 뒤에는 치료실 내의 환경에서 다양한 위치와 방향에 대해 학생이 스스로 설명할 수 있도록 유도해 주세요.

정답 김영호의 사물함은 위칸에, 이하윤의 사물함은 아래칸에 있어요. 학생은 사물함보다 앞에 서 있어요. 고양이는 나무보다 아래에 있어요. 고양이는 나무보다 앞에 앉아 있어요. 강아지는 나무보다 뒤에 앉아 있어요. 강아지는 다람쥐보다 뒤에 앉아 있어요. 작은 새는 고양이보다 위에 있어요. 다람쥐는 고양이의 왼쪽에 있어요. 작은 새는 강아지의 왼쪽에 있어요.

기하
3회기

③ 선물 찾기 미션

총
30분

오늘은 내 생일이에요.
아침에 일어나 보니 머리 맡에 짧은 편지 한 장이 놓여져 있었어요.
읽어 볼까요?

ㅇㅇ야, 안녕?
너를 사랑하는 할머니란다.
할머니가 ㅇㅇ의 ㅇ번째 생일을 맞이해서
선물을 하나 준비했거든.
생일에 주려고 미리 준비했던 선물을
거실에 숨겨 두었는데
글쎄, 급한 일이 생겨서
직접 주지 못할 것 같구나.

거실에 숨겨 두었으니
ㅇㅇ이가 거실로 나가서
직접 찾아 볼래?

치료사용 지침

① 할머니의 편지를 소리 내어 또박또박 읽어보게 합니다. 읽어본 뒤 내용을 잘 이해했는지 몇 가지 질문들을 통해 확인합니다. 단, 아직 글 읽기에 미숙한 상태일 수 있으므로 치료사와 함께 읽도록 합니다.

기하
3회기

③ 선물 찾기 미션

편지의 뒤 장에 또 다른 내용이 적혀 있네요.
한 번 소리 내어 읽어 볼까요?

자, 거실로 잘 나왔니?

우리 가족이 늘 앉아서
오손도손 시간을 보내는 소파가
○○이 앞에 놓여 있어.
소파 위에 몇 개의 쿠션이 있지? 그렇지.

○○이가 보는 방향에서
왼쪽에 있는 쿠션을 들춰 볼래?

치료사용 지침

① 할머니의 편지를 소리 내어 또박또박 읽어보게 합니다. 읽어본 뒤 내용을 잘 이해했는지 몇 가지 질문들을 통해 확인합니다. ② 거실로 나와 소파를 보았을 때, 학생의 위치에서 왼쪽에 있는 쿠션은 어느 것인지 손으로 짚어 보게 합니다. 제대로 짚으면 다음 장으로 넘겨 봅니다.

③ 선물 찾기 미션

쿠션 아래에 또 다른 편지가 놓여 있었네요.
한 번 소리 내어 읽어 볼까요?

치료사용 지침

① 할머니의 편지를 소리 내어 또박또박 읽어보게 합니다. 읽어본 뒤 내용을 잘 이해했는지 몇 가지 질문들을 통해 확인합니다. ② 할머니의 편지를 읽으며 편지에 나온 지시 내용들을 찬찬히 따라갈 수 있도록 지도해 주세요.

뒤를 돌아 보면
우리 ○○이가 좋아하는
텔레비전이 있지. 텔레비전 아래에는
2층짜리 노란색 서랍장이 있고 말이야.

텔레비전의 왼쪽에는
할머니가 좋아하는 장미꽃을 넣은
화병이 보일 거야. 다음 편지는
텔레비전 아래에 있는 서랍장 안에 있어.
서랍장의 맨 아래, 왼쪽에서 두 번째 칸을
열어 보겠니?

기하 3회기 ③ 선물 찾기 미션

서랍장 안에는 또 다른 편지가 놓여 있었네요.
한 번 소리 내어 읽어 볼까요?

치료사용 지침

① 할머니의 편지를 소리 내어 또박또박 읽어보게 합니다. 읽어본 뒤 내용을 잘 이해했는지 몇 가지 질문들을 통해 확인합니다. ② 할머니의 편지를 읽으며 편지에 나온 지시 내용들을 찬찬히 따라갈 수 있도록 지도해 주세요.

잘 따라 오고 있구나.
읽어야 할 게 많아서 힘들지는 않니?

그런데도 잘 따라와 주는
우리 손주 참 장하구나.
이제 거의 다 왔단다.

이번에는 조금 전에 열어본
이 서랍장 칸의 한 칸 위, 오른쪽에 있는 칸을
열어 볼래?

기하 3회기

③ 선물 찾기 미션

와, 서랍장 안에는 예쁘고 맛있게 생긴 케이크와
생일 카드가 한 장 놓여 있었네요! 한 번 소리 내어 읽어 볼까요?

치료사용 지침

① 할머니의 편지를 소리 내어 또박또박 읽어보게 합니다. 읽어본 뒤 내용을 잘 이해했는지 몇 가지 질문들을 통해 확인합니다. ② 선물 찾기 미션을 완료했다면, 학생에게 사탕이나 초콜렛과 같은 작은 보상을 줄 수 있습니다. 가상의 상황이었지만 열심히 참여한 학생에게 마음 깊이 격려해 주세요.

우리 손주

여기까지 오느라 고생 많았다~!

우리 손주 최고야! 정말 잘했어!

우리 손주의 ㅇ번째 생일을 축하한다.

네가 어떤 모습이더라도

할머니는 ㅇㅇ이를 응원한다는 것을 잊지 마.

사랑한다.

과제

집에서 해봅시다.

집안의 어른이나 형제와 함께 **보물 찾기 게임**을 해봅시다.

방법

1. 일일 선생님이 되어 오늘 배운 위치와 방향에 관련된 개념을 상대에게 잘 가르쳐 줍니다.
2. 작은 보물을 나만 아는 장소에 상대방은 모르는 상태에서 몰래 숨겨 둡니다.
3. 상대방에게 숨겨 둔 보물을 찾을 수 있게 위치와 방향에 대한 용어를 차근차근 설명해 줍니다. 이때 순서는 최소 3번의 과정을 거치게 합니다.
4. 나의 지시에 맞게 상대방이 보물을 잘 찾았다면 게임 끝! 모두가 이겼어요.
5. 게임 후 느낀 점에 대해 아래에 작성해서 다음 회기 때 가져오기로 합니다.

양육자 분께

숨겨 두었던 보물의 비밀, 보물을 숨겨두었던 장소, 상대방에게 설명하면서 어려웠던 점 등에 관하여 쓸 수 있도록 지도해 주세요.

4회기

칠교 놀이 해요.

1 준비물

칠교 놀이 교구, 필기구, 가위, 풀, 테이프

2 적용 대상

평균 하(80~89) 지능에 해당하는 초등학교 1~2학년 학생

3 적용 시기

초기

4 소요 시간

약 50분

5 향상 목표 주요 지표

언어이해, 시공간, 유동추론, 작업기억, 처리속도

① 7가지 지혜의 판

약 2분

지난 시간까지 다양한 도형들에 대해 배워 보았는데요.
오늘 하게 될 도형 놀이는 바로 칠교 놀이(TANGRAM)예요.

칠교에는 ________ 개의 도형 조각이 들어 있어요.

________ 가지 도형은 어떤 도형들이 있는지

하나씩 짚으며 이야기해 볼까요?

치료사용 지침

① 칠교판과 조각을 준비해서 칠교놀이에 대해 소개해 주세요.
② 7가지의 도형에는 큰 직각삼각형 2개, 중간 크기의 직각삼각형 1개, 작은 직각삼각형 2개, 정사각형 1개, 평행사변형 1개로 이루어져 있습니다. 세모, 네모라는 용어보다는 직각삼각형, 정사각형, 평행사변형 등의 수학적 용어를 활용하여 설명해 주세요.
③ 칠교놀이는 나폴레옹이 즐겨했던 놀이로도 잘 알려져 있는데요, 7개의 조각들을 모두 활용해서 그림이나 모양을 완성해야 하기 때문에 문제해결력과 창의력 향상에 도움이 되는 놀이라고 할 수 있습니다. 이러한 이유로 "지혜판"이라고도 불리지요. 초등학교 수학 시간에서도 다루어지는 내용이기 때문에 이 회기 동안 학생이 칠교 놀이에 흠뻑 몰입할 수 있도록 지도해 주세요.

정답 7, 7, 삼각형이 5개, 정사각형이 1개, 평행사변형이 1개

________이 ________개

________이 ________개

________이 ________개

로 표현해 보세요.

기하
4회기

② 그래프 만들기

약 3분

◈ 칠교 놀이를 구성하는 도형들에 대해 충분히 탐색해 보았나요? 그렇다면 앞에서 본 도형 조각들이 각각 몇 개씩 있었는지 기억해서 **그래프로 표현**해 볼까요?

치료사용 지침

① 앞장에서 본 칠교 놀이를 구성하는 도형들의 개수를 그래프로 표현해 보게 합니다. 막대 그래프도 좋고 칸마다 좋아하는 스티커를 붙여 표현하는 방법도 있습니다. 다양한 방식으로 그래프의 개념과 특성에 접근할 수 있도록 지도해 주시면 됩니다. ② 막대 그래프를 통해 도형의 개수를 직관적으로 비교할 수 있었음을 알려 주시고, 각 도형의 개수는 몇 개씩이었는지 빈 부분을 채워 넣게 도와 주세요.

정답 삼각형 5, 정사각형 1, 평행사변형 1

	총 ________ 개	총 ________ 개	총 ________ 개
5			
4			
3			
2			
1			
개수 / 도형			

기하 4회기

③ 도형으로 하는 셈 놀이

약 5분

- 이번에는 칠교 놀이에 들어있는 도형들을 숫자로 바꾸어 볼 거예요. 도형 별로 약속된 숫자를 기억하여 셈을 하고 둘을 비교하여 >, < 혹은 =로 표시해 보세요.

치료사용 지침

① 학생이 부등호의 개념에 대해 잘 이해하고 있는지를 확인합니다.

정답 >, >

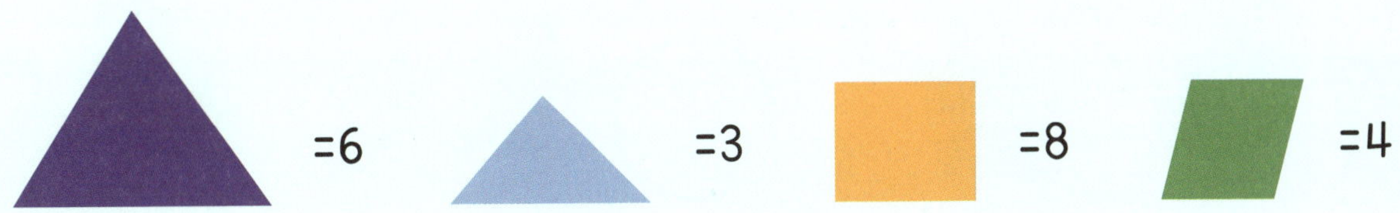

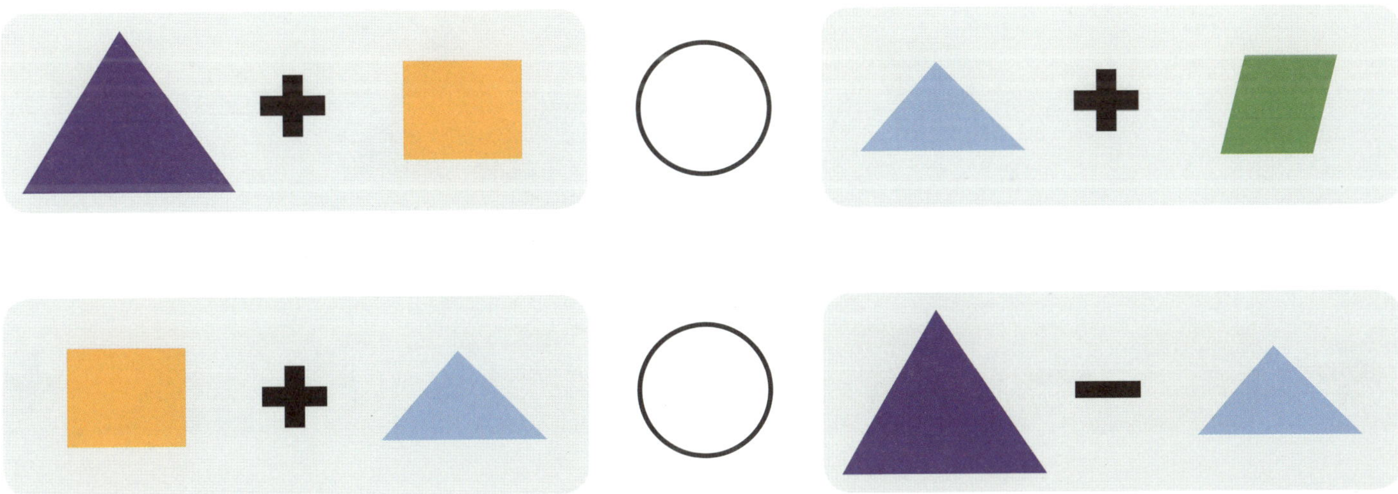

기하 4회기

③ 도형으로 하는 셈 놀이

약 5분

◈ 이번에는 칠교 놀이에 들어있는 도형들을 숫자로 바꾸어 볼 거예요.
도형 별로 약속된 숫자를 기억하여 셈을 하고 둘을 비교하여 >, < 혹은 =로 표시해 보세요.

치료사용 지침

① 학생이 부등호의 개념에 대해 잘 이해하고 있는지를 확인합니다.

정답 <, >, =

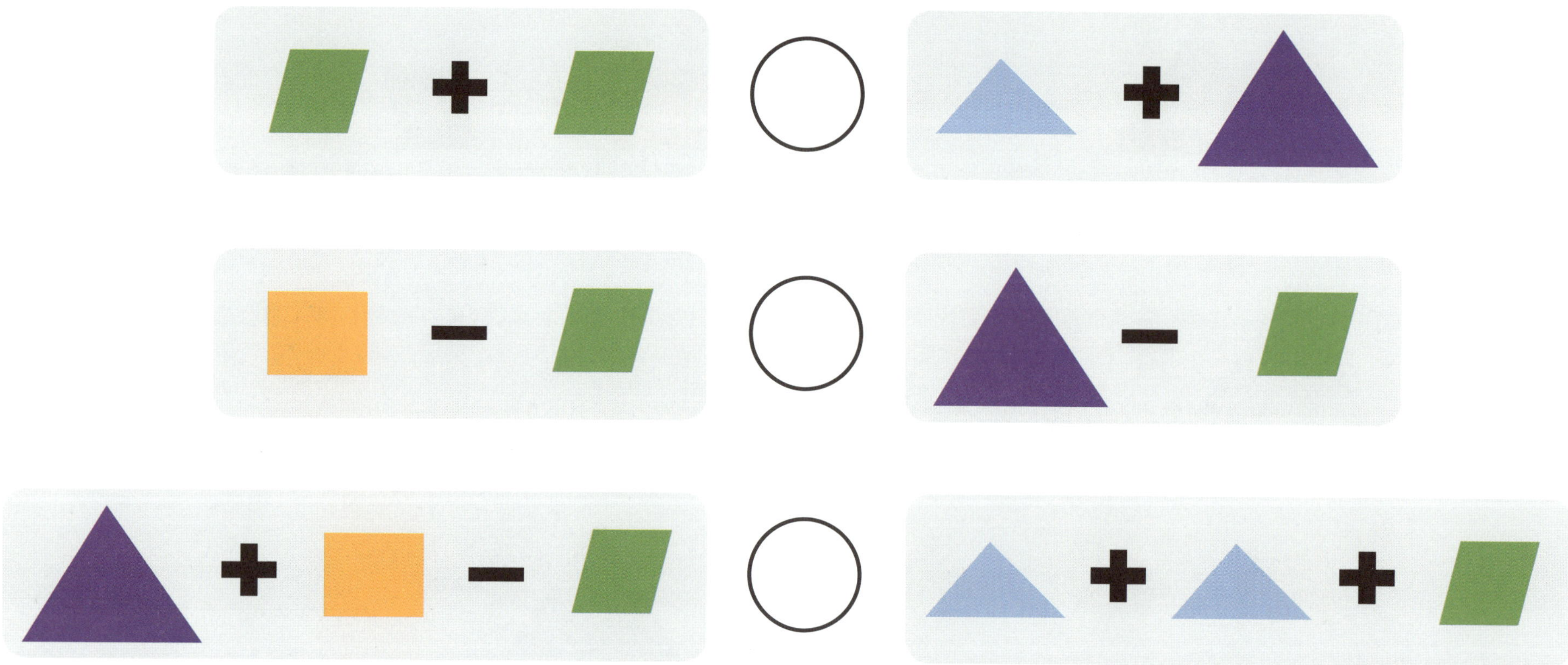

기하 4회기

④ 내 손에서 탄생하는 도형

약 5분

◈ 이번에는 칠교 조각들로 아래 그림들을 완성해 볼까요?
어떤 그림이 완성되었는지 이야기 해보고 자유롭게 꾸며 넣어 보세요.

치료사용 지침

① 칠교 조각들을 활용해서 제시되는 그림들을 따라 완성해 보게 합니다. 칠교 교구가 준비되지 않았다면 활동지의 도형들을 직접 가위로 오려 활동할 수 있습니다. 또한 평행사변형의 경우 방향에 따라 쓰임이 다르기 때문에 같은 크기, 다른 방향의 평행사변형 조각 한 개를 만들어서 준비해 주세요.
② 따라 만들어 보고 어떤 그림이 완성되었는지, 각 부분은 어느 부분에 해당하는 것 같은지 보이는 대로 이야기해 보게 합니다.
③ 그림마다 취향대로 꾸며 완성하여 성취감을 느낄 수 있도록 지도해 주세요.

④ 내 손에서 탄생하는 도형

약 5분

이번에는 칠교 조각들로 아래 그림들을 완성해 볼까요?
어떤 그림이 완성되었는지 이야기 해보고 자유롭게 꾸며 넣어 보세요.

기하
4회기

④ 내 손에서 탄생하는 도형

약 5분

이번에는 칠교 조각들로 아래 그림들을 완성해 볼까요?
어떤 그림이 완성되었는지 이야기 해보고 자유롭게 꾸며 넣어 보세요.

④ 내 손에서 탄생하는 도형

약
5분

- 이번에는 칠교 조각들로 아래 그림들을 완성해 볼까요?
어떤 그림이 완성되었는지 이야기 해보고 자유롭게 꾸며 넣어 보세요.

기하 4회기

④ 내 손에서 탄생하는 도형

약 5분

이번에는 칠교 조각들로 아래 그림들을 완성해 볼까요?
어떤 그림이 완성되었는지 이야기 해보고 자유롭게 꾸며 넣어 보세요.

기하 4회기

④ 내 손에서 탄생하는 도형

약 10분

이번에는 칠교 조각들로 나만의 이야기를 완성해 볼까요?
칠교 조각들을 활용하여 꾸며보고 재미 있는 이야기를 만들어 보세요.

치료사용 지침

① 칠교 조각들을 활용하여 학생이 직접 이야기를 만들어 보게 합니다. 무엇을 만들지 잘 모르겠다고 하면 즐거웠던 일, 슬펐던 일, 재미있던 일 등에 관련된 이야기나 좋아하는 동물, 로보트 등을 만들어 보게 할 수도 있습니다. ② 칠교 조각이 부족할 수 있으므로 여러 세트를 준비해 두거나, 교구가 준비되지 않았을 경우 칠교 조각을 여러 세트 오려 둡니다.

과제 집에서 해봅시다.

가족과 함께 하는 칠교 퀴즈 놀이를 해보아요.

방법

1. 가위, 바위, 보를 해서 순서를 정합니다.
2. 진 사람은 칠교 조각을 통해 표현하고 싶은 대상을 정합니다.
3. 칠교 조각으로 표현하고자 하는 대상을 다음 장에 있는 종이의 뒷면에 적어 놓습니다.
4. 다시 종이를 뒤집어서 칠교의 7조각을 활용하여 그림을 완성합니다.
5. 다른 한 사람은 칠교 그림을 보고 어떤 것을 표현했는지 맞혀 봅니다.
6. 이후 한 사람씩 돌아가며 문제를 내고 맞히는 것을 여러 번 반복합니다.

과제

집에서 해봅시다.

먼저 뒷 장에 표현하고자 하는 사물의 이름을 적고, 여기에 칠교 조각들로 표현해 보세요.

과제

집에서 해봅시다.

◈ 먼저 뒷 장에 표현하고자 하는 사물의 이름을 적고, 여기에 칠교 조각들로 표현해 보세요.

5회기

착착 쌓는 테트리스 놀이

1 준비물

8칸 노트, 필기구, 가위, 풀, 테이프

2 적용 대상

평균 하(80~89) 지능에 해당하는 초등학교 1~2학년 학생

3 적용 시기

초기

4 소요 시간

약 50분

5 향상 목표 주요 지표

언어이해, 시공간, 유동추론, 처리속도

① 테트리스로도 수학 공부를 할 수 있다고요?

약 5분

'테트리스'라는 게임에 대해 알고 있나요?
테트리스는 1984년 지금의 러시아에 해당하는 '소련'이라는 나라에서 천재 프로그래머인 알렉세이 파지노프라는 사람이 만든 퍼즐 게임이에요.

다섯 개의 각기 다른 모양의 퍼즐이 나오면, 차례대로 쌓고 줄을 채워 지워가는 방식의 게임이지요. 굉장히 오랫동안 많은 사람들의 사랑을 받아 온 이 테트리스 게임이 수학 공부에도 도움이 된다고 해요.

오늘은 재미있는 테트리스 게임을 해볼까요?

② 테트리스 블록 알아보기

약
5분

◈ 테트리스에서 우리가 만나게 될 블록들은 다음과 같습니다.
다섯 가지 블록들에 대해 보이는 대로 쉬운 말로 설명해 볼까요?

치료사용 지침

① 길쭉한 모양, 정사각형의 모양 등 다섯 가지 모양의 블록들에 대한 첫 인상은 어떤지 나누어 보게 해요. 어떤 블록은 어떤 상황일 때 유용할 것 같은지, 게임할 때 어떤 블록이 가장 성가시게 느껴질 것 같은지 등 자유롭게 블록이 보이는 대로 자유롭게 대화하는 시간을 가져 보세요.

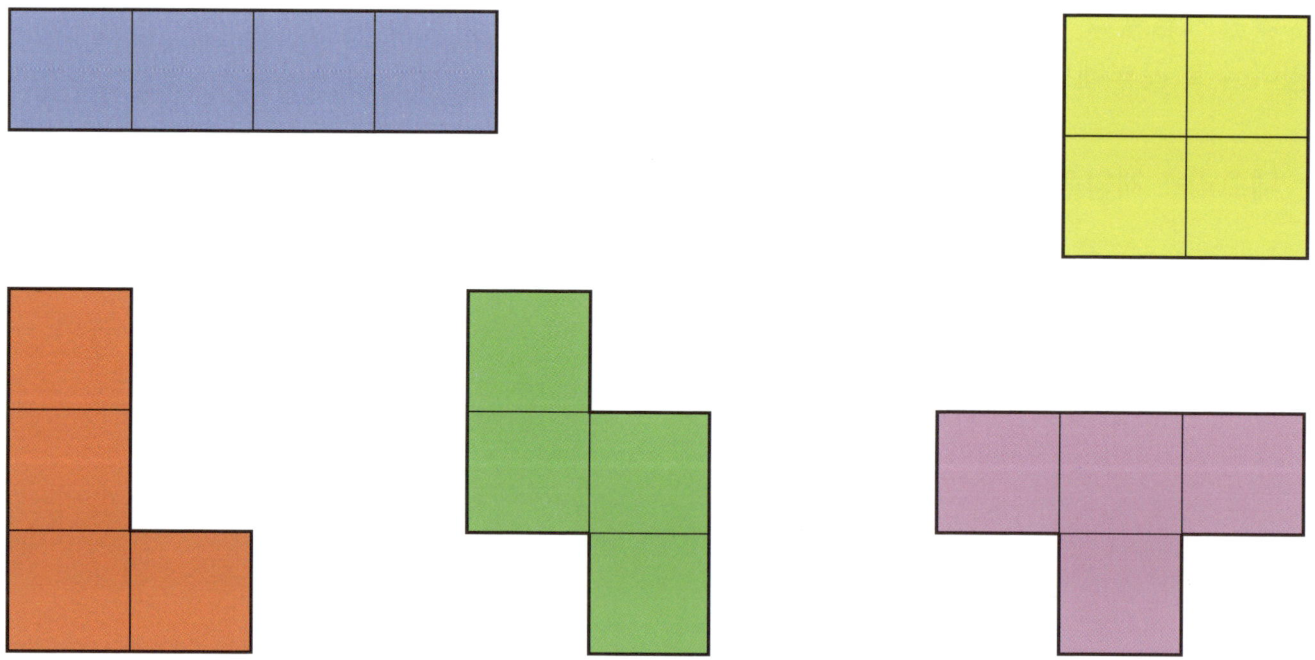

기하 5회기

③ 테트리스 블록 만들기

약 10분

◈ 이제 테트리스 블록을 직접 만들어 볼 거예요.
준비한 깍두기 공책을 펼쳐서 다음과 같이 색칠하고
가위로 오려 테트리스 블록을 만들어 봅시다.

치료사용 지침

① 8칸짜리의 깍두기 공책을 준비하여 다음의 테트리스 블록을 직접 만들어 보게 합니다. ② 먼저 모양을 잡는 테두리를 그리고 채색한 뒤 가위로 자를 수 있도록 지도해 주세요.

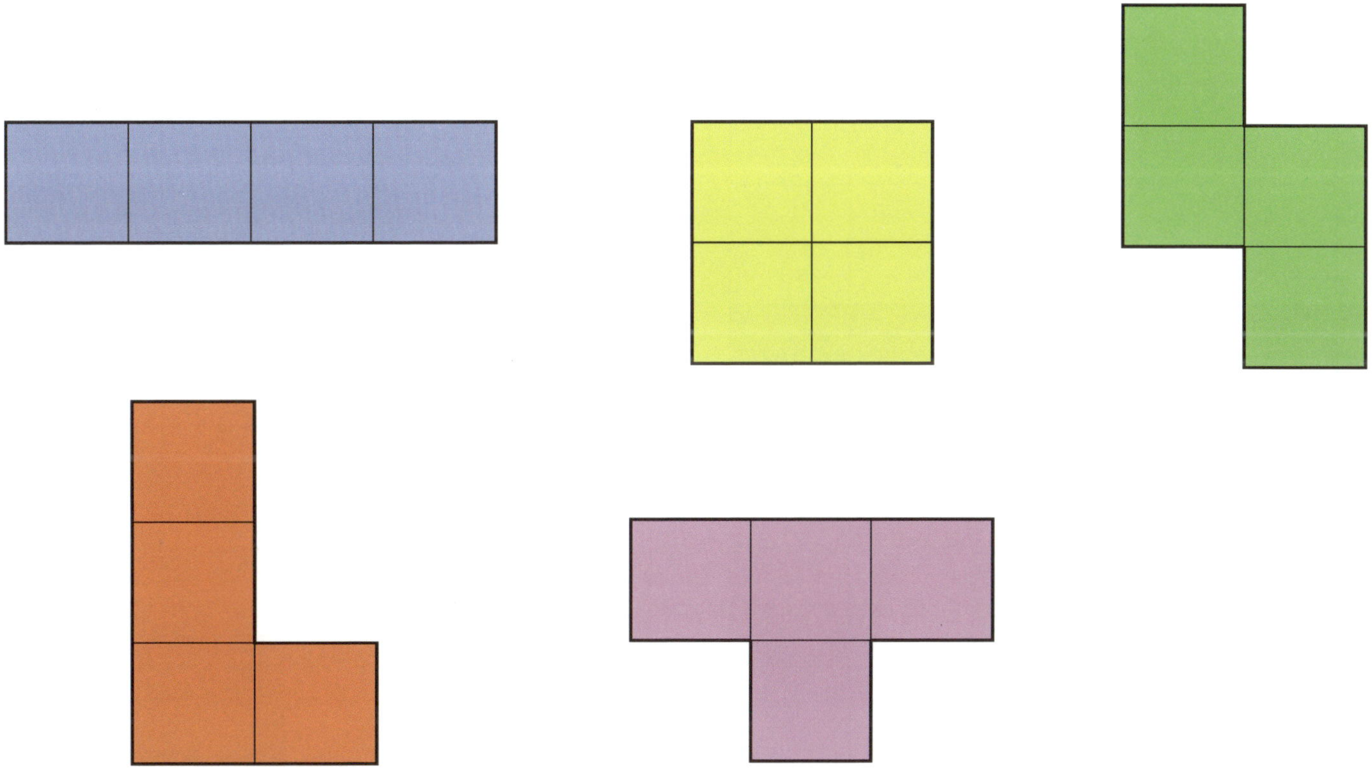

기하
5회기

④ 테트리스 블록으로 채워 봐요.

약 5분

◈ 이번에는 테트리스 블록들을 차곡차곡 쌓아 보아요.
맨 아래에 있는 줄부터 순서대로 쌓아 볼까요?

치료사용 지침

① 칸마다 들어가야 할 블록이 색으로 구분되어 있기 때문에 어렵지 않게 진행할 수 있어요.

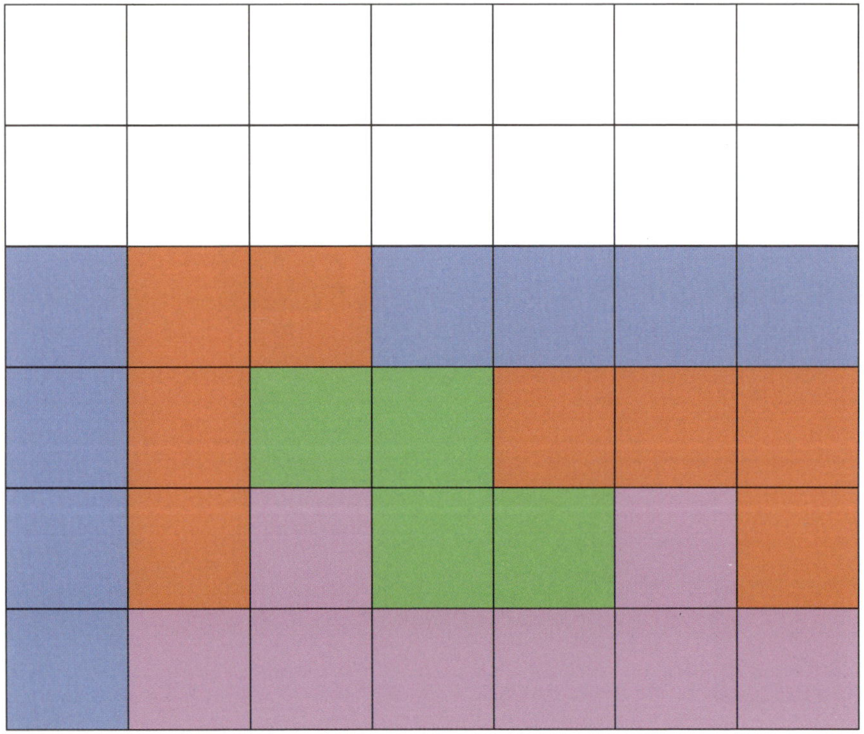

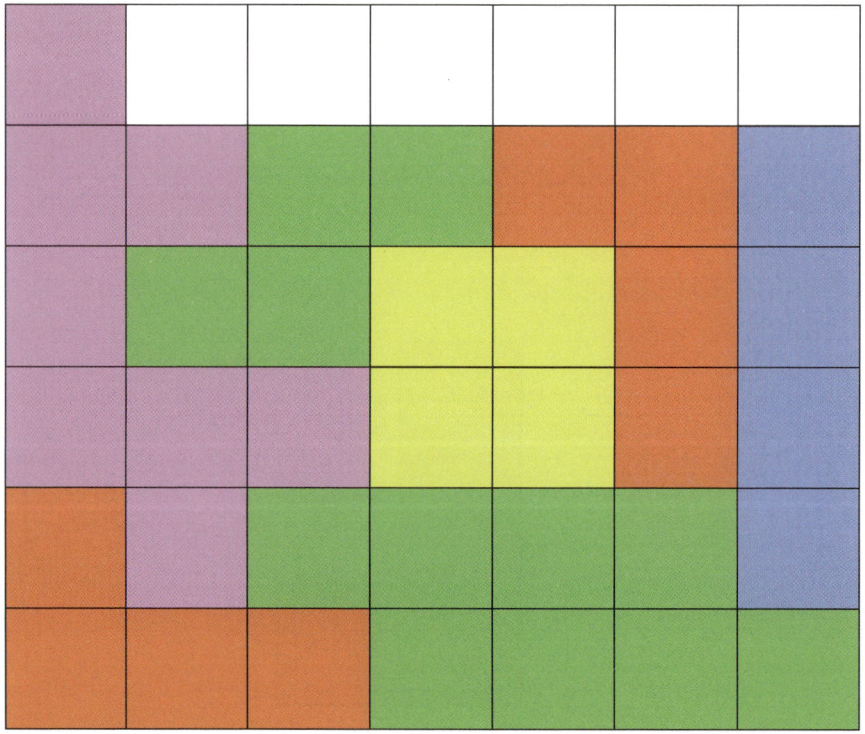

기하 5회기

⑤ 테트리스 블록으로 채워 봐요.

약 5분

◈ 이제 테트리스 블록으로 다음 표시된 부분을 채워 볼 거예요.

치료사용 지침

① 앞 장과 달리 같은 색으로 표시되어 있어 많은 고민이 필요한 과제입니다. 학생이 블록을 요리조리 돌려 가며 찬찬히 생각할 수 있도록 독려해 주세요.

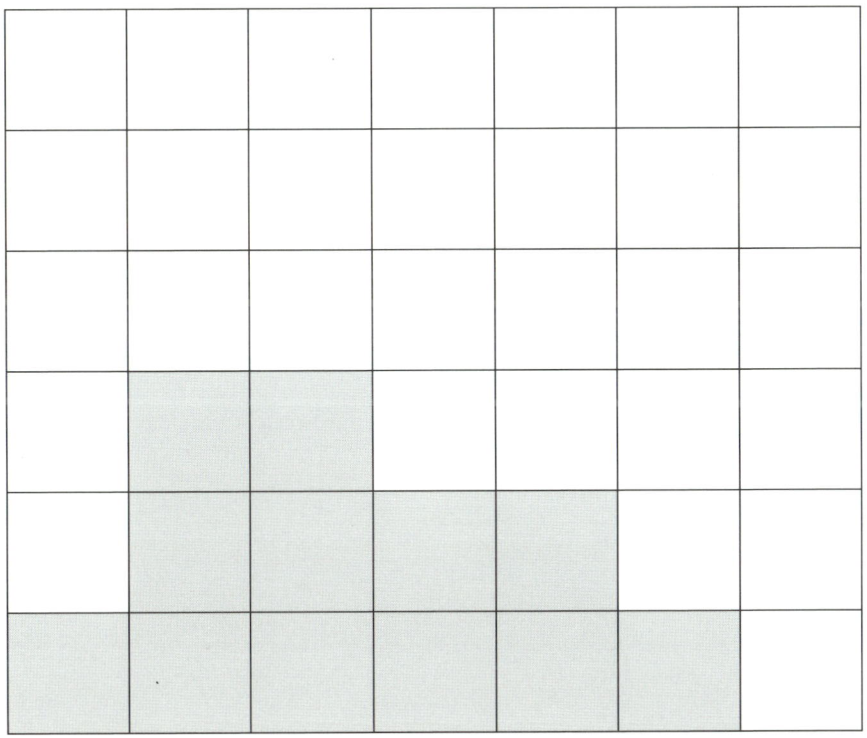

⑤ 테트리스 블록으로 채워 봐요.

약 5분

◈ 이제 테트리스 블록으로 다음 표시된 부분을 채워 볼 거예요.

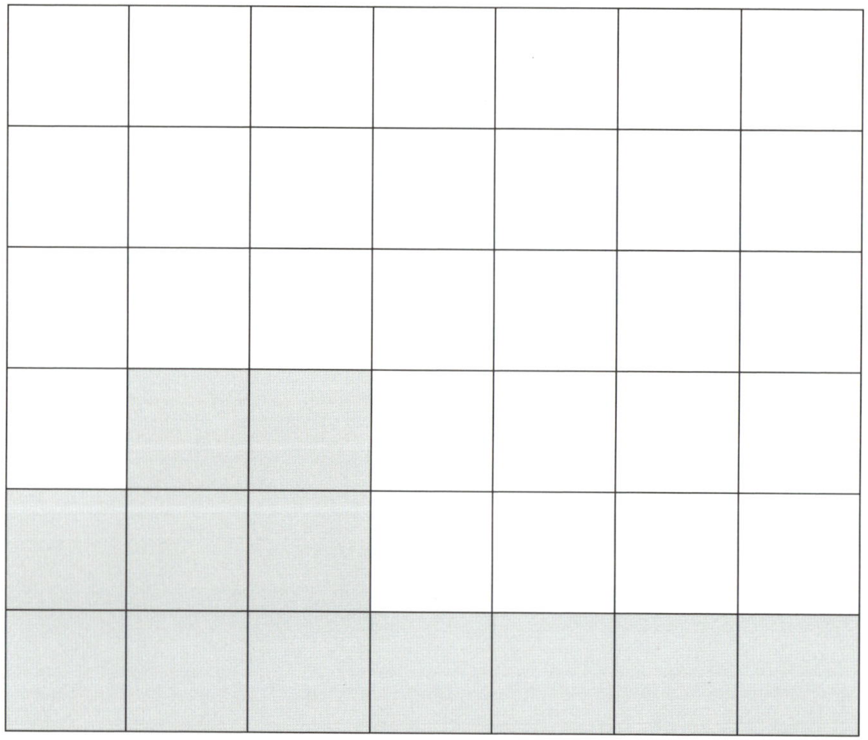

⑤ 테트리스 블록으로 채워 봐요.

약
5분

◈ 이제 테트리스 블록으로 다음 표시된 부분을 채워 볼 거예요.

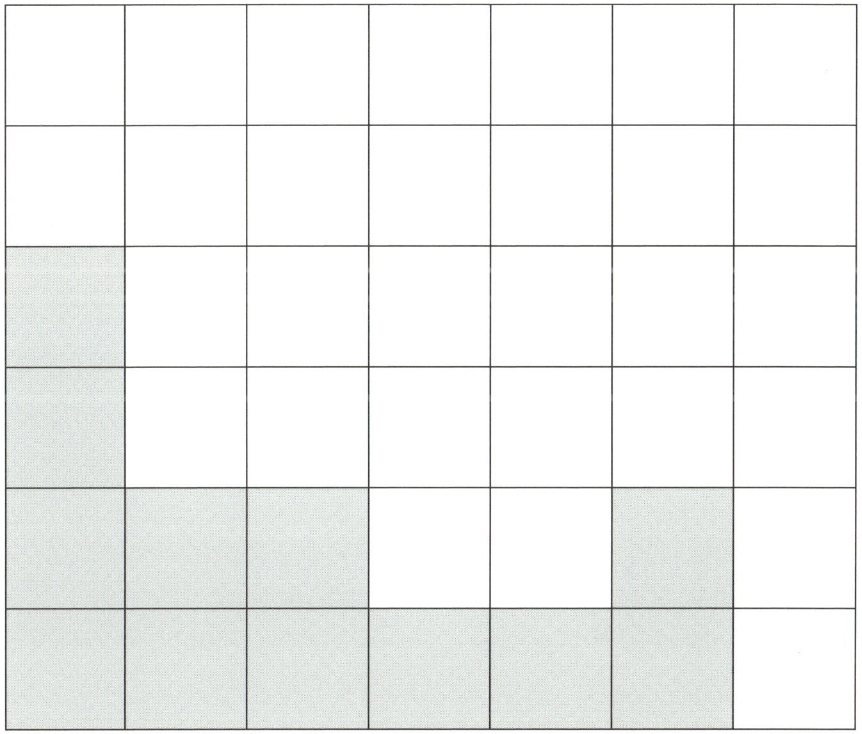

⑥ 테트리스 게임을 해봐요.

약 10분

어때요? 테트리스의 블록들에 익숙해진 것 같나요?
이번에는 선생님과 함께 테트리스 게임을 해 볼 거예요. 판을 하나씩 나누어 갖고 테트리스 블록들을 잘 섞어요.
자신의 순서가 되면 하나씩 골라서 적절한 위치에 쌓고, 한 줄이 다 채워지면 칸 바깥으로 밀어 내려요.
5분 뒤 게임을 종료하고 더 빈칸을 많이 남겨둔 사람이 이기는 거예요!

과제

집에서 해봅시다.

◈ 테트리스 블록들로 멋진 그림을 만들어 볼 수 있어요.
가족과 함께 블록들을 이용하여 그림을 만들어 보고
이야기를 나누어 보는 시간을 가져봅시다.

치료사용 지침

① 회기 시간 동안 만든 블록 조각들을 붙여 그림을 만들어 보는 숙제입니다. ② 조각들이 부족하거나 잃어버릴 수 있기 때문에 여분의 조각을 더 만들어 해올 수 있도록 안내해 주세요.

(예시: 토끼)

(예시: 바나나)

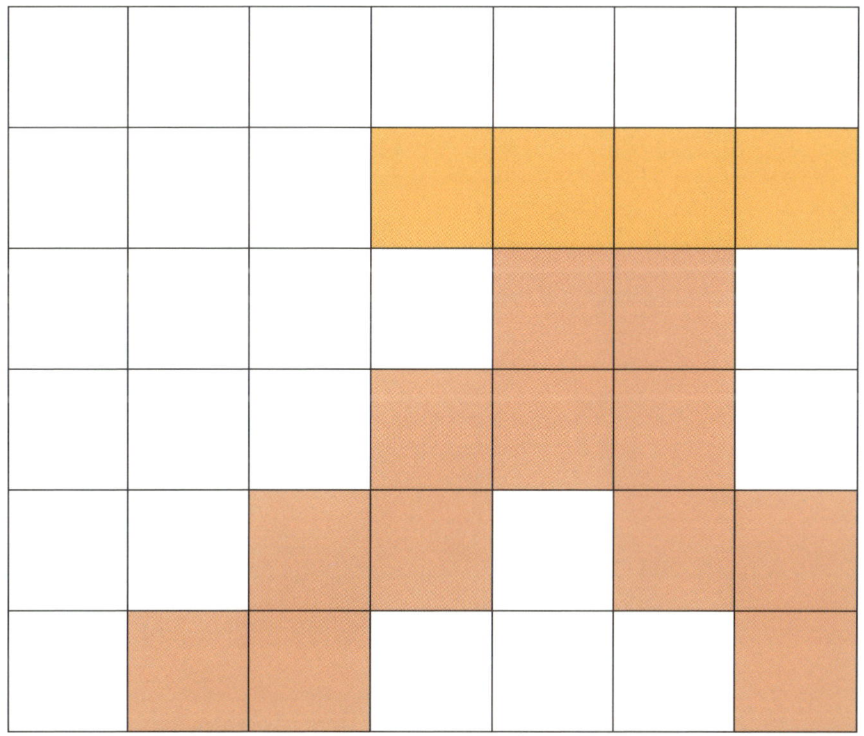

과제

집에서 해봅시다.

테트리스 블록들로 멋진 그림을 만들어 볼 수 있어요.
가족과 함께 블록들을 이용하여 그림을 만들어 보고 이야기를 나누어 보는 시간을 가져봅시다.

[제목:]

[제목:]

과제

집에서 해봅시다.

◈ 테트리스 블록들로 멋진 그림을 만들어 볼 수 있어요.
가족과 함께 블록들을 이용하여 그림을 만들어 보고 이야기를 나누어 보는 시간을 가져봅시다.

[제목:]

[제목:]

6 회기

알록달록 혼합색

1 준비물

고체물감과 붓, 물통, 필기구, 가위, 풀, 테이프

2 적용 대상

평균 하(80~89) 지능에 해당하는 초등학교 1~2학년 학생

3 적용 시기

초기

4 소요 시간

약 50분

5 향상 목표 주요 지표

언어이해, 시공간, 유동추론, 작업기억, 처리속도

기하 6회기

① 알록달록한 세상

약 5분

- 우리 주변에는 알록달록 다양한 색이 있어요.
- 사과는 빨강, 오렌지는 주황, 바나나는 노랑, 풀은 초록, 하늘은 파랑…
- 나는 어떤 색을 가장 좋아하나요? 좋아하는 이유는 무엇인가요?

치료사용 지침

① 우리 주변에 있는 다양한 색에 대해 말해 보게 합니다. 어떤 색을 가장 좋아하는지, 좋아하는 이유에 대해 나누어 보게 합니다. ② 세상에 존재하는 색은 셀 수 없이 많고 끝이 없다는 것을 아래 그림을 통해 알아차릴 수 있게 지도해 주세요.

빨강	주황	노랑	초록	파랑	보라

기하
6회기

② 색이 섞이면 어떤 색이 될까?

약 10분

물감의 색을 섞어본 적이 있나요?

색과 색이 섞이면 두 가지 색의 중간색이 나온답니다.
아래의 그림을 보고 어떤 색과 어떤 색이 만나 어떤 색이 되었는지 이야기 해볼까요?

_______ 색과 _______ 색이 만나면 _______ 색이 돼요.

_______ 색과 _______ 색이 만나면 _______ 색이 돼요.

_______ 색과 _______ 색이 만나면 _______ 색이 돼요.

치료사용 지침

① 혼합색에 대해 학습합니다. 먼저 가장 오른쪽에 있는 색을 종이로 가려 두고 왼쪽의 두 가지 색상을 섞으면 어떤 색이 나올지 생각해 보게 합니다. ② 종이로 가렸던 색을 보여주고 두 가지 색상을 섞으면 어떤 색이 되는지 제시된 문장을 따라 이야기해 보게 합니다. ③ 다시 한번 빨강색과 파랑색이 만나면 보라색이, 노랑색과 파랑색이 만나면 초록색이, 빨강색과 노랑색이 만나면 주황색이 된다는 것을 설명합니다.

기하
6회기

② 색이 섞이면 어떤 색이 될까?

약
5분

- 빨강, 파랑, 노랑 물감을 적당히 섞으면 보다 다양한 색을 만들 수 있어요.
- 이 세 가지 기본색을 삼원색이라고 해요.
  삼원색을 알맞게 섞으면 ______________ 색이 되지요.

치료사용 지침

① 여러 가지 색을 만들어낼 수 있는, 기본이 되는 세 가지 색인 삼원색의 개념에 대해 학습합니다. 물감 색을 요리조리 섞어본 경험에 대해 이야기 해보게 합니다. 어떤 색을 더 많이 쓰는지에 따라 색이 미묘하게 달라질 수 있음을 알게 합니다. 삼원색을 알맞게 섞으면 어두운 회색이 되는 것을 물감을 통해 학습합니다.

기하 6회기

② 색이 섞이면 어떤 색이 될까?

약 5분

- 색에 하얀색이나 검정색 물감을 섞으면 어떻게 될까요?
- 하얀색을 섞으면 색은 ____________지고,
- 검정색을 섞으면 색은 ____________져요.

치료사용 지침

① 색에 하얀색이나 검정색 물감을 섞으면 어떻게 되는지를 학습합니다. 하얀색을 섞으면 점점 밝아지고, 검정색을 섞으면 색은 점점 어두워진다는 것을 물감을 통해 학습하게 합니다.

기하
6회기

③ 색 더하기

약 5분

이번에는 혼합색에 대해 기억한 것을 토대로,
두 가지 색을 합치면 어떤 색이 되는지 직접 색을 칠해 볼까요?

치료사용 지침

① 앞서 배운 혼합색에 대해 제대로 이해하고 기억하고 있는지를 확인합니다. ② 빨강과 파랑은 보라, 노랑과 빨강은 주황, 노랑과 파랑은 초록으로 크레파스나 물감을 이용하여 직접 색칠해 보게 합니다.

정답 보라, 주황, 초록

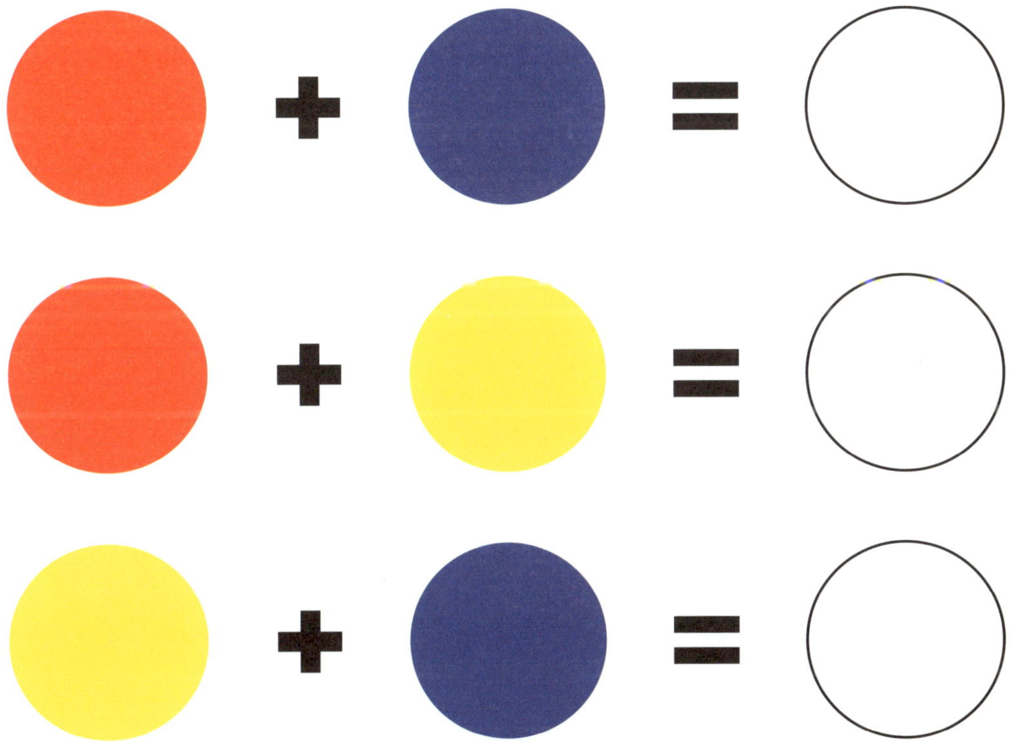

기하 6회기

③ 색 더하기

약 5분

- 이번에는 각각 다른 색의 도형을 합쳐 볼까요?
- 다른 색의 다른 도형을 겹쳤을 때 어떤 모습이 될지 생각하여 완성해 보세요.

치료사용 지침

① 혼합색과 도형의 겹친 부분에 대해 추론할 수 있는 능력을 길러줄 수 있는 활동입니다. 겹친 부분을 잘 보고 어떤 도형이 위에 있는지, 혹은 아래에 있는지 추론하여 완성할 수 있도록 지도해 주세요.

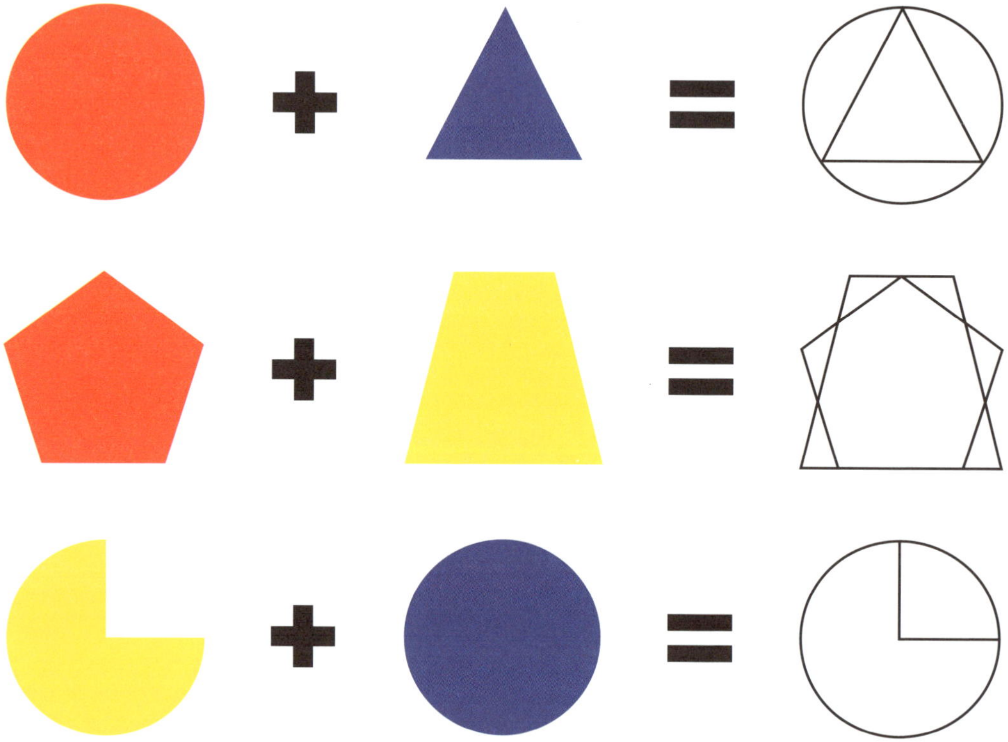

③ 색 더하기

(답안)

기하
6회기

③ 색 더하기

약 5분

- 이번에는 각각 다른 색의 도형을 합쳐 볼까요?
- 다른 색의 다른 도형을 겹쳤을 때 어떤 모습이 될지 생각하여 완성해 보세요.

치료사용 지침

① 혼합색과 도형의 겹친 부분에 대해 추론할 수 있는 능력을 길러줄 수 있는 활동입니다. 겹친 부분을 잘 보고 어떤 도형이 위에 있는지, 혹은 아래에 있는지 추론하여 완성할 수 있도록 지도해 주세요.

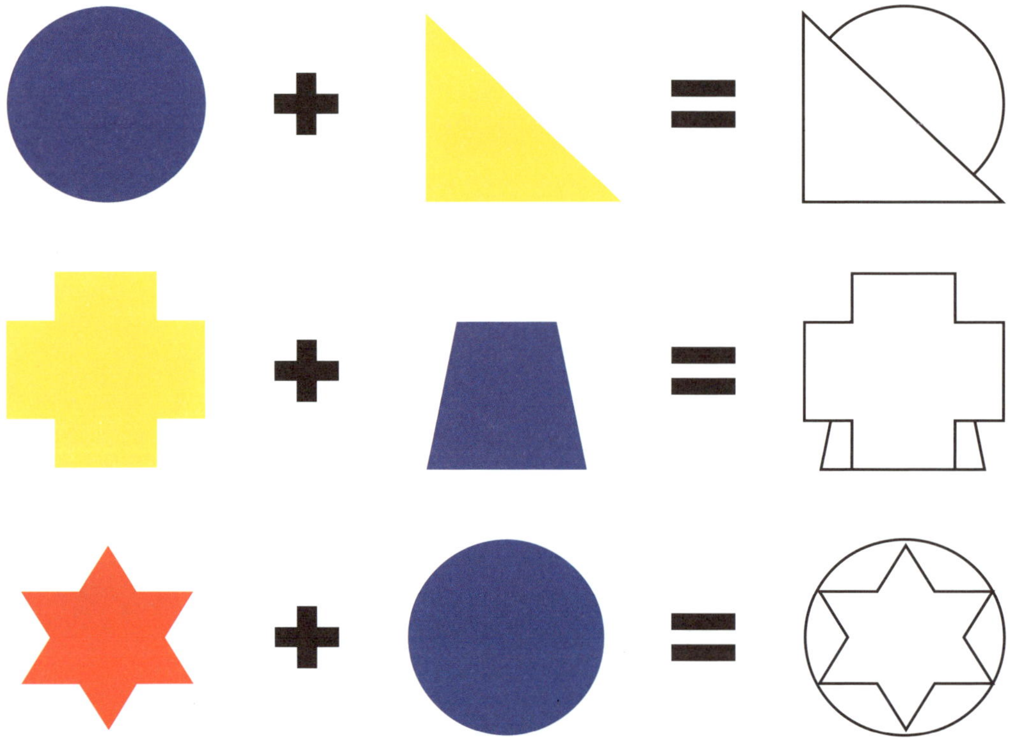

기하
6회기

③ 색 더하기

(답안)

기하 6회기

④ 색 빼보기

약 5분

이번에는 혼합색에서 색을 빼면
어떤 색이 되는지 알맞게 색칠해 보세요.

치료사용 지침

혼합색에서 색을 빼면 어떤 색이 남게 되는지 이야기해보고, 빈 원에 해당 색을 칠해볼 수 있도록 지도해 주세요. 정답 빨간색, 빨간색, 노란색

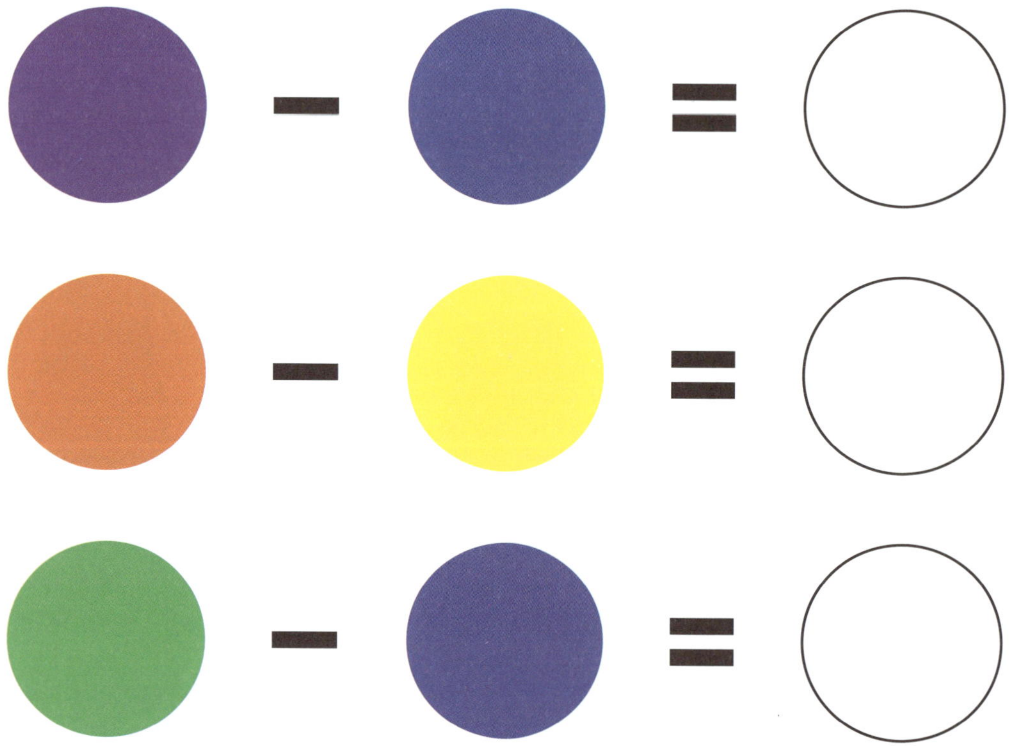

기하
6회기

④ 색 빼보기

약 5분

- 이번에는 혼합색으로 겹쳐진 도형 중 한 도형의 색을 빼 볼까요?
- 도형과 색을 그려 완성해 보세요.

치료사용 지침

① 혼합색과 도형의 겹친 부분에 대해 추론할 수 있는 능력을 길러줄 수 있는 활동입니다. 겹친 부분을 잘 보고 어떤 도형이 위에 있는지, 혹은 아래에 있는지 추론하여 완성할 수 있도록 지도해 주세요.

④ 색 빼보기

(답안)

과제

집에서 해봅시다.

아래 그림을 본 적이 있나요? 이 그림은 네덜란드의 근대 미술 화가 피트 코르넬리스 몬드리안의 작품에서 영감을 받아, 삼원색과 가로·세로의 검은 선 격자를 활용해 표현한 그림이에요. 몬드리안은 빨강, 파랑, 노랑의 세 가지 삼원색과 직선 격자를 사용한 독특한 스타일의 그림을 많이 그렸어요. 오늘 배운 삼원색을 사용해, 여러분만의 '어린이 몬드리안' 작품을 완성해 볼까요?

치료사용 지침

① 삼원색을 가지고 그림을 그린 화가 몬드리안에 대해 알아보고, 삼원색을 활용하여 티셔츠나 자동차 등을 직접 디자인해보는 것을 과제로 해오게 합니다.

과제

집에서 해봅시다.

이번에는 자동차 그림에 직접 자를 사용하여
가로, 세로로 된 격자를 그리고 색을 칠해 봅시다.

치료사용 지침

삼원색을 활용하여 티셔츠나 자동차 등을 직접 디자인해보는 것을 과제로 해오게 합니다.

7 회기

대칭은 아름다워!

1 준비물

물감, 8절 도화지, 물통, 색종이, 거울, 자, 색연필, 필기구, 가위, 풀

2 적용 대상

평균 하(80~89) 지능에 해당하는 초등학교 1~2학년 학생

3 적용 시기

초기

4 소요 시간

약 50분

5 향상 목표 주요 지표

언어이해, 시공간, 유동추론, 작업기억, 처리속도

기하 7회기

① 데칼코마니를 그려 보아요.

약 5분

- 그림 물감을 이용하여 데칼코마니를 그려본 적 있나요?
- 먼저 종이를 반으로 접고 한 쪽 면에 그림 물감을 원하는 대로 칠해요. 그리고 다시 반으로 접었다 펼쳐 보세요. 어떤 그림이 완성되었나요?

치료사용 지침

① 물감과 8절 도화지를 준비해요. 도화지가 없다면 아래 활동지를 활용해도 괜찮아요. ② 접었다 펼친 후 한 쪽 면에 물감을 원하는 대로 짜게 합니다. 어떤 그림이 완성될 것 같은지 상상해 보게 합니다. ③ 다시 펼쳤을 때는 어떤 그림이 완성되었는지, 내가 예상했던 그림이었는지 등 자유롭게 나누어 보게 합니다.

기하 7회기

② 대칭에 대해 알아 보아요.

약 5분

- 대칭은 '마주 보다'는 의미인 대(對)와 '거울'을 뜻하는 칭(稱)이 합쳐져서 만들어진 말이에요. 가운데를 중심으로 마주 보았을 때 양쪽의 모양이 같게 나타나는 것을 의미하지요. 마치 거울에 비춰 보이는 우리들의 모습처럼요.

치료사용 지침

① 거울을 준비해서 치료실 내부에 있는 다양한 사물들을 비춰 보여주세요. 거울이라는 대칭축을 따라 사물과 거울에 비치는 사물의 모양이 같게 나타난다는 것을 알 수 있게 지도합니다. ② 이외에도 맑은 호수나 바다에 하늘과 건물의 모습이 비춰질 때, 미술 작품들에서도 대칭을 발견할 수 있음을 알려 주세요.

기하 7회기

③ 우리 주변에서 대칭 찾아 보기

약 5분

우리 주변에도 대칭을 이루는 것들이 많이 있답니다. 다음 그림들은 모두 대칭을 이루는 그림이에요. 각 그림들을 반으로 접는다고 상상했을 때 꼭 맞게 겹치는 대칭이 되도록 가운데에 선을 그려 넣어 볼까요?

치료사용 지침

① 우리 주변에도 대칭의 형태를 이루는 것이 많이 있음을 그림, 사진을 통해 알려줍니다. ② 각 그림들을 반으로 접는다고 상상해 보게 하고 대칭이 될 수 있는 대칭축을 자를 대고 선으로 직접 그려 넣어 보게 지도해 주세요. 이 때에도 거울을 활용하여 대칭축의 의미를 알려줄 수 있습니다. ③ 치료실 환경에서도 대칭이 되는 것들을 찾아 보게 합니다.

〈예시〉

기하 7회기

④ 대칭축 그려 보기

약 10분

앞에서 그렸던 직선을 대칭축이라고 해요. 이 대칭축이 중심이 되어 완전히 겹쳐지는 도형은 대칭 도형이라고 하지요. 다음의 그림들 중에서 대칭축이 틀리게 그려진 그림을 찾아 올바르게 고쳐 볼까요?

치료사용 지침

① 대칭축에 대해 설명하고 대칭축이 틀리게 그려진 그림을 찾아 올바르게 고쳐 보게 합니다. ② 이 때 그림에 따라 여러 방향으로 대칭축을 그릴 수 있음을 설명하고 다양한 위치에 선을 그어 대칭이 되는지 여부를 확인할 수 있도록 촉진시켜 주세요.

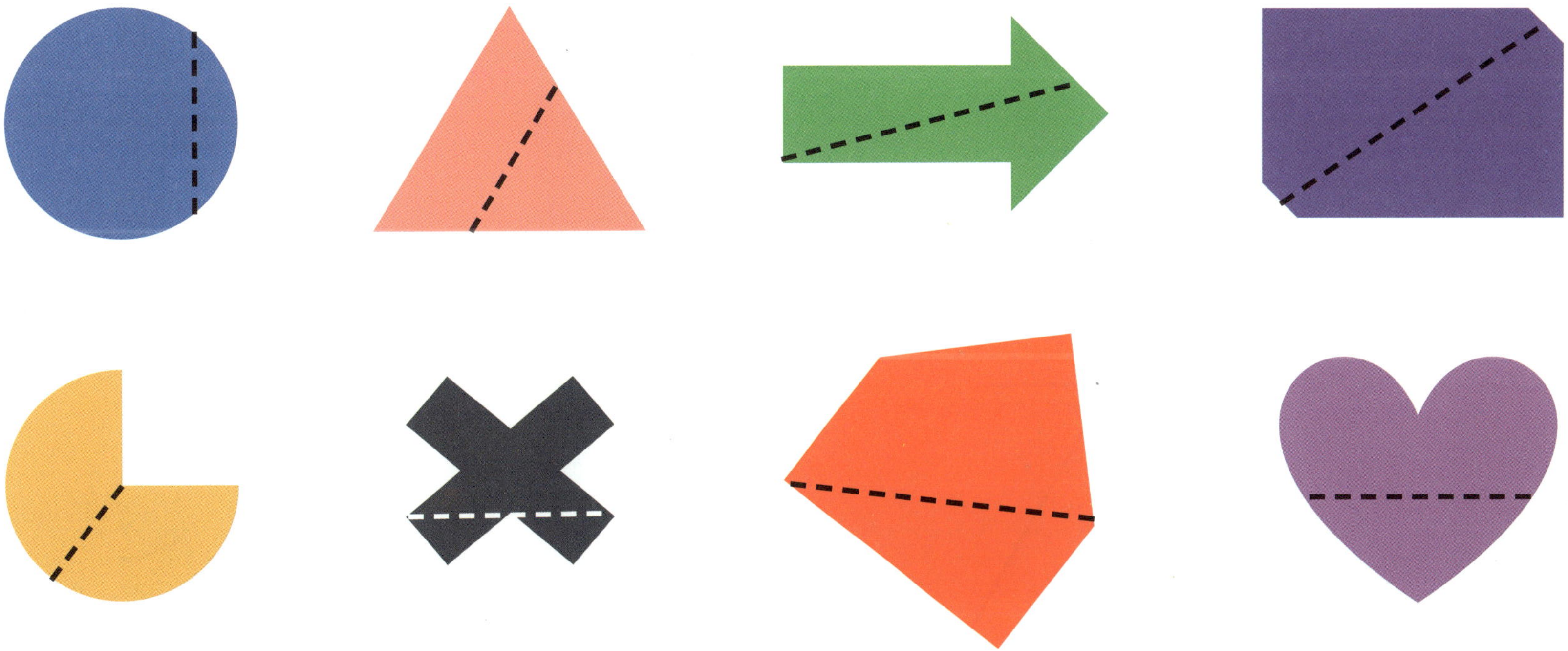

기하 7회기

⑤ 대칭 그림 완성하기

약 5분

아래 그림들을 보고 대칭이 되는 그림을 완성해 볼까요?

치료사용 지침

① 대칭축을 기준으로 반쪽 그림을 완성시킬 때 어려워하면 거울을 활용해서 할 수 있도록 지도해 주세요.

기하
7회기

⑤ 대칭 그림 완성하기

약 5분

아래 그림들을 보고 대칭이 되는 그림을 완성해 볼까요?

치료사용 지침

① 대칭축을 기준으로 반쪽 그림을 완성시킬 때 어려워하면 거울을 활용해서 할 수 있도록 지도해 주세요.

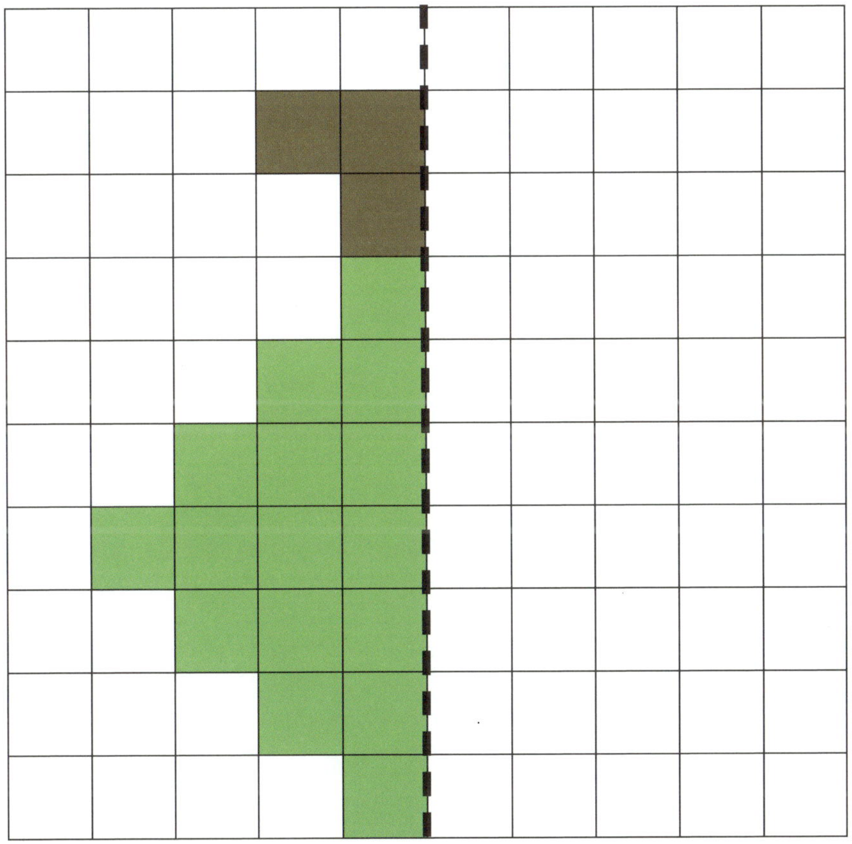

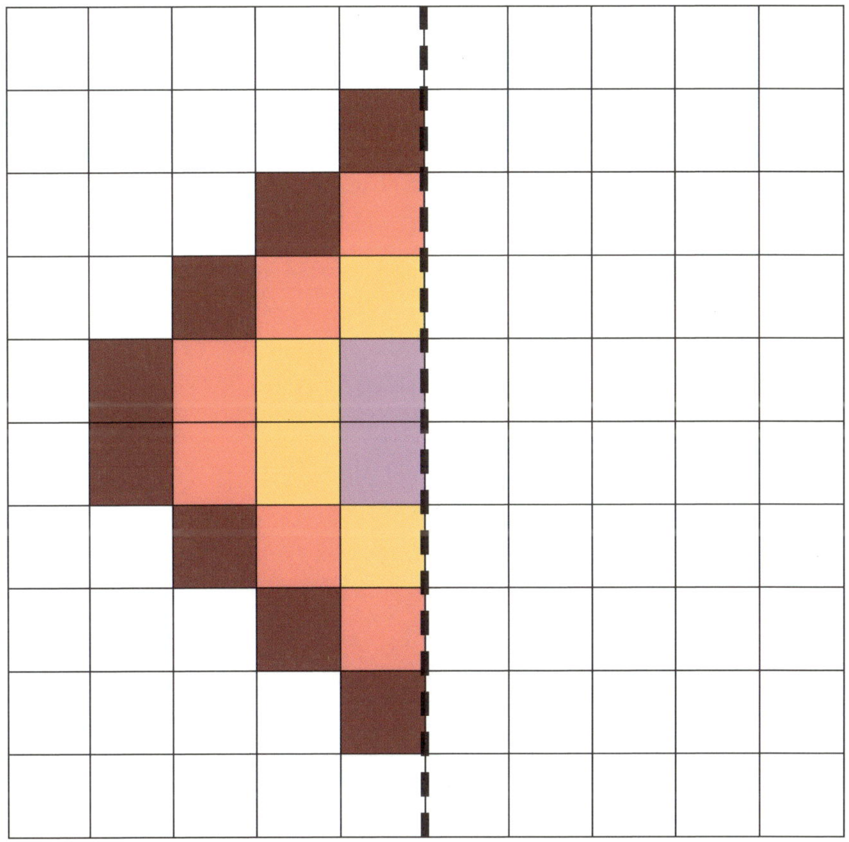

기하
7회기

⑤ 대칭 그림 완성하기

약 5분

아래 그림들을 보고 대칭이 되는 그림을 완성해 볼까요?

치료사용 지침

① 대칭축을 기준으로 반쪽 그림을 완성시킬 때 어려워하면 거울을 활용해서 할 수 있도록 지도해 주세요.

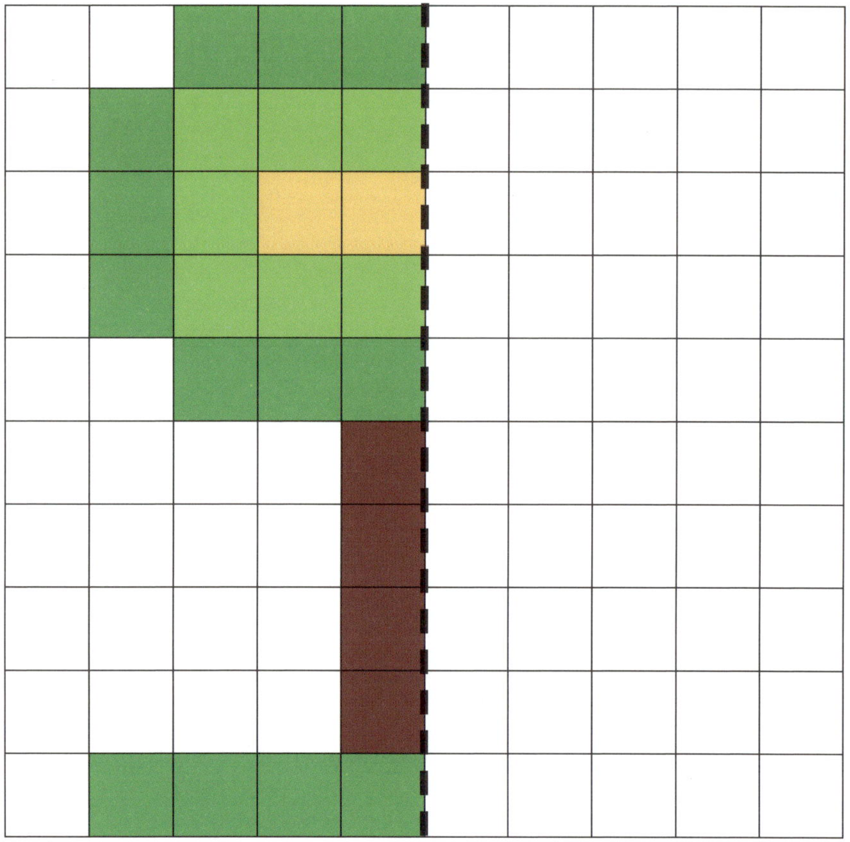

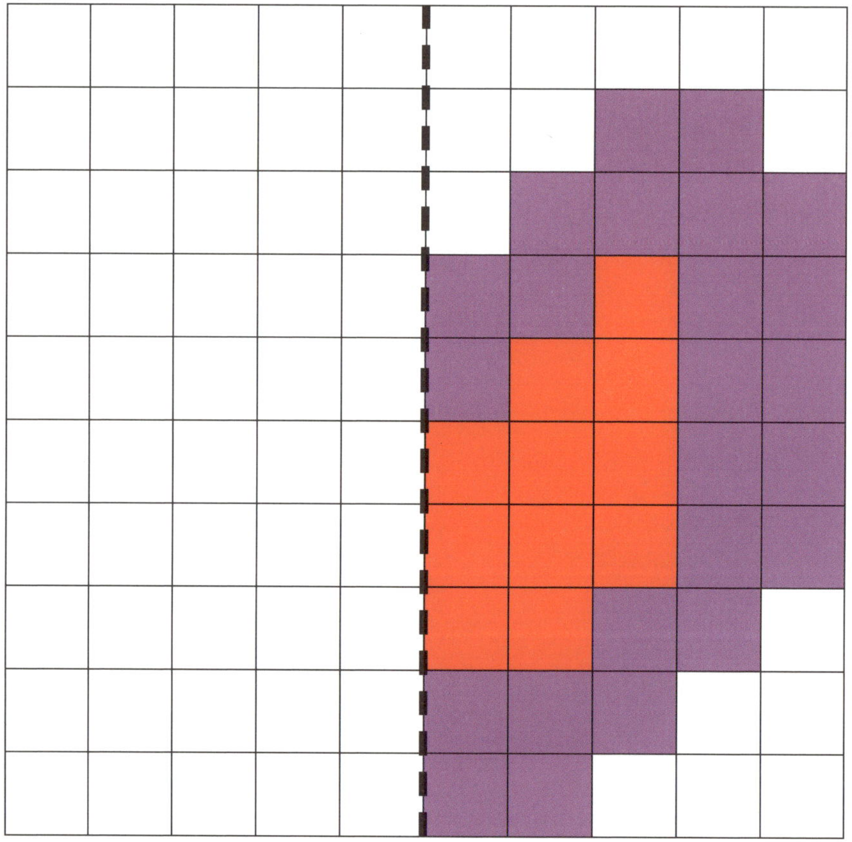

기하 7회기

⑥ 색종이로 만드는 대칭

약 10분

색종이를 이용해서 대칭을 만들어 볼 수 있어요. 색종이를 반으로 접어 볼까요? 반으로 접었다면 축을 따라 반쪽 그림을 그려 보세요. 다 그렸다면 접은 상태에서 가위로 잘라 볼까요? 어떤 모양이 나왔나요?

치료사용 지침

① 어떤 그림을 그려야 할지 어려워 한다면 치료사가 직접 그림을 그리고 내담자가 오려서 펼쳐 보게 합니다.

과제

집에서 해봅시다.

색종이를 이용하여 다양한 대칭이 되는 그림을 그리고 자른 뒤 나만의 이야기를 만들어 보세요.

치료사용 지침

① 색종이를 이용하여 다양한 대칭이 되는 그림을 그리고 잘라 붙인 뒤 이야기를 만들어 오게 합니다. 이때 가족들에게 오늘 배운 대칭에 대한 개념과 대칭으로 완성한 이야기를 들려 주는 과제를 함께 내줍니다.

8 회기

차근차근 코딩 배우기 ①

1 준비물

필기구, 가위, 풀

2 적용 대상

평균 하(80~89) 지능에 해당하는 초등학교 1~2학년 학생

3 적용 시기

중기

4 소요 시간

약 50분

5 향상 목표 주요 지표

언어이해, 유동추론, 작업기억, 처리속도

① 지금 이곳에 오기까지...

약 5분

모든 일에는 순서가 있어요. 내가 태어나서 한 살, 두 살, 걸음마를 하고 말을 배우며 지금의 내가 된 것도 순서에 따라 성장한 거예요. 오늘 아침 잠자리에서 일어나 지금 이곳에 오기까지는 어떤 순서를 거쳐 오게 되었나요?

치료사용 지침

① 모든 일에는 순서가 있음을 알려줍니다. 아이가 태어나 걸음마를 하고 말을 배우는 등 성장하는 과정, 씨앗이 새싹이 되고 꽃이 피는 과정 등을 가벼운 예로 들어 설명합니다. ② 잠자리에서 일어나고부터 지금 이곳에 오기까지 어떤 순서를 거쳐 오게 되었는지 질문합니다. 이때 가운데 예시 부분은 살짝 가린 후 질문합니다. '차 타고요.', '걸어서요.' 등의 비교적 단순한 답변들이 예상되는데요. 아동의 답변을 들은 다음 가렸던 부분을 보여 주어 우리가 이곳에 오기까지 수많은 순서들을 거쳐서 오게 되었음을 알게 해줍니다.

잠자리에서 일어남 → (예시) → 지금

(예시)
세수를 한다.
아침 식사를 한다.
영양제를 먹는다.
양치를 한다.
옷을 고른다.
옷을 입는다.
머리를 정돈한다.
가방을 확인한다.
가방을 멘다.
신발을 신는다.
문을 열고 집을 나선다.
.
.
.

기하 8회기

② 모든 일에는 순서가 있어요.

약 1분

아래 상황들을 보고 순서에 맞게 정리해서 말해 보세요.

치료사용 지침

① 자연스러운 순서를 따라 자라는 것들을 알게 합니다. 씨앗 > 새싹 > 꽃이 피는 과정, 알 > 애벌레 > 번데기를 거쳐 나비가 되는 과정을 알고 순서에 맞게 그림을 배열한 뒤 말로 설명할 수 있도록 지도해 주세요. 정답 2>1>3, 1>3>2

1

2

3

순서에 맞게 번호를 적어 넣으세요.

1

2

3

순서에 맞게 번호를 적어 넣으세요.

기하
8회기

② 모든 일에는 순서가 있어요.

약
2분

아래 상황들을 보고 순서에 맞게 정리해서 말해 보세요.

치료사용 지침

① 4 > 2 > 3 > 1 > 5

1 2 3 4 5

순서에 맞게 번호를 적어 넣으세요.

기하 8회기

② 모든 일에는 순서가 있어요.

약 2분

아래 상황들을 보고 순서에 맞게 정리해서 말해 보세요.

치료사용 지침

① 3 > 4 > 5 > 2 > 1 > 6

꽃이 떨어진 자리에서
길쭉한 꼬투리가 열렸어요

1

줄기에서 꽃이 피었어요

2

완두콩을 땅속에 심어요

3

새싹이 나왔어요

4

잎이 나왔어요

5

잘 익은 콩들이
꼬투리 안에서
톡톡 튀어나왔어요

6

순서에 맞게 번호를 적어 넣으세요.

기하 8회기

③ 순서를 맞춰 보아요.

약 2.5분

아래 상황들을 보고 순서에 맞게 정리한 후 외워서 적어 넣어 보세요.

치료사용 지침

① ㄴ > ㄷ > ㄱ, ㄴ > ㄱ > ㄷ

ㄱ

ㄴ

ㄷ

ㄱ

ㄴ

ㄷ

기하
8회기

③ 순서를 맞춰 보아요.

약 2.5분

아래 상황들을 보고 순서에 맞게 정리한 후 외워서 적어 넣어 보세요.

치료사용 지침

① ㄴ > ㄷ > ㄱ, ㄴ > ㄷ > ㄱ

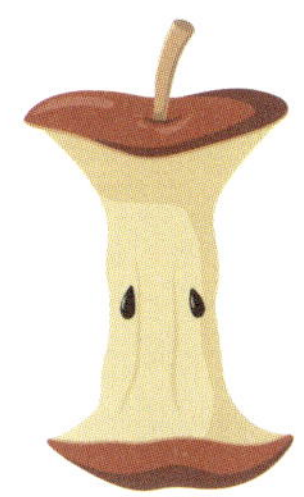

ㄱ

ㄴ

ㄷ

◯ ◯ ◯

ㄱ

ㄴ

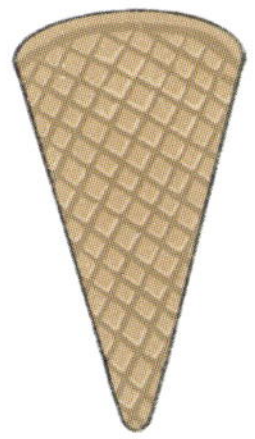

ㄷ

◯ ◯ ◯

기하
8회기

④ 이야기를 만들어 보아요.

약 5분

순서에 맞게 각 상황에 순서를 써넣어 보세요.

치료사용 지침

① 그림을 잘 보고 상황에 맞게 순서를 써넣어 본 뒤 어떤 상황인지 이야기해 볼 수 있도록 지도해 주세요. ② 아이가 빵을 꺼내서 버터를 바르고 치즈를 올린 뒤 맛있게 먹어요. ③ 친구들이 모래놀이 도구를 가지고 해변에 도착해요. 모래놀이 통에 모래를 채워 넣은 뒤 거꾸로 엎어 놓아요. 모래성을 쌓아요. 정답 4, 1, 2, 3. / 2, 4, 1, 3.

기하 8회기

④ 이야기를 만들어 보아요.

약 5분

순서에 맞게 각 상황에 순서를 써넣어 보세요.

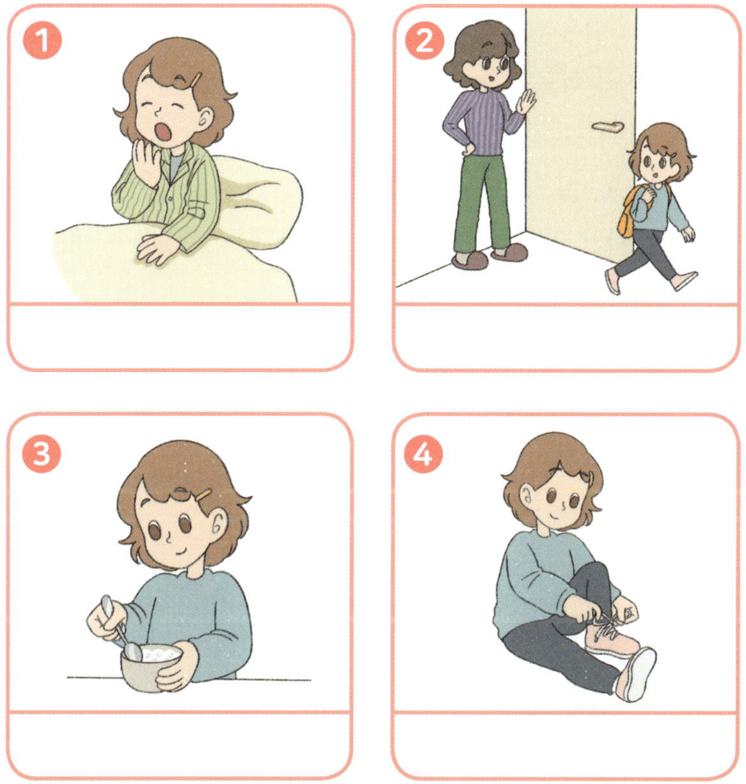

치료사용 지침

① 그림을 잘 보고 상황에 맞게 순서를 써넣어 본 뒤 어떤 상황인지 이야기해 볼 수 있도록 지도해 주세요. ② 아이가 도우에 소스를 바른 뒤 치즈를 뿌려요. 어른의 도움을 받아 오븐에 넣고 구우면 맛있는 피자가 완성돼요. ③ 아침에 일어나 밥을 먹고 신발을 신고 학교에 가기 위해 문을 나서요.

정답 3, 2, 1, 4 / 1, 3, 4, 2

기하
8회기

⑤ 만약 순서가 뒤죽박죽이 된다면?

약 5분

치료사용 지침

① 코딩에 대한 설명을 하기에 앞서, 알맞은 순서와 적절한 지시가 필요한 이유를 설명합니다. 요리를 예로 들어 설명해 주시면 좋은데요. 아주 간단한 계란 프라이, 라면 끓이기 등의 요리법에 대해 물어보고 간단한 요리에도 여러 가지 순서들이 필요하다는 것을 알아차릴 수 있도록 지도해 주세요.

- 요리를 해본 적이 있나요? 혹은 어른들이 요리 하시는 모습을 곁에서 지켜본 적이 있나요? 요리를 할 때에도 적당한 재료를 준비하는 일과 순서를 지키는 것이 중요하답니다.

- 계란 프라이를 만들어 본다고 생각해 봅시다. 먼저 계란 프라이를 만들기 위해서는 계란과 기름, 프라이팬과 가스불, 뒤집개, 그릇을 준비합니다. ▶ 프라이팬을 가스불 위에 올려 데웁니다. ▶ 달궈진 프라이팬 위에 기름을 둘러요. ▶ 계란을 프라이팬 위에 깨요. ▶ 윗면이 익으면 뒤집개를 이용해 계란을 뒤집어요. ▶ 아랫면도 익으면 계란 프라이 완성! ▶ 그릇에 담아 먹어요.

- 이처럼 간단한 요리에도 여러 가지 순서가 필요하지요.

기하 8회기

⑤ 만약 순서가 뒤죽박죽이 된다면?

약 5분

만약 이 모든 일에 순서가 자세하고 정확하지 않다면 어떻게 될까요?

꼭 필요한 순서가 빠지면 어떻게 될까요?

순서가 뒤바뀐다면 어떤 일이 벌어질까요?

치료사용 지침

① 만약 이 순서들이 제대로 제시되지 않거나 뒤죽박죽이 된다면 어떻게 될까요? 계란 프라이를 만들 줄 모르는 사람에게 계란 프라이 요리법을 제대로 알려주지 않는다면 어떻게 될지 예로 들어 생각해 보게 합니다. 계란 프라이를 만드는 데 필요한 재료를 제대로 준비하지 않을 경우, 프라이팬이 아닌 그릇을 가스불 위에 올리게 될지도 몰라요. 프라이팬 위에 계란을 깨야 하는데 깨지 않고 올릴지도 모르지요. 계란을 깨기 전에 기름을 둘러야 하는데 기름 두르는 순서가 빠진다면 계란이 프라이팬에 눌러 붙어버릴 수도 있어요. 이렇듯 간단해 보이는 과정일지라도 순서가 있으며, 이 순서가 제대로 짜여지거나 설명되지 않는다면 뒤죽박죽이 될 수 있음을 알아차릴 수 있도록 해주세요.

기하
8회기

⑥ 나를 대신해 줄 로봇을 만들어 보아요.

약
5분

- 아침에 일어나기 힘들 때, 학교에 가기 싫을 때, 숙제하기 싫을 때…
나를 대신해 줄 로봇이 있으면 좋겠다고 생각한 적이 있나요?

- 이번에는 나를 대신해 줄 로봇을 직접 만들어 볼 거예요. 로봇은 내가 하는 말을 아주 잘 듣지만 나처럼 생각할 줄은 모르기 때문에 최대한 정확하고 자세하게 이야기해주어야 한대요. 다음 상황들에 맞는 행동을 로봇에게 직접 알려줘 볼까요?

치료사용 지침

① 이 닦는 방법을 예로 들어 설명해 줍니다. 위에서 말한 것과 마찬가지로 순서가 정확하지 않거나 순서가 빠지면, 혹은 순서가 바뀌면 어떻게 될지 다시 한 번 짚어 줍니다.

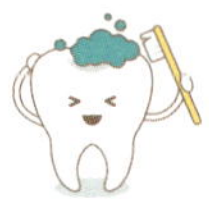

이 닦는 방법

치약의 뚜껑을 열어봐. → 칫솔에 치약을 짜. → 치약 뚜껑을 닫고 제자리에 둬.

↓

윗니, 아랫니 어금니까지
왔다 갔다 하며 구석구석 잘 닦아. → 양치컵에 물을 따라. → 입 안의 치약을 물로 헹궈.

↓

칫솔을 물로 깨끗이 닦아. → 칫솔을 칫솔 꽂이에 꽂아 둬.

기하
8회기

⑥ 나를 대신해 줄 로봇을 만들어 보아요.

약 10분

또 어떤 상황들을 만들어 볼 수 있을까요?

치료사용 지침

① 옷 입기, 가방 챙기기, 학교 가는 방법 등 다양한 상황에 대해 로봇에게 쓸 명령어를 만들어 보게 합니다.

과제 집에서 해봅시다.

가족과 색종이를 나눠 가진 뒤, 서로를 보지 않은 상태에서 내가 하는 말에 따라 색종이를 접어 봅니다. 각자 색종이를 다 접고 난 뒤 아래에 붙여 봅시다. 내가 완성한 종이 접기와 나의 지시만 듣고 따라 접은 결과물이 얼마나 같은지, 혹은 다른지 비교해 보아요.

치료사용 지침

① 색종이 접기 외에도 그림 그리기나 샌드위치 만들기 등 재밌으면서도 다양한 활동에 적용해볼 수 있음을 알려 주세요. ② 내가 잘 지시한 것, 잘못 지시한 것, 빼먹은 것 등을 알고 명확한 지시가 필요한 작업임을 알아차릴 수 있도록 가정에서 지도해 주세요.

9 회기

차근차근 코딩 배우기 ②

1 준비물

필기구, 가위, 풀

2 적용 대상

평균 하(80~89) 지능에 해당하는 초등학교 1~2학년 학생

3 적용 시기

중기

4 소요 시간

약 50분

5 향상 목표 주요 지표

언어이해, 시공간, 유동추론, 작업기억, 처리속도

기하 9회기

① 명령어에 따라 움직여요.

약 5분

- 지난 시간에 배운 내용을 잘 기억하고 있나요?
- 오늘은 다양한 화살표를 이용해서 '명령어'라는 것을 넣어볼 거예요.

- 먼저 아래 화살표들은 각각 무엇을 의미하는 걸까요?

치료사용 지침

① 지난 시간에 코딩에 대해 학습한 학생들을 위한 심화 시간입니다. 지난 시간에 배운 내용에 대해 잘 기억하고 있는지, 집에서 해본 과제는 어땠는지 충분한 이야기를 나눠 주세요. ② 오늘은 다양한 화살표를 이용해 명령어를 넣는 활동을 할 것입니다. 아래 화살표들이 각각 무엇을 의미하는지 이야기 해 보게 합니다. 뒤로, 앞으로, 오른쪽으로 회전, 왼쪽으로 회전을 의미함을 알게 하고, 맨 오른쪽에 있는 Go!는 무엇을 의미하는지 알려 주세요.

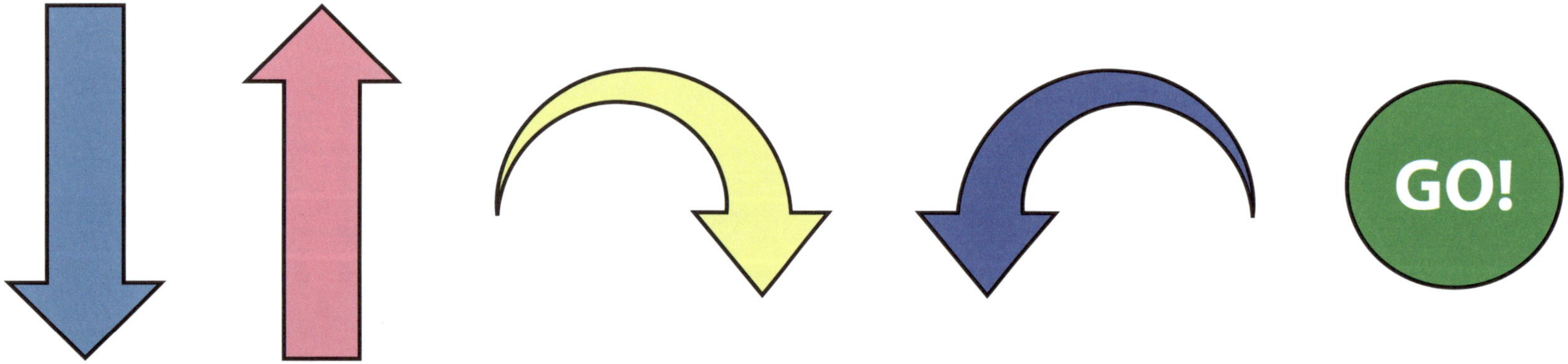

기하 9회기 ① 명령어에 따라 움직여요.

약 2분

◈ 자, 여기 귀여운 로봇이 있어요. 귀여운 로봇에게 이름을 지어 줄까요?

____

이번에는 ____________________ 에게 그림을 그려 보게 할 거예요.

화살표가 의미하는 것을 잘 기억하고

아래의 명령어를 ____________________ 에게 입력했을 때

어떤 그림이 완성될지 생각해 보세요. 그리고 그려 보세요.

치료사용 지침

① 간단한 과제부터 해보게 합니다. 먼저 귀여운 로봇에게 이름을 지어 주도록 합니다. ② 로봇과 몇 가지 그림을 그리게 될 텐데요. 화살표가 의미하는 것을 잘 기억하고 아래의 명령어를 입력했을 때 어떤 그림이 완성될지 머릿속으로 그려 보게 합니다. 그리고 실제로 그려 보게도 합니다. 머릿속에서 생각했을 때와 일치하는 그림인지, 이때 오른쪽에 제시된 (답안) 부분은 가려 주세요. 그리고 정답과 잘 맞는지 비교해 보게 합니다. 아동이 많이 어려워 한다면, (답안)의 점선을 따라 명령어대로 움직여 볼 수 있게 도와주세요. ③ 명령어를 모두 입력한 뒤 Go를 반드시 넣어야 로봇이 명령어대로 따른다는 것을 알려 주세요.

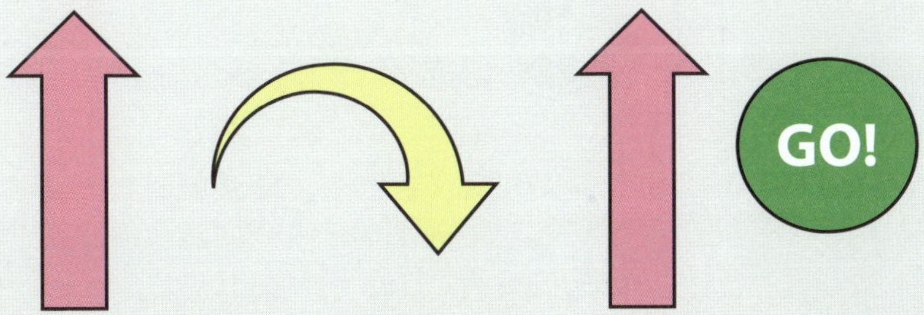

(답안)

(시작점)

① 명령어에 따라 움직여요.

약 3분

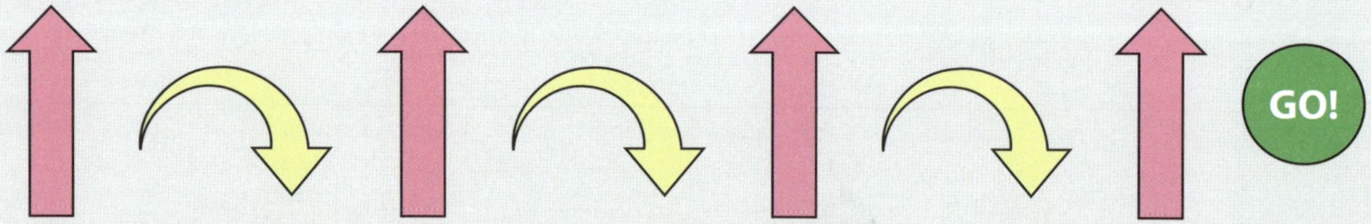

(답안)

(시작점)

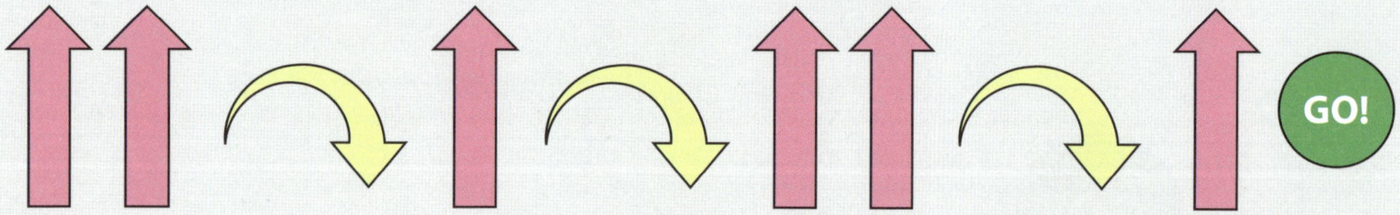

(답안)

(시작점)

치료사용 지침

① 어려워 하는 경우, 자리에서 일어나서 직접 몸으로 명령어에 따라 움직여 보게 합니다. 8칸 노트를 사용할 수도 있습니다. ② 두 명령어의 결과가 같을지, 다를지, 다르다면 어떻게 다를지 생각해 보게 합니다.

기하 9회기

① 명령어에 따라 움직여요.

약 5분

(답안)

(시작점)

(답안)

(시작점)

치료사용 지침

① 어려워 하는 경우, 자리에서 일어나서 직접 몸으로 명령어에 따라 움직여 보게 합니다. 8칸 노트를 사용할 수도 있습니다. ② 두 명령어의 결과가 같을지, 다를지, 다르다면 어떻게 다를지 생각해 보게 합니다.

기하
9회기

① 명령어에 따라 움직여요.

약 5분

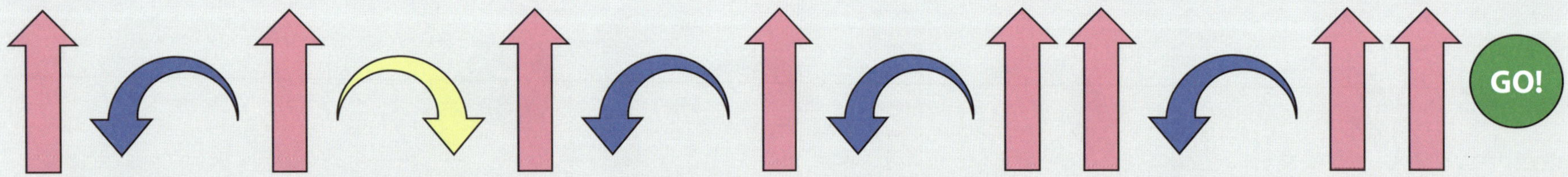

(답안)

(시작점)

치료사용 지침

① 어려워 하는 경우, 자리에서 일어나서 직접 몸으로 명령어에 따라 움직여 보게 합니다. 8칸 노트를 사용할 수도 있습니다.

기하 9회기

① 명령어에 따라 움직여요.

약 5분

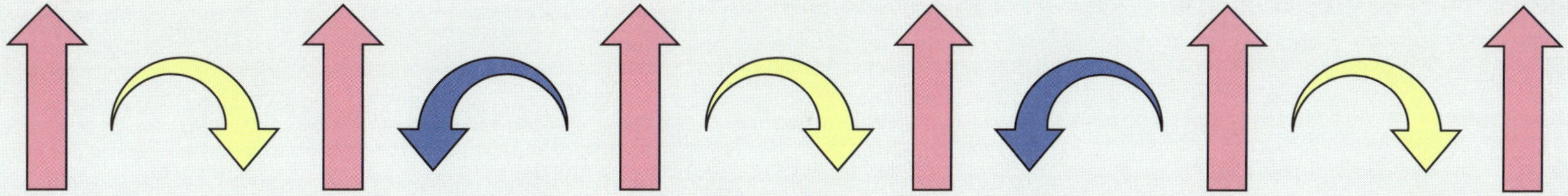

(답안)

(시작점)

치료사용 지침

① 어려워 하는 경우, 자리에서 일어나서 직접 몸으로 명령어에 따라 움직여 보게 합니다. 8칸 노트를 사용할 수도 있습니다.

기하 9회기

② 명령어를 넣어 보아요.

약 5분

◈ 배고픈 아기 돼지가 옥수수를 성공적으로 먹을 수 있도록
길을 안내해 줄까요?
이때 돼지는 먹지 못하는 초콜릿과 커피는 피해 갈 수 있게 해주세요.

치료사용 지침

① 스토리텔링을 통해 명령어를 넣어볼 수 있게 지도해 주세요. 배고픈 아기 돼지가 좋아하는 옥수수를 성공적으로 먹을 수 있는 다양한 방법을 알게 합니다. ② 길을 찾아 가는 데에는 다양한 방법이 있음을 알게 해주세요. 또한 길은 다양하지만 제일 빠르게 갈 수 있는 방법(화살표가 적게 쓰이는 방법)은 어떤 길인지 알아차릴 수 있게 해주세요. 정답 오, 앞, 앞, 왼, 앞, 앞 / 앞, 앞, 오, 앞, 앞

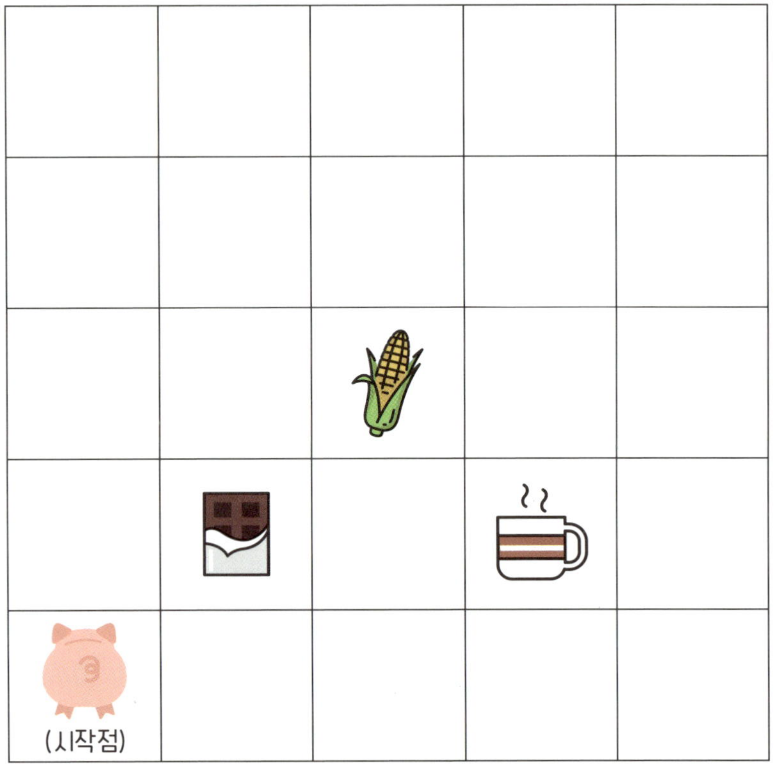

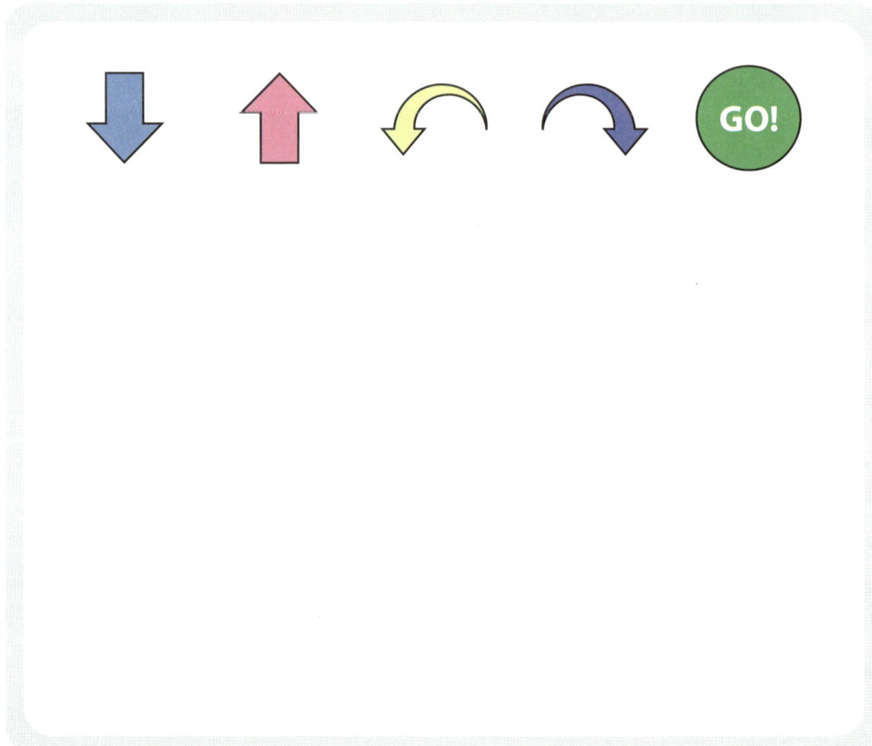

기하
9회기

② 명령어를 넣어 보아요.

약
5분

토끼는 어떤 음식을 먹는지 알고 있나요?
토끼는 자신의 똥을 먹기도 하고, 당근이나 상추 같은 음식을 먹기도 해요. 이번에는 토끼가 자신의 똥을 먹은 뒤 당근을 먹고 상추를 먹으러 갈 수 있는 길을 찾아 알려 주세요.

치료사용 지침

① 스토리텔링을 통해 명령어를 넣어볼 수 있게 지도해 주세요. 배고픈 아기 토끼가 자신의 똥을 먹고 당근을 먹은 뒤 상추를 먹으러 가는 경로를 알게 합니다. ② 길을 찾아 가는 데에는 다양한 방법이 있음을 알게 해주세요. 또한 길은 다양하지만 제일 빠르게 갈 수 있는 방법(화살표가 적게 쓰이는 방법)은 어떤 길인지 알아차릴 수 있게 해주세요.

정답 오, 앞, 앞, 왼, 앞, 앞, 앞, 앞 / 앞, 앞, 앞, 앞, 오, 앞, 앞

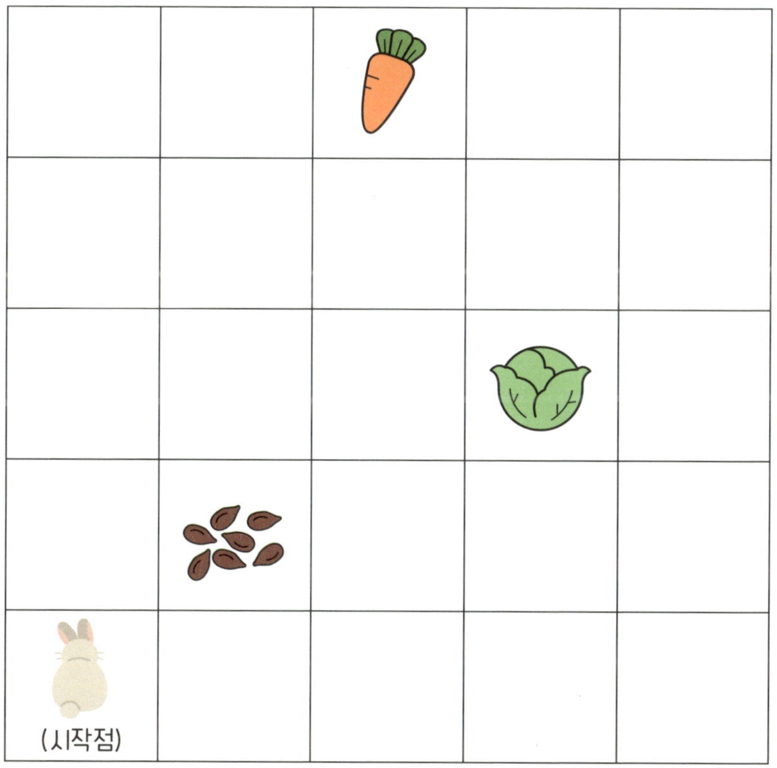

기하 9회기

② 명령어를 넣어 보아요.

약 5분

오늘은 내가 좋아하는 ______________와 신나는 하루를 보내기로 했어요. 집에서 나와 ______________와 함께 놀이터에 먼저 갈 거예요. 놀이터에서 2시간을 놀고 나서 내가 좋아하는 식당에 가서 밥을 먹기로 했지요. 우리집에서 가까운 놀이터에 갔다가 좋아하는 식당에 가기까지의 지름길을 알아 보세요. 그리고 이때 필요한 화살표의 개수는 모두 몇 개였는지 세어 보세요.

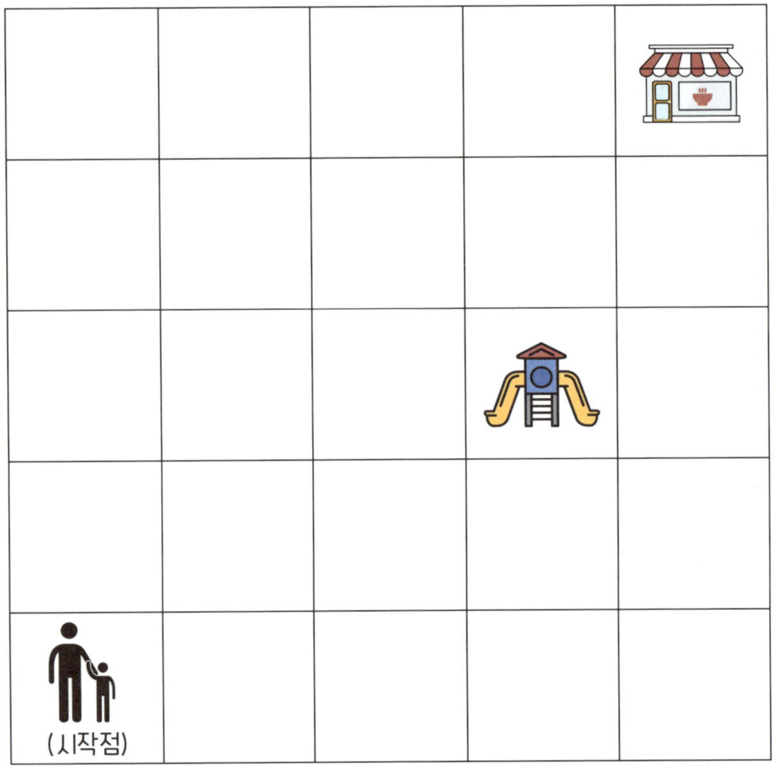

치료사용 지침

① 먼저 학생이 좋아하는 가까운 어른이 누구인지 이야기 해보게 합니다(다양한 가족 형태가 존재하기 때문에 엄마, 혹은 아빠로 한정지어 묻지 않습니다.). 빈칸에 그 어른의 호칭/이름을 쓰게 합니다. ② 특별한 날, 그 어른과 함께 놀이터에 갔다 식당으로 가는 다양한 길들 중 지름길로 가기 위한 명령어를 넣어 보게 합니다. ③ 총 몇 개의 화살표가 사용되었는지 세어보게 합니다. 정답 앞, 앞, 오, 앞, 앞, 앞(놀이터까지 가는 길) / 앞, 앞, 오, 앞(식당까지 가는 길) / 총 10개

③ 어둠 속에서 길 찾기 게임

약 10분

이번에는 선생님과 어둠 속에서 길 찾기 게임을 해볼 거예요. 아래의 그림을 가리고 놀이공원, 학교, 카페, 공원, 피아노 학원, 할머니댁, 공항 중 가장 가고 싶은 한 곳을 마음 속에서 정해두세요. 그림을 열어 보고 자신이 생각했던 그곳에 가기 위한 정확한 경로를 선생님에게 친절하게 설명해 주세요. 선생님이 길을 잘 찾아갈 수 있을까요?

치료사용 지침

① 먼저 왼쪽의 그림을 가려두고 놀이공원, 학교, 카페, 공원, 피아노 학원, 할머니댁, 공항 중 가고 싶은 한 곳을 마음 속에서 정하게 합니다. ② 그림을 열어 자신이 생각했던 그곳에 가기 위해(그림을 본 뒤 가기 쉬운 곳으로 임의로 바꿀 수 있으므로 치료사에게 보이지 않게 미리 적어 두게 할 수 있습니다.) 정확한 경로를 치료사에게 설명하게 합니다.

과제

집에서 해봅시다.

◈ 가족에게 오늘 배운 내용을 설명하고, 아래의 화살표를 사용해서 그림을 그려 보게 합니다.
내가 그리고자 한 그림을 상대방이 잘 그렸는지, 틀린 부분이 있다면 어느 부분에서 틀렸는지,
나의 설명이 잘못된 것은 아니었는지 등을 점검해 봅시다.

10 회기

다양한 입체도형

1 준비물

색연필, 필기구, 가위, 풀, 두꺼운 도화지(과제용)

2 적용 대상

평균 하(80~89) 지능에 해당하는 초등학교 1~2학년 학생

3 적용 시기

중기

4 소요 시간

약 50분

5 향상 목표 주요 지표

언어이해, 시공간, 유동추론, 작업기억, 처리속도

기하 10회기

① 다양한 입체도형이 있어요.

약 3분

- 1회기 때 배운 정육면체를 기억하고 있나요?
  오늘은 다양한 입체도형에 대해 배워볼 거예요.
  입체도형이란 공간에서 일정한 공간을 차지하며 길이와 폭, 두께
  즉 부피가 있는 도형을 말하는데요.

치료사용 지침

① 1회기 때 배운 정육면체에 대해 다시 한번 상기시켜 주세요. 기억하지 못한다면 주변의 정육면체의 모양을 하고 있는 것들, 주사위 등을 이용하여 다시 한번 간단하게 알려 줍니다. ② 오늘은 직육면체, 사각뿔, 구에 대해 학습할 거예요. 다음 그림, 사진들을 보고 우리 주변의 직육면체, 사각뿔, 구의 형태를 가진 사물을 떠올려 이야기해 보게 합니다.

- 내가 알고 있는 입체도형에는 어떤 것들이 있나요?
  아래 그림들을 보고 같은 입체도형끼리 동그라미로 묶어 표시해 보세요.

기하 10회기

② 입체도형에 대해 알아보아요.

약 2분

◈ 다음은 '구'라는 입체도형이에요.
우리 주변에서도 많이 볼 수 있는 '구'는 동그란 공처럼 생겼어요.

치료사용 지침

① 가장 먼저 학생들에게 익숙한 '구'의 형태에 대해 학습하게 합니다. ② 구는 동그란 공처럼 생겼는데요, 경사진 곳에서 공을 굴려본 적이 있는지, 굴려보았을 때 어떻게 되었는지 등의 경험에 대해 나누어 보게 해주세요. 이해하기 어려워 한다면 직접 동그란 물체를 준비, 이용해서 경사진 곳에서 굴려 굴러가는 모습을 관찰해볼 수 있게 합니다.

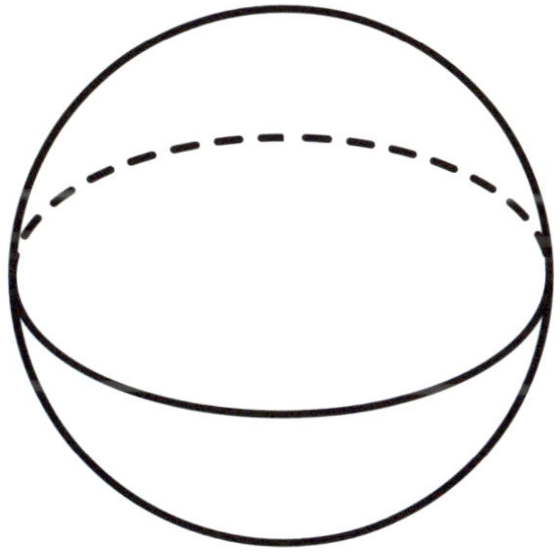

기하 10회기

② 입체도형에 대해 알아보아요.

약 2분

- 다음은 각뿔 이라고도 불리는 사각뿔이에요.
- 사각뿔은 어떤 모양인가요?
  사각뿔에는 왜 '사각'이라는 말이 들어갈까요?

치료사용 지침

① 다음은 사각뿔입니다. 각뿔이라고도 하는데요. 사각뿔은 어떤 모습인지 살펴볼 수 있게 해주세요. ② 사각뿔에는 왜 '사각'이라는 이름이 들어갈까요? 얼핏 보면 삼각형의 모습을 한 것 같지만 아래면이 사각형으로 되어 있기 때문이라는 것을 설명해 주세요.

기하
10회기

② 입체도형에 대해 알아보아요.

약 3분

다음은 직육면체라고 불리는 입체도형이에요.
지난번에 배웠던 정육면체와 비슷한 듯 다른 모습이지요.
정육면체와 비교했을 때 어떤 점이 같은가요?
어떤 점이 다른가요?

치료사용 지침

① 직육면체에 대한 내용입니다. 1회기 때 배운 정육면체와 비슷한 듯 다른 모습의 직육면체에 대해 학습할 수 있도록 지도해 주세요. 정육면체와 비교했을 때 같은 점(예: 면이 6개이다, 모든 면이 사각형으로 되어 있다, 네모난 모습이다, 등), 다른 점(예: 정육면체는 모든 면이 같은 정사각형들로 이루어져 있었는데 직육면체는 직사각형으로 이루어져 있다, 등)에 대해 이야기할 수 있도록 지도해 주세요.

기하 10회기

③ 입체도형을 자세히 볼까요?

약 2분

다음의 입체도형을 보고 '사각형'에 해당하는 부분을 찾아 모두 색칠해 보세요.

다 색칠해 보았나요? 이번에는 입체도형을 펼쳐볼 거예요. 세 가지 입체도형을 모두 펼칠 수 있을까요? 펼치면 어떤 모습일까요? 상상해 보세요.

치료사용 지침

① 구와 사각뿔, 직육면체를 구분하기 위한 학습입니다. 속이 투명한 입체도형의 그림을 보고 '사각형'의 면에 해당하는 부분을 찾아 모두 색칠하게 합니다. ② "좀 전에 선생님이 사각뿔이 왜 사각뿔이라고 했는지 기억나니? 이렇게 투명한 형태로 보니 아래 부분이 사각형의 모양이지? 이 사각형 부분에 색칠해 볼까?"하고 사각뿔에 대해 정확하게 알 수 있도록 되짚어 줍니다. ③ 모두 색칠하게 한 뒤 '구'와 사각뿔, 직육면체의 차이점을 시각적으로 확인할 수 있게 합니다. ④ 다음 장에서는 각 입체도형의 전개도에 대해 배우게 되는데요. 그 전에 학생들에게 이 입체도형들을 펼쳤을 때 어떤 모습일지 상상해 보게 해주세요. 세 가지 입체도형 모두 전개도로 펼쳐질 수 있을지에 대해서도 생각해 보게 해주세요.

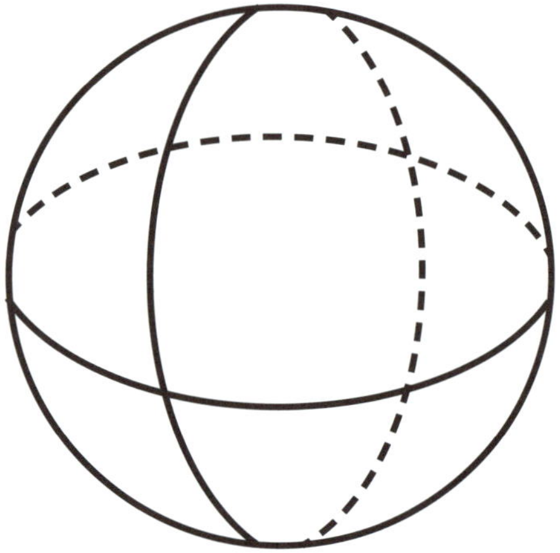

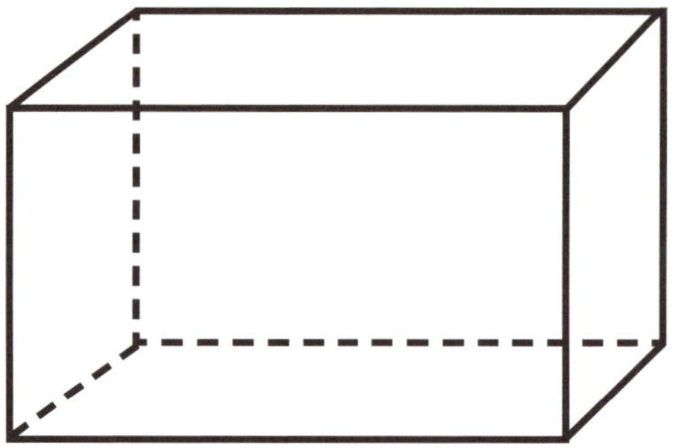

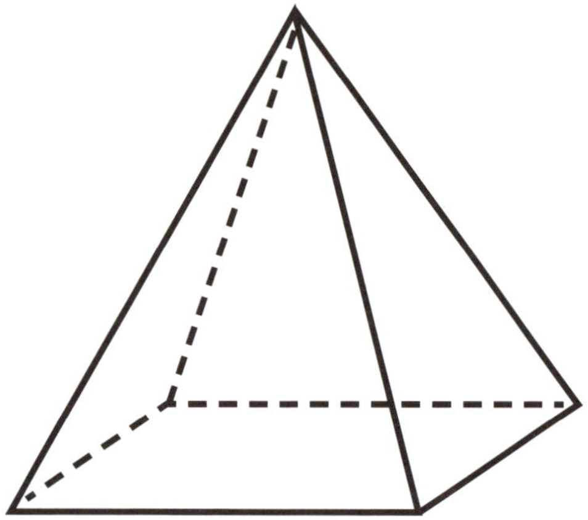

④ 입체도형을 펼쳐 보아요.

약 5분

아래의 그림은 어떤 입체도형의 전개도일까요?
이 전개도의 특징을 눈에 보이는 대로 말하고 적어 보세요.

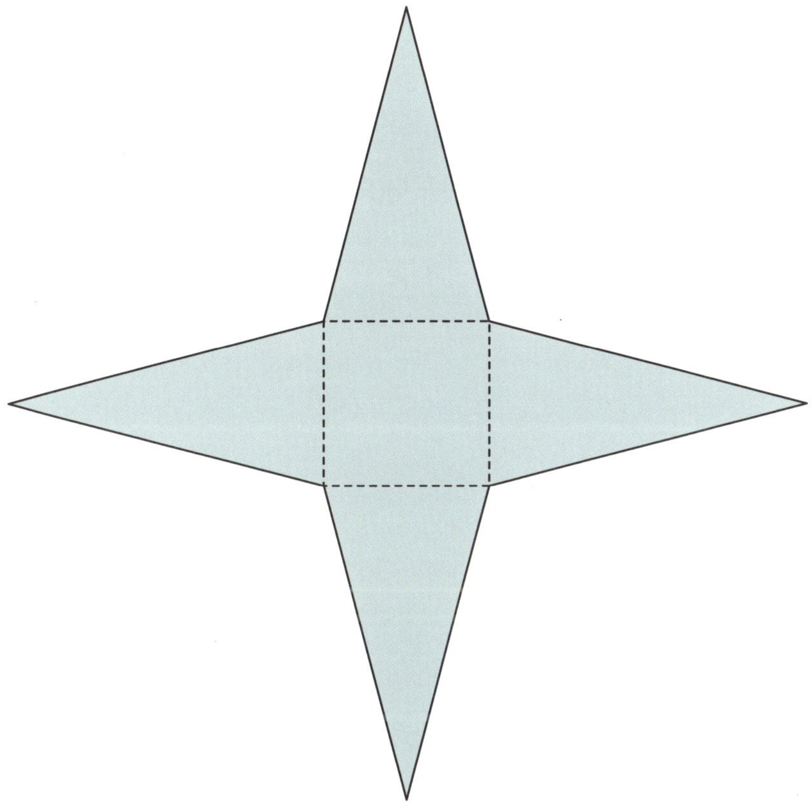

1. 한 개의 정사각형과 네 개의 이등변 삼각형이 있어요.
2. 불가사리 모양 같기도 하고 별 모양 같기도 해요.
3. □ □ □ 이 되었을 때 어떤 면과 어떤 면이 만나게 될까요?

만나게 될 면끼리 같은 색의 색연필로 색칠해 볼까요?
그리고 전개도를 가위로 오려 확인해 보세요.

치료사용 지침

① 다음은 전개도를 통해 알아보는 시간입니다. 아래의 전개도를 보고 학생에게 어떤 전개도의 모습일 것 같은지 생각해 보게 합니다. ② 사각뿔이 되었을 때 어떤 면과 어떤 면이 만나게 될지 생각해 보게 하고, 만나게 될 면끼리 같은 색의 색연필로 색칠하게 합니다. 그리고 전개도를 가위로 오려 직접 확인해볼 수 있게 해주세요.

정답 삼각뿔

기하 10회기

④ 입체도형을 펼쳐 보아요.

약 3분

◈ 사각뿔은 몇 개의 전개도로 그려볼 수 있을까요?

사각뿔은 총 ________ 개의 전개도를 그릴 수 있어요.

오른쪽의 두 개의 전개도에도 만나게 될 면끼리 같은 색으로 색칠해 볼까요?

치료사용 지침

① 다음은 전개도를 통해 알아보는 시간입니다. 아래의 전개도를 보고 학생에게 어떤 전개도의 모습일 것 같은지 생각해 보게 합니다. ② 사각뿔이 되었을 때 어떤 면과 어떤 면이 만나게 될지 생각해 보게 하고, 만나게 될 면끼리 같은 색의 색연필로 색칠하게 합니다. 그리고 전개도를 가위로 오려 직접 확인해볼 수 있게 해주세요. 정답 3

①

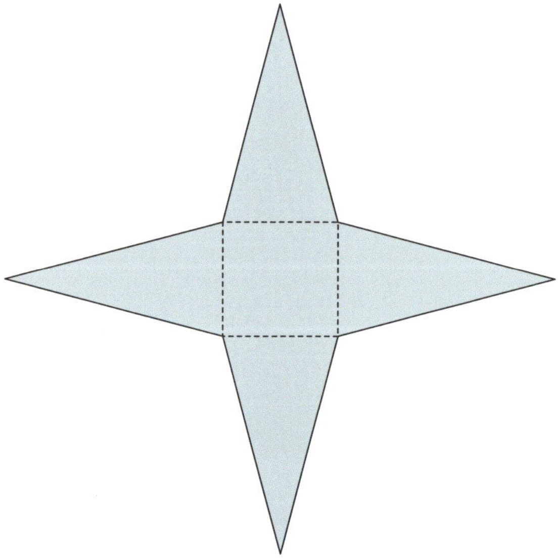

②

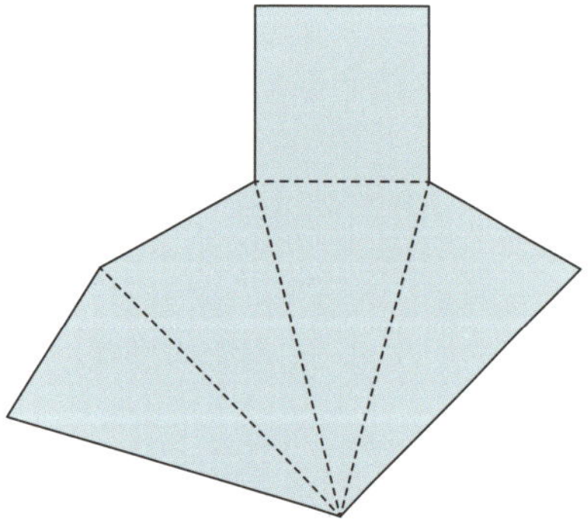

③

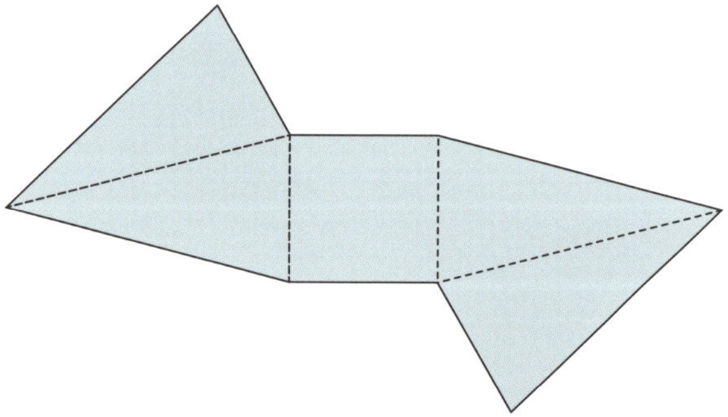

기하
10회기

④ 입체도형을 펼쳐 보아요.

약 3분

아래의 그림은 어떤 입체도형의 전개도일까요?
이 전개도의 특징을 눈에 보이는 대로 말하고 적어 보세요.

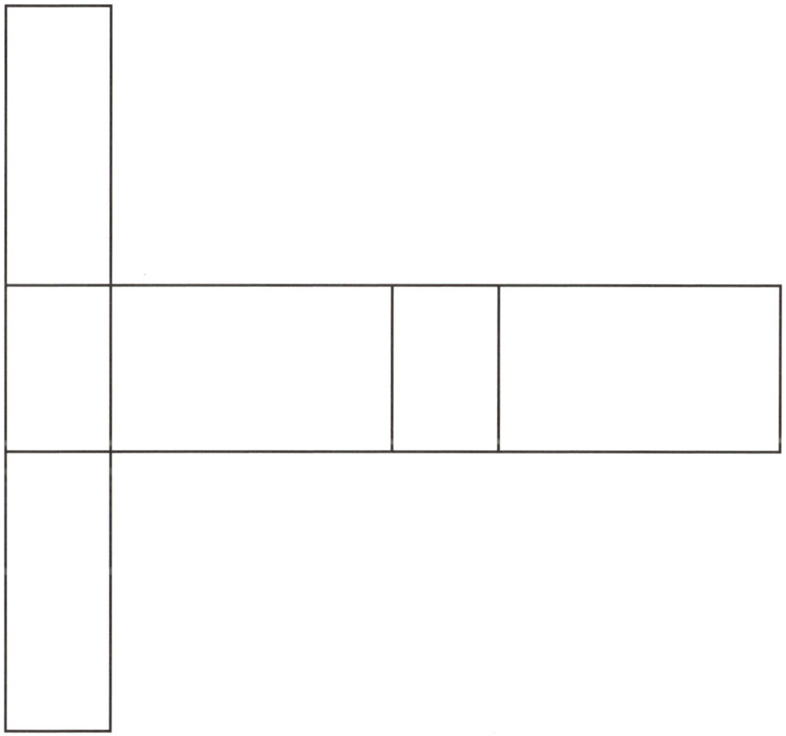

❶ 모든 면이 직사각형으로 되어 있어요.

❷ 직사각형이 6개예요.

❸ 각자 크기가 맞는 짝꿍들이 있어요.

같은 크기의 사각형에 같은 색의 색연필로 색칠해 볼까요?
그리고 가위로 오려 직육면체로 만들어 보세요.

치료사용 지침

① 다음은 전개도를 통해 알아보는 시간입니다. 아래의 전개도를 보고 학생에게 어떤 전개도의 모습일 것 같은지 생각해 보게 합니다. ② 관찰한 것들을 아래 빈 칸에 적어 보게 합니다. 모든 면이 직사각형으로 되어 있다는 것, 직사각형이 모두 6개 있다는 것, 그리고 각자 크기가 똑같은 짝꿍들이 있다는 것을 알아차릴 수 있게 해주시되 학생이 직접 관찰하여 도출할 수 있도록 최대한 기다려 주세요. ③ 그리고 같은 크기의 사각형에 같은 색의 색연필을 활용하여 색칠하게 하고, 가위로 오려 이 면들이 직육면체가 되었을 때 서로 마주보게 됨을 확인할 수 있게 해주세요.

기하
10회기

④ 입체도형을 펼쳐 보아요.

약 20분

치료사용 지침

① 직육면체 또한 정육면체와 마찬가지로 다양한 전개도를 그려볼 수 있음을 알려주세요. 어떻게 그려볼 수 있을지 먼저 빈 종이에 그려 보게 해주세요. ② 그리고 정육면체의 전개도를 보고 이를 보고 유추해서 직육면체의 전개도를 그려볼 수 있음을 알려 주세요.

- 직육면체 또한 다양한 전개도로 그려볼 수 있는데요,
  직육면체의 전개도를 이해하기 위해서는
  지난 시간에 배운 정육면체의 전개도를 참고해 볼 수 있어요.

- 먼저, 정육면체 전개도를 다시 한번 살펴 볼까요?

기하 10회기

④ 입체도형을 펼쳐 보아요.

이번에는 왼쪽에 있는 정육면체의 전개도를 보고,
이 전개도에 해당하는 직육면체의 전개도를 그려 보세요.
몇 개의 직육면체가 나올까요?

치료사용 지침

① 워크북으로 활용할 때는 왼쪽의 정육면체의 전개도만 제시하고 오른쪽에는 모눈종이 형태의 빈 칸을 삽입하여 학생이 직접 생각해서 그려볼 수 있게 합니다. ② 어려워 하면 (1)부터 (11)까지의 전개도를 모두 보여주고 직육면체가 되었을 때 마주보는 면끼리 같은 색으로 색칠하기 활동으로 대체할 수 있습니다.

1

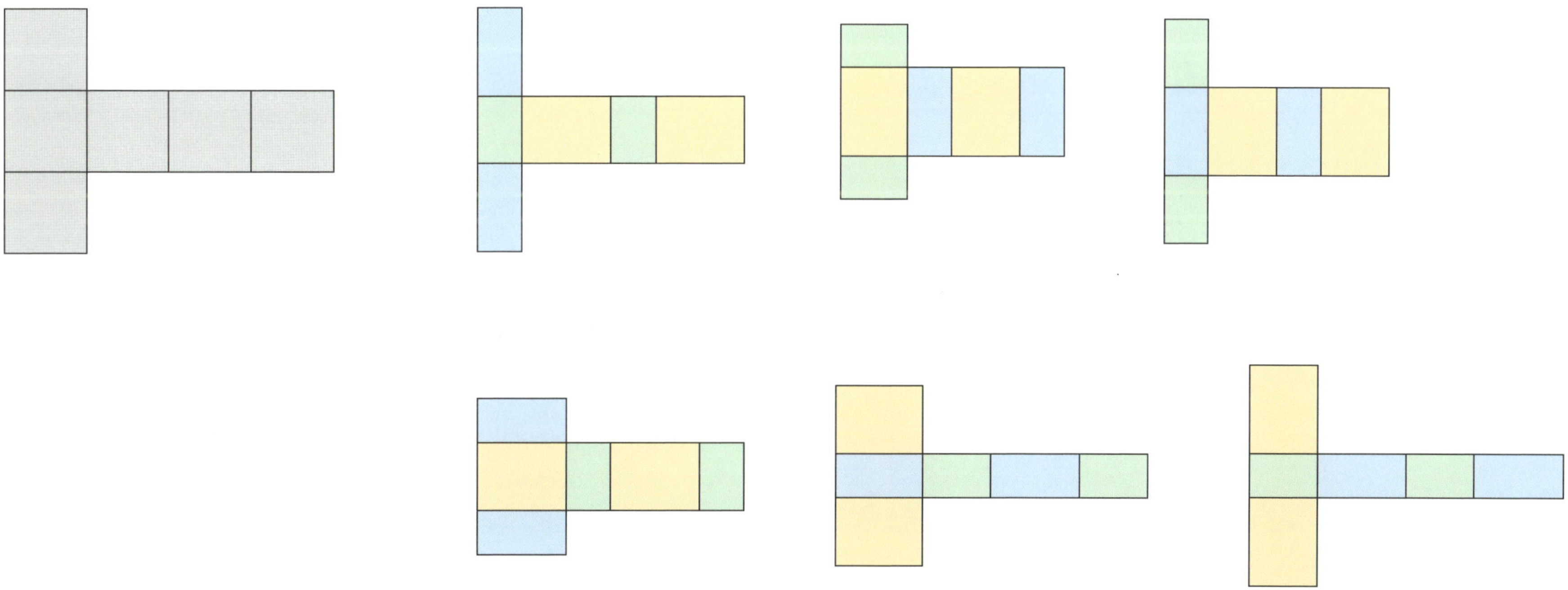

기하 10회기

④ 입체도형을 펼쳐 보아요.

이번에는 왼쪽에 있는 정육면체의 전개도를 보고,
이 전개도에 해당하는 직육면체의 전개도를 그려 보세요.
몇 개의 직육면체가 나올까요?

치료사용 지침

① 워크북으로 활용할 때는 왼쪽의 정육면체의 전개도만 제시하고 오른쪽에는 모눈종이 형태의 빈 칸을 삽입하여 학생이 직접 생각해서 그려볼 수 있게 합니다.

②

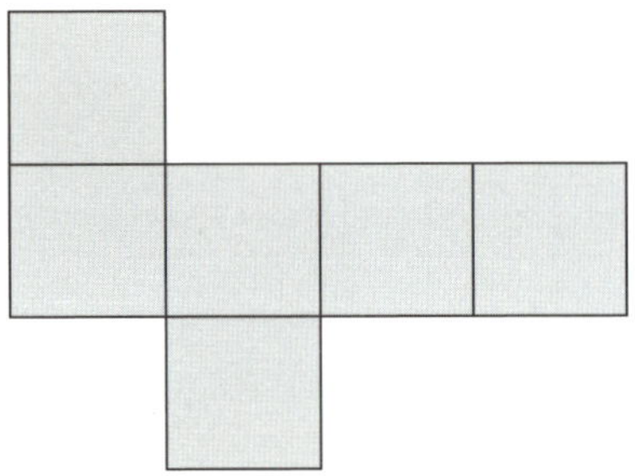

기하
10회기

④ 입체도형을 펼쳐 보아요.

이번에는 왼쪽에 있는 정육면체의 전개도를 보고,
이 전개도에 해당하는 직육면체의 전개도를 그려 보세요.
몇 개의 직육면체가 나올까요?

치료사용 지침

① 워크북으로 활용할 때는 왼쪽의 정육면체의 전개도만 제시하고 오른쪽에는 모눈종이 형태의 빈 칸을 삽입하여 학생이 직접 생각해서 그려볼 수 있게 합니다.

③

기하 10회기

④ 입체도형을 펼쳐 보아요.

이번에는 왼쪽에 있는 정육면체의 전개도를 보고,
이 전개도에 해당하는 직육면체의 전개도를 그려 보세요.
몇 개의 직육면체가 나올까요?

치료사용 지침

① 워크북으로 활용할 때는 왼쪽의 정육면체의 전개도만 제시하고 오른쪽에는 모눈종이 형태의 빈 칸을 삽입하여 학생이 직접 생각해서 그려볼 수 있게 합니다. ② 여기에는 세 개의 전개도 밖에 그릴 수 없는데요. 이러한 이유에 대해 학생이 스스로 생각해볼 수 있게 해주세요. ③ 제한된 시간 내에서 54개의 전개도를 모두 다룰 수는 없을 것 같아 뒤 내용은 참고용으로 활용해 주세요.

4

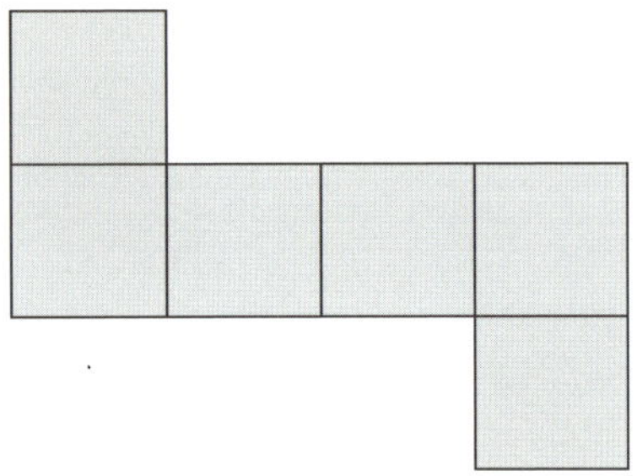

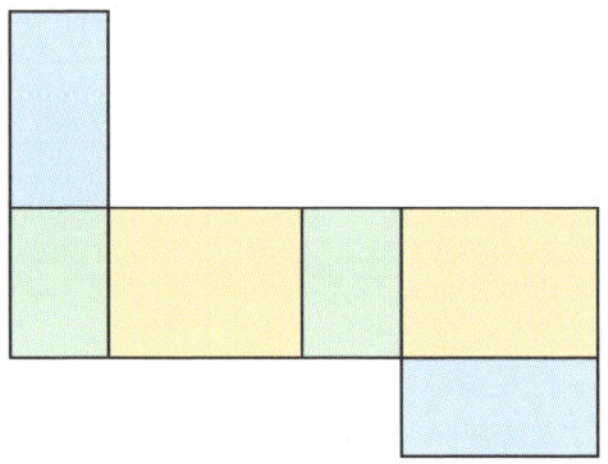

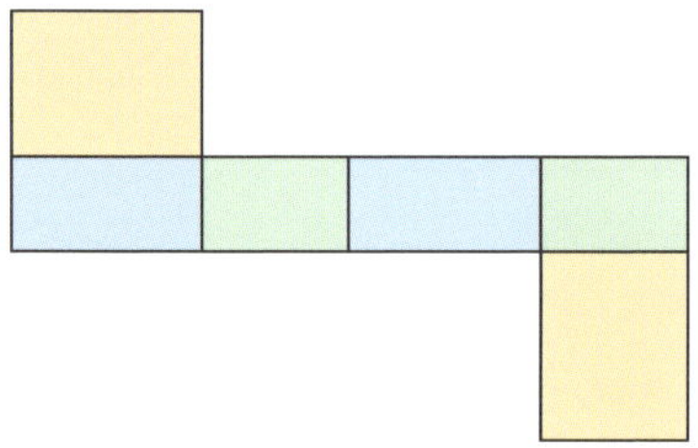

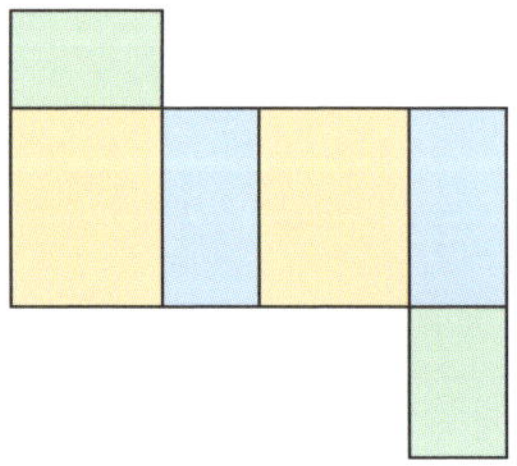

기하
10회기

④ 입체도형을 펼쳐 보아요.

이번에는 왼쪽에 있는 정육면체의 전개도를 보고,
이 전개도에 해당하는 직육면체의 전개도를 그려 보세요.
몇 개의 직육면체가 나올까요?

치료사용 지침

① 워크북으로 활용할 때는 왼쪽의 정육면체의 전개도만 제시하고 오른쪽에는 모눈종이 형태의 빈 칸을 삽입하여 학생이 직접 생각해서 그려볼 수 있게 합니다. ② 여기에는 세 개의 전개도 밖에 그릴 수 없는데요. 이러한 이유에 대해 학생이 스스로 생각해볼 수 있게 해주세요.

⑤

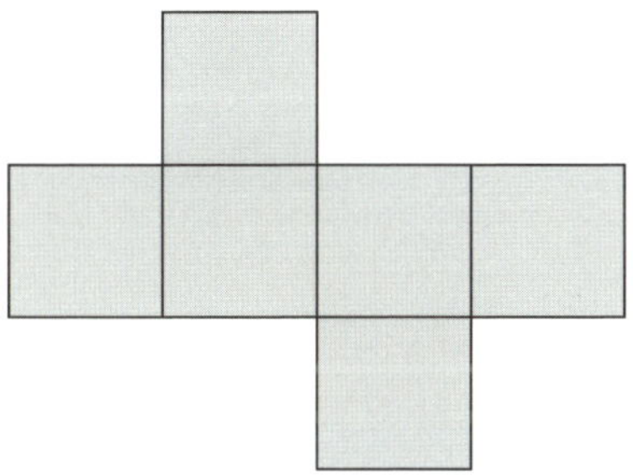

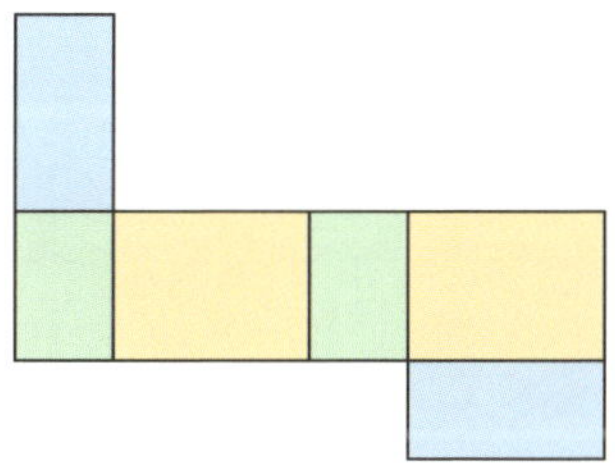

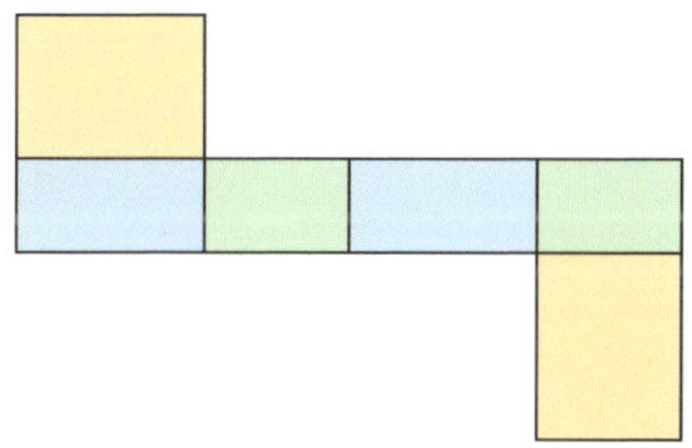

기하 10회기

④ 입체도형을 펼쳐 보아요.

이번에는 왼쪽에 있는 정육면체의 전개도를 보고,
이 전개도에 해당하는 직육면체의 전개도를 그려 보세요.
몇 개의 직육면체가 나올까요?

치료사용 지침

① 워크북으로 활용할 때는 왼쪽의 정육면체의 전개도만 제시하고 오른쪽에는 모눈종이 형태의 빈 칸을 삽입하여 학생이 직접 생각해서 그려볼 수 있게 합니다.

6

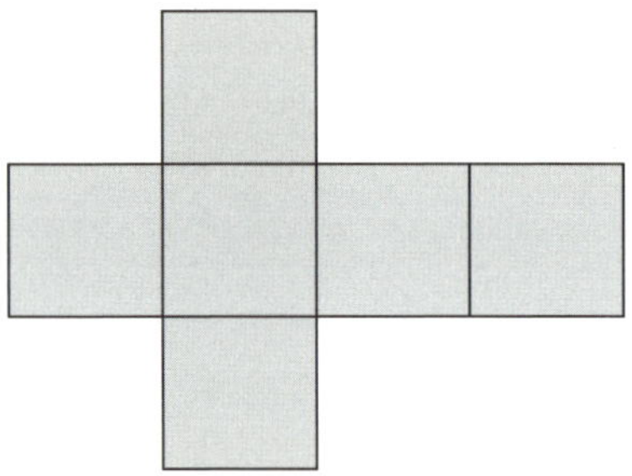

④ 입체도형을 펼쳐 보아요.

◈ 이번에는 왼쪽에 있는 정육면체의 전개도를 보고,
이 전개도에 해당하는 직육면체의 전개도를 그려 보세요.
몇 개의 직육면체가 나올까요?

치료사용 지침

① 워크북으로 활용할 때는 왼쪽의 정육면체의 전개도만 제시하고 오른쪽에는 모눈종이 형태의 빈 칸을 삽입하여 학생이 직접 생각해서 그려볼 수 있게 합니다.

7

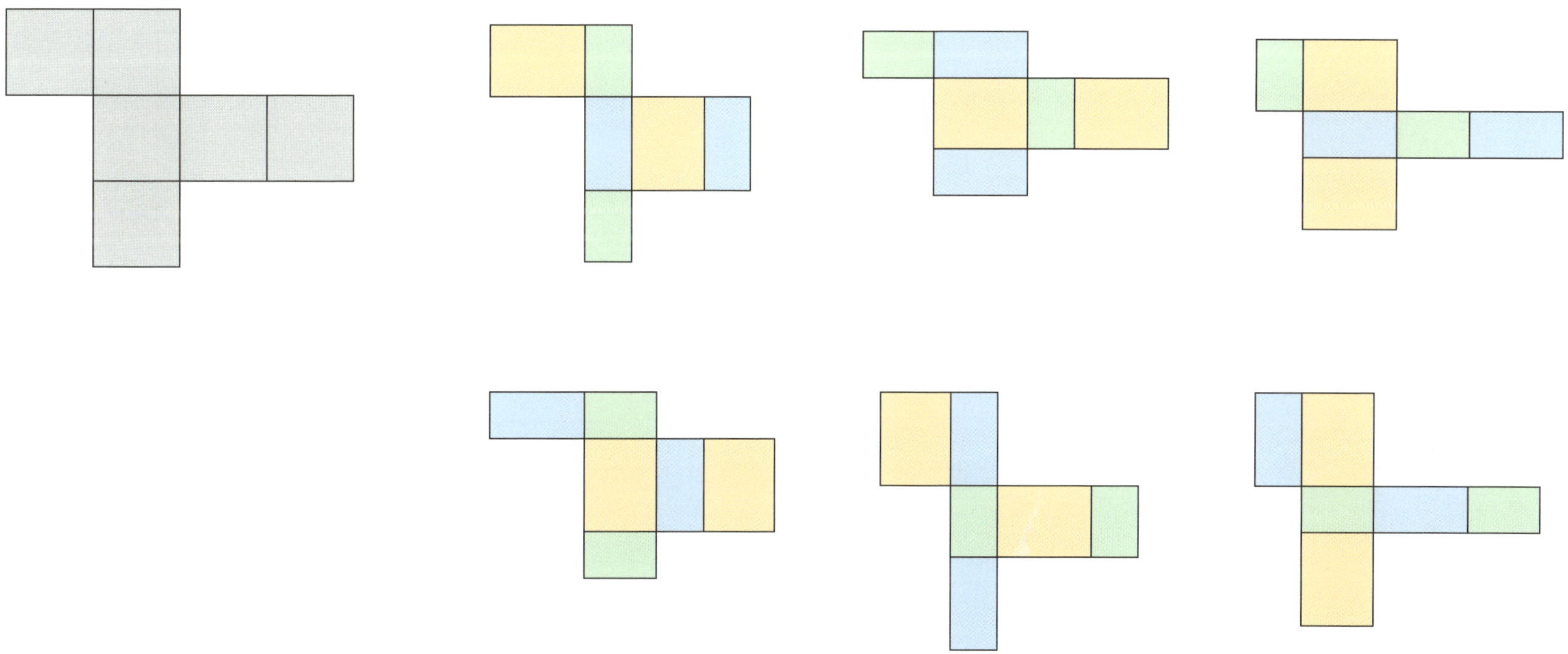

기하 10회기

④ 입체도형을 펼쳐 보아요.

이번에는 왼쪽에 있는 정육면체의 전개도를 보고,
이 전개도에 해당하는 직육면체의 전개도를 그려 보세요.
몇 개의 직육면체가 나올까요?

치료사용 지침

① 워크북으로 활용할 때는 왼쪽의 정육면체의 전개도만 제시하고 오른쪽에는 모눈종이 형태의 빈 칸을 삽입하여 학생이 직접 생각해서 그려볼 수 있게 합니다.

8

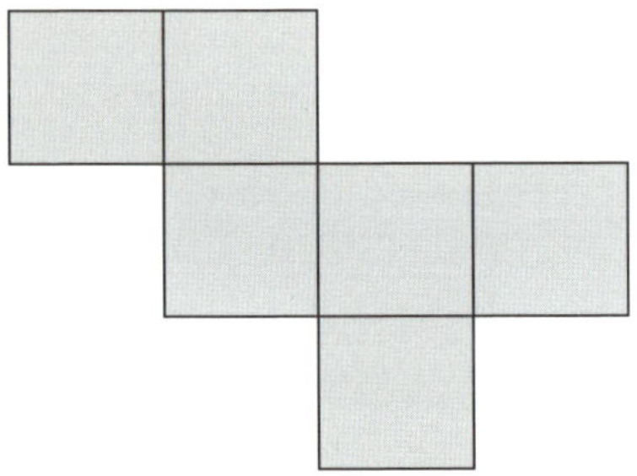

④ 입체도형을 펼쳐 보아요.

이번에는 왼쪽에 있는 정육면체의 전개도를 보고,
이 전개도에 해당하는 직육면체의 전개도를 그려 보세요.
몇 개의 직육면체가 나올까요?

치료사용 지침

① 워크북으로 활용할 때는 왼쪽의 정육면체의 전개도만 제시하고 오른쪽에는 모눈종이 형태의 빈 칸을 삽입하여 학생이 직접 생각해서 그려볼 수 있게 합니다.

9

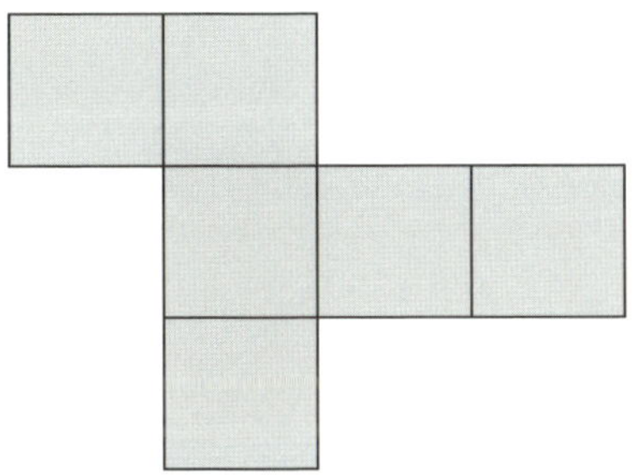

기하
10회기

④ 입체도형을 펼쳐 보아요.

◈ 이번에는 왼쪽에 있는 정육면체의 전개도를 보고,
이 전개도에 해당하는 직육면체의 전개도를 그려 보세요.
몇 개의 직육면체가 나올까요?

치료사용 지침

① 워크북으로 활용할 때는 왼쪽의 정육면체의 전개도만 제시하고 오른쪽에는 모눈종이 형태의 빈 칸을 삽입하여 학생이 직접 생각해서 그려볼 수 있게 합니다. ② 여기에는 세 개의 전개도 밖에 그릴 수 없는데요. 이러한 이유에 대해 학생이 스스로 생각해볼 수 있게 해주세요.

⑩

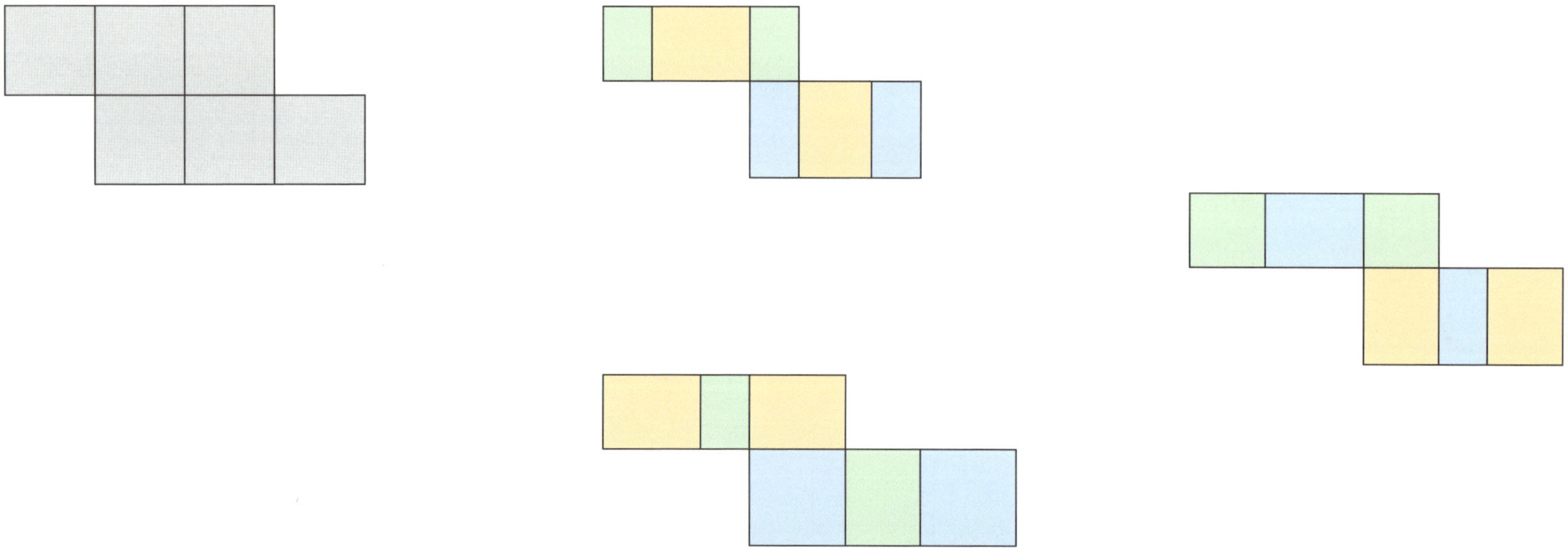

기하 10회기

④ 입체도형을 펼쳐 보아요.

◈ 이번에는 왼쪽에 있는 정육면체의 전개도를 보고,
이 전개도에 해당하는 직육면체의 전개도를 그려 보세요.
몇 개의 직육면체가 나올까요?

치료사용 지침

① 워크북으로 활용할 때는 왼쪽의 정육면체의 전개도만 제시하고 오른쪽에는 모눈종이 형태의 빈 칸을 삽입하여 학생이 직접 생각해서 그려볼 수 있게 합니다. ② 여기에는 세 개의 전개도 밖에 그릴 수 없는데요, 이러한 이유에 대해 학생이 스스로 생각해 볼 수 있게 해주세요.

⑪

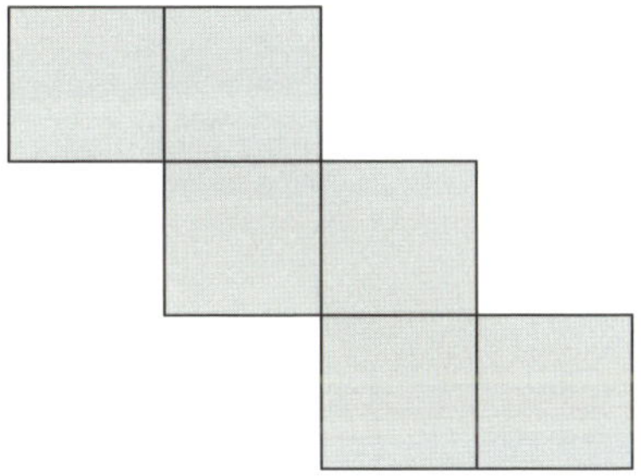

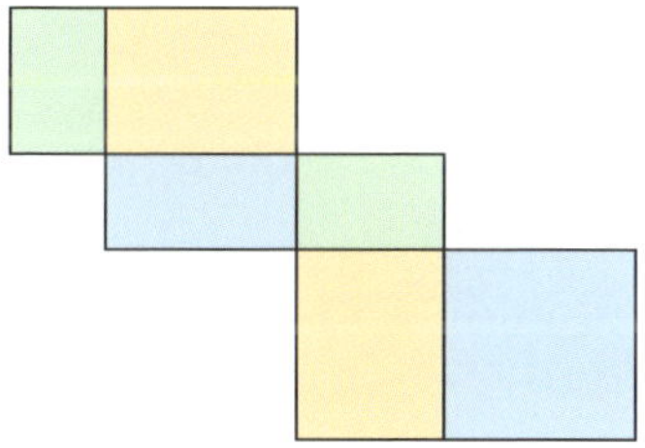

⑤ 오늘 배운 내용을 기억해 보아요.

약 5분

아래의 문장을 읽고 적절한 답을 찾아 적어 보세요.

❶ 구는 ______ 형태로 이루어진 입체도형이다.

❷ 사각뿔은 □각형 □개와 □각형 □개로 이루어져 있다.

❸ 사각뿔은 □개의 전개도를 그릴 수 있다.

❹ 직육면체는 □각형 □개로 이루어져 있다.

❺ 직육면체는 정육면체와 ______ 라는 점에서 같고, ______ 이라서 다르다.

❻ 직육면체는 □개의 전개도를 그릴 수 있다.

치료사용 지침

① 오늘 배운 내용을 문장으로 정리해 보는 활동입니다. 직육면체의 전개도는 개수가 많아 헷갈릴 수 있으므로 겹치는 모양을 제외하고 54개임을 알려 주세요.

정답 (1) 공, (2) 사, 1, 삼, 4, (3) 3, (4) 사, 6, (5) 사각형이 6개 있다. 정육면체는 정사각형인데 직육면체는 직사각형, (6) 54

과제

집에서 해봅시다.

◈ 가족에게 오늘 배운 내용을 설명하고,
아래의 직육면체 전개도를 이용하여 내가 좋아하는 과자 상자를 만들어 꾸며 보세요.

치료사용 지침

① 오늘 배운 내용을 가족에게 설명한 후 아래 전개도를 이용하여 좋아하는 간식 상자를 만들어 꾸며 오게 합니다. ② 이때, 활동지를 활용하기보다는 보다 크고 견고한 도화지에 전개도를 그려 숙제로 내줄 수 있습니다.

11 회기

성냥으로 무엇을 만들 수 있나요?

1 준비물

성냥 교구, 필기구

2 적용 대상

평균 하(80~89) 지능에 해당하는 초등학교 1~2학년 학생

3 적용 시기

중기

4 소요 시간

약 50분

5 향상 목표 주요 지표

언어이해, 시공간, 유동추론, 작업기억, 처리속도

① 성냥을 본 적 있나요?

약
2분

성냥을 본 적 있나요? 생일 초에 불을 붙일 때, 향초에 불을 붙일 때 등 성냥을 본 적이 있을 거예요. 하지만 이런 때가 아니라면 지금은 우리 주변에서 접할 기회가 많지 않을 텐데요. 오늘은 이 성냥을 가지고 다양한 활동을 해 볼 거예요. 활동에 앞서 앞에 놓여 있는 성냥을 요리조리 탐색해 볼까요?

치료사용 지침

① 오늘의 주제는 성냥개비를 활용한 다양한 수학활동입니다. 활동에 앞서 그림책 '성냥팔이 소녀'를 읽어본 적 있는지 가볍게 이야기를 나누어 주세요. 그리고 활동지의 하단에 준비한 성냥을 여러 개 올려 두고 아동이 직접 만져 보고 탐색해 보게 합니다.

기하 11회기

② 성냥으로 도형을 만들어 보아요.

약 3분

- 성냥으로 1개의 정사각형과 1개의 정삼각형을 만들어 보려고 해요.
  이때 한 변당 한 개의 성냥을 쓸 수 있다고 할 때, 필요한 성냥은 모두 몇 개일까요?
- 그렇다면, ______________ 개의 성냥을 가지고 각각의 도형을 만들어 볼까요?

❶ 정사각형

❷ 정삼각형

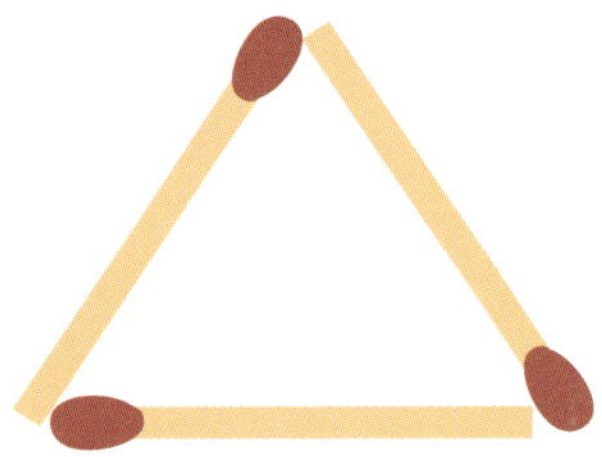

치료사용 지침

① 성냥으로 1개의 정사각형과 1개의 정삼각형을 만들기 위해 한 변당 한 개의 성냥을 쓸 수 있다고 할 때 필요한 성냥은 모두 몇 개일지 이야기해보게 합니다. 정사각형은 4개, 정삼각형은 3개의 변이 필요합니다. 그렇기 때문에 총 7개의 성냥이 필요하겠지요. ② 7개의 성냥을 가지고 각각의 도형을 직접 만들어 보게 합니다. 정답 7

② 성냥으로 도형을 만들어 보아요.

약
5분

성냥으로 다양한 도형들을 만들어 볼까요?
'오각형, 육각형에 들어가는 성냥은 각각 몇 개일까요?'

치료사용 지침

① 오각형에 필요한 변의 개수(5개), 육각형에 필요한 변의 개수(6개)에 대해 생각해 보게 합니다. 변은 몇 개가 필요한지 도형의 이름을 통해 유추하게 하고 성냥으로 만들어 보게 하세요. 어려워 하는 경우 선생님이 밑그림을 그려주고 그 위에 성냥을 올려 만들어 보게 할 수도 있습니다. ② 도형을 완성하면 각의 개념에 대해 짧게 설명하고 각각 몇 개의 각이 들어 있는지, 혹은 필요한지 등에 대해서도 설명해 주세요. 정답 5개, 6개

③ 오각형

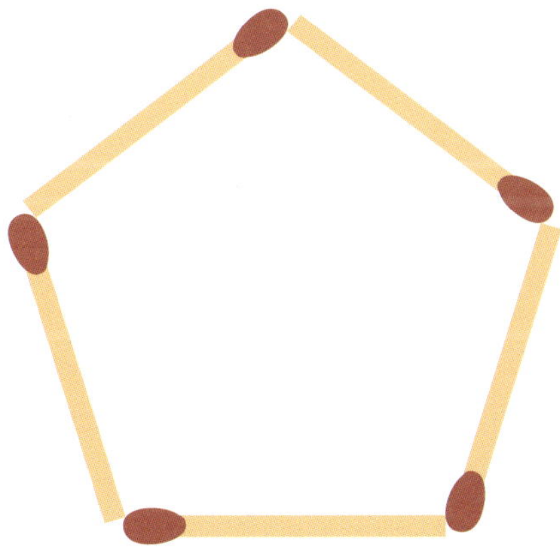

④ 육각형

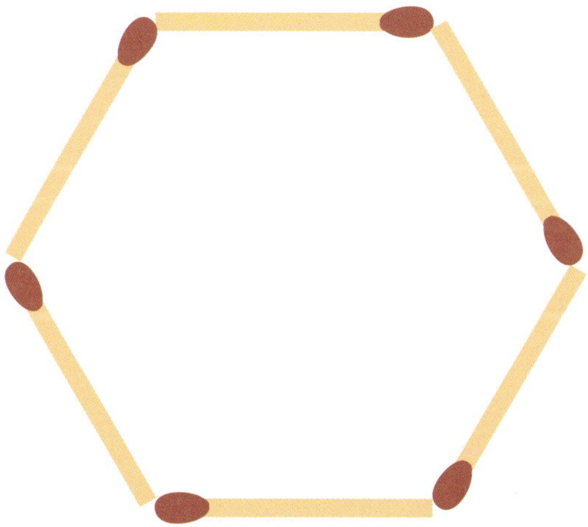

기하
11회기

② 성냥으로 도형을 만들어 보아요.

약 5분

성냥으로 다양한 도형들을 만들어 볼까요?
팔각형에 들어가는 성냥은 몇 개일까요?

치료사용 지침

① 어려워 하는 경우 선생님이 밑그림을 그려주고 그 위에 성냥을 올려 만들어 보게 할 수도 있습니다. ② 도형을 완성하면 각의 개념에 대해 짧게 설명하고 각각 몇 개의 각이 들어있는지, 혹은 필요한지 등에 대해서도 설명해 주세요. 정답 8개

❺ 팔각형

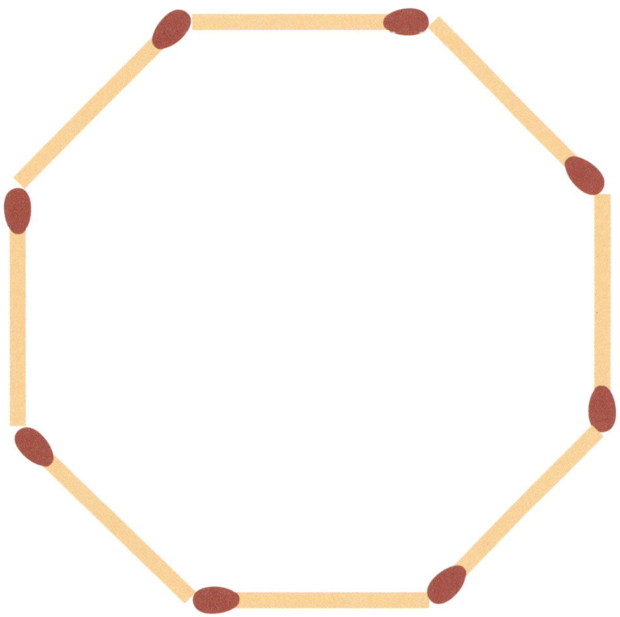

기하 11회기

② 성냥으로 도형을 만들어 보아요.

약 5분

성냥으로 다양한 도형들을 만들어 볼까요?
별모양에 들어가는 성냥은 몇 개일까요?

치료사용 지침

① 이번에는 10개의 성냥을 이용하여 별을 완성하여 보게 합니다. 어려워 하는 경우, 마찬가지로 별을 그림으로 그려 보고 그 위에 성냥을 올려 완성할 수 있습니다. 정답 10개

⑥ 별

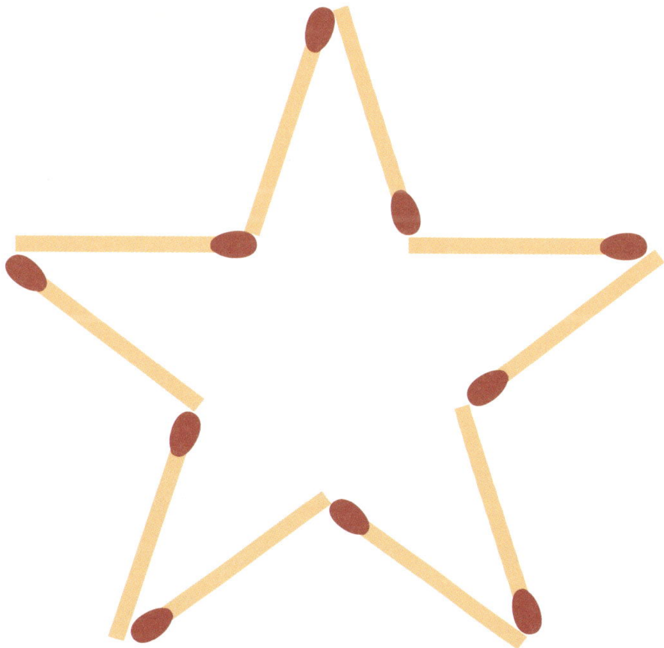

③ 성냥으로 디지털 숫자를 만들어 보아요.

약 5분

이번에는 다양한 성냥을 가지고 숫자를 만들어 볼 거예요.
차근차근 만들어 볼까요?

치료사용 지침

① 디지털 숫자를 볼 수 있는 디지털 시계나, 디지털 시계 사진을 준비하여 보여줍니다. ② 성냥을 이용해 디지털 시계 속 숫자들을 1부터 10까지 만들어 보게 합니다.

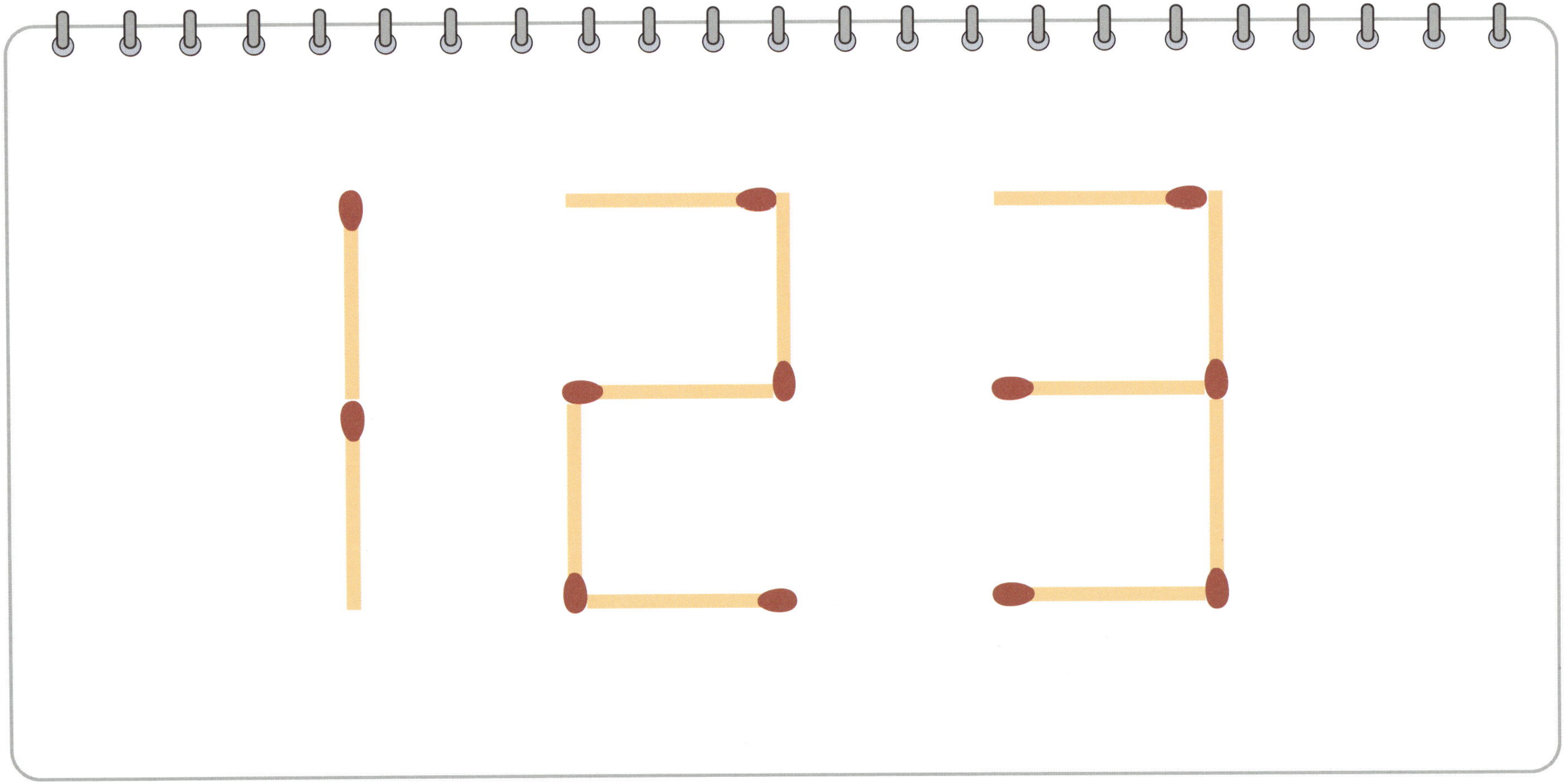

기하 11회기

③ 성냥으로 디지털 숫자를 만들어 보아요.

약 5분

이번에는 다양한 성냥을 가지고 숫자를 만들어 볼 거예요.
차근차근 만들어 볼까요?

치료사용 지침

① 디지털 숫자를 볼 수 있는 디지털 시계나, 디지털 시계 사진을 준비하여 보여 줍니다. ② 성냥을 이용해 디지털 시계 속 숫자들을 1부터 10까지 만들어 보게 합니다.

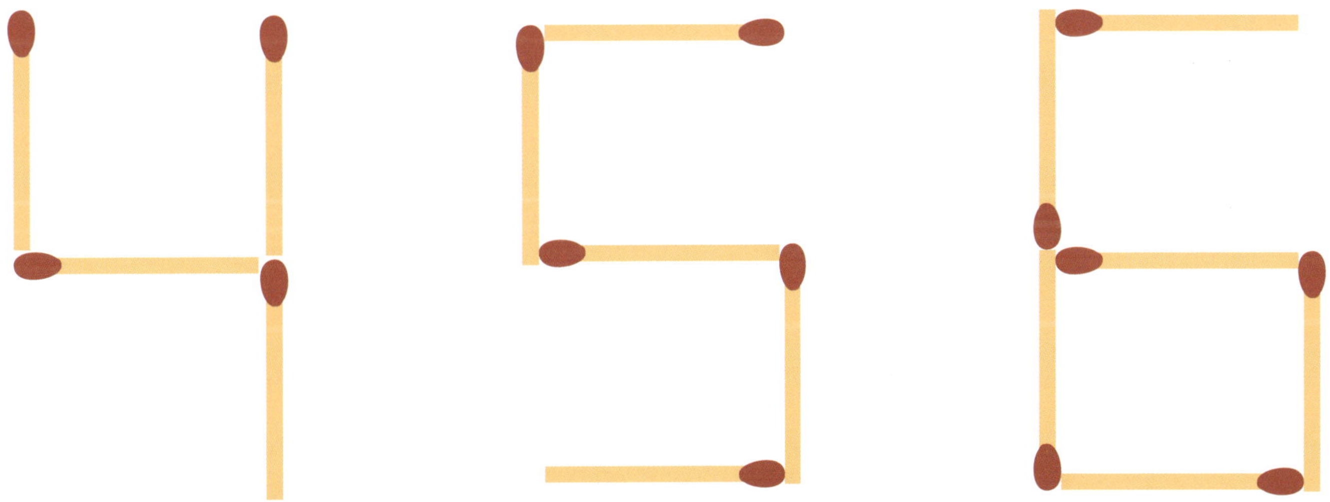

기하 11회기

③ 성냥으로 디지털 숫자를 만들어 보아요.

약 5분

이번에는 다양한 성냥을 가지고 숫자를 만들어 볼 거예요.
차근차근 만들어 볼까요?

치료사용 지침

① 디지털 숫자를 볼 수 있는 디지털 시계나, 디지털 시계 사진을 준비하여 보여 줍니다. ② 성냥을 이용해 디지털 시계 속 숫자들을 1부터 10까지 만들어 보게 합니다.

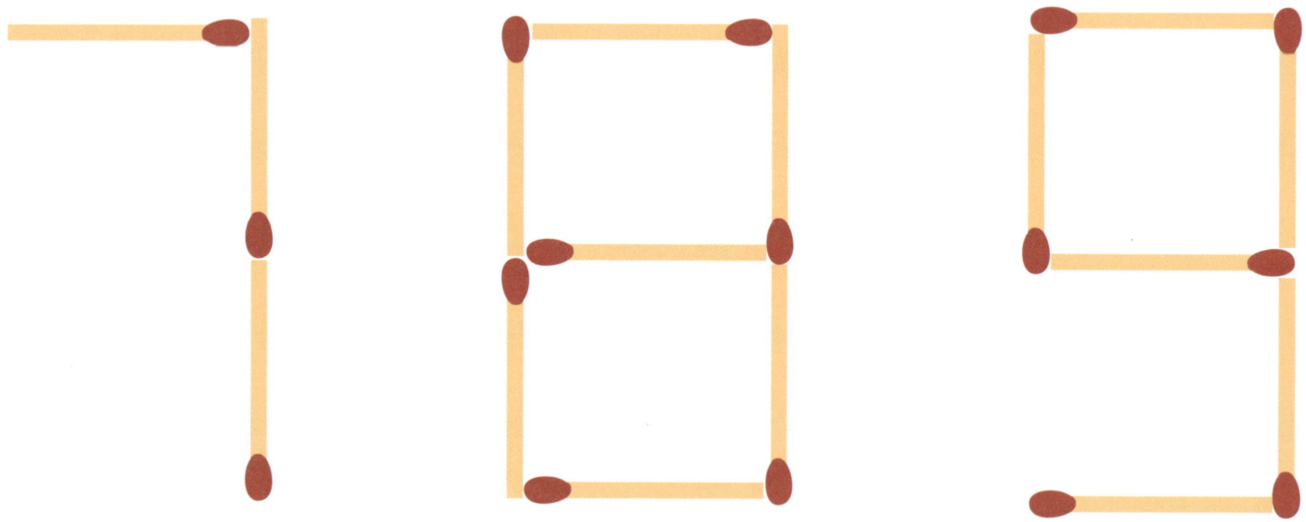

기하 11회기

③ 성냥으로 디지털 숫자를 만들어 보아요.

약 2분

이번에는 다양한 성냥을 가지고 숫자를 만들어 볼 거예요.
차근차근 만들어 볼까요?

치료사용 지침

① 디지털 숫자를 볼 수 있는 디지털 시계나, 디지털 시계 사진을 준비하여 보여 줍니다. ② 성냥을 이용해 디지털 시계 속 숫자들을 1부터 10까지 만들어 보게 합니다.

④ 성냥으로 또 무얼 만들 수 있나요?

약 3분

성냥을 가지고 도형도, 숫자도 만들 수 있다니 놀랍지 않나요?
그렇다면 이번에는 성냥을 가지고 다양한 그림을 만들어 볼까요?
다음의 제시된 그림을 성냥으로 완성하여 보고 어떤 그림인지 이야기 해보세요.

치료사용 지침

① 성냥으로 만들 수 있는 다양한 그림을 준비합니다. 앞서 숫자 만들기를 어려워 하는 경우, 이 활동지를 통해 흥미를 이끌어낼 수 있습니다.

⑤ 성냥으로 문제 해결!

약 5분

이번에는 성냥을 옮겨 여러 문제들을 해결해 볼 거예요.

다음은 어떤 상황인가요?
어떤 문제 또는 어려움이 있어 보이나요?
어떻게 하면 이 문제를 해결할 수 있을까요?
성냥 몇 개를, 어떻게 옮겨서 해결할 수 있을까요?
가장 적은 개수의 성냥을 활용해서 문제를 해결해 보세요.

치료사용 지침

① 주어진 그림을 보고 어떤 상황인지, 어떤 문제 또는 어려움이 있어 보이는지, 문제 해결 방법은 무엇인지 말로 표현할 수 있도록 격려해 주세요. 말로도, 글로도 써보게 독려해 주세요. ② 최소한의 성냥을 활용하여 문제를 해결해 보게 합니다.

⑤ 성냥으로 문제 해결!

(답안)

엄마가 높은 선반에 있는 양념통을 꺼내고 싶어 해요.

그런데 너무 높은 데에 있어서 엄마가 높은 곳으로

올라갈 수 있도록 사다리를 만들어 주고 싶어요.

맨 위에 있는 성냥 하나를 가운데로 옮겨 볼래요.

기하 11회기

⑤ 성냥으로 문제 해결!

약 5분

이번에는 성냥을 옮겨 여러 문제들을 해결해 볼 거예요.

다음은 어떤 상황인가요?
어떤 문제 또는 어려움이 있어 보이나요?
어떻게 하면 이 문제를 해결할 수 있을까요?
성냥 몇 개를, 어떻게 옮겨서 해결할 수 있을까요?
이번에는 세 개의 성냥을 활용해서 문제를 해결해 보세요.

치료사용 지침

① 주어진 그림을 보고 어떤 상황인지, 어떤 문제 또는 어려움이 있어 보이는지, 문제 해결 방법은 무엇인지 말로 표현할 수 있도록 격려해 주세요. 말로도, 글로도 써보게 독려해 주세요. ② 정해진 개수의 성냥을 활용하여 문제를 해결해 보게 합니다.

기하 11회기

⑤ 성냥으로 문제 해결!

(답안)

아기가 배가 고픈지 우유를 먹고 싶다고 울어요.

그런데 우유가 어딘가(예: 상자, 냉장고 등)에 들어가

있어서 아이가 스스로 꺼낼 줄 몰라서 울고 있어요.

가운데에 막혀 있던, (아래-가로로 있던) 성냥을 옆으로 내리면,

우유를 밖으로 꺼낼 수 있어요.

과제

집에서 해봅시다.

가족에게 오늘 배운 내용을 설명하고,
성냥을 활용하여 다양한 그림을 만들어 붙여서 나만의 이야기를 만들어 보세요.

치료사용 지침

① 오늘 배운 내용을 가족에게 설명한 성냥을 활용하여 다양한 그림을 만들어 붙이고 나만의 이야기를 만들어 오는 과제를 내줍니다.

12 회기

입체도형으로 공간개념 정복하기

1 준비물

직육면체, 정육면체, 구, 사각뿔로 구성된 입체도형 블럭, 필기구, 가위, 풀, 색종이, 테이프

2 적용 대상

평균 하(80~89) 지능에 해당하는 초등학교 1~2학년 학생

3 적용 시기

중기

4 소요 시간

약 50분

5 향상 목표 주요 지표

언어이해, 시공간, 유동추론, 작업기억, 처리속도

기하
12회기

① 지난 시간에 배웠던입체도형을 기억해요.

약 3분

지난 시간에 배운 여러 가지 입체도형을 기억하나요?
아래 입체도형들을 보고 각각의 이름을 기억해 적어보세요.

치료사용 지침

① 아래 입체도형들을 보고 각각의 이름을 기억해서 빈칸에 적어보게 합니다. 어려워 하는 경우, 이전 활동지를 잠깐 보여주어 기억할 수 있도록 지도해 주세요.

정답 구, 정육면체, 사각뿔, 직육면체

기하
12회기

② 입체도형의 특징을 확인해 보아요.

약 3분

아래 입체도형들을 보고
각 입체도형의 특징들을 기억나는 대로 말해 보세요.

치료사용 지침

① 이번에는 각 입체도형들이 갖는 특징들을 기억나는 대로 말하고 적어 보게 지도해 주세요. 어려워하는 경우 어떤 도형이 몇 개 들어있는지, 전개도는 몇 개였는지 등등 키워드를 중심으로 물어봐 줄 수 있습니다.

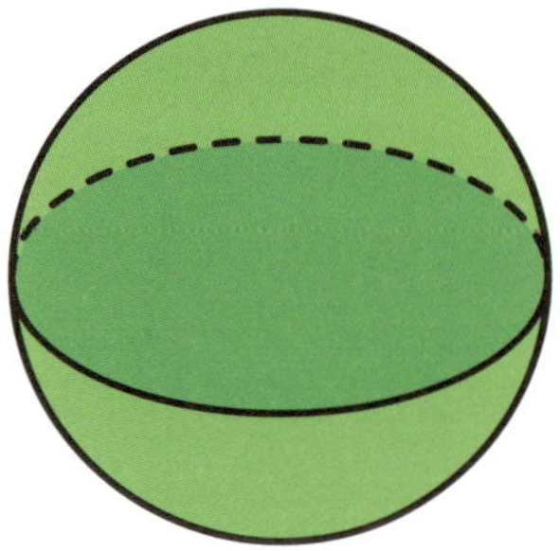

모든 면이 둥글어요.
공처럼 생겼어요.
굴리면 굴러가요.
구끼리 위로
쌓을 수 없어요.

모든 면이
정사각형이에요.
정사각형이 6개로
이루어져 있어요.
11개의 전개도를
그릴 수 있어요.
위로 쌓아 올릴 수 있어요.

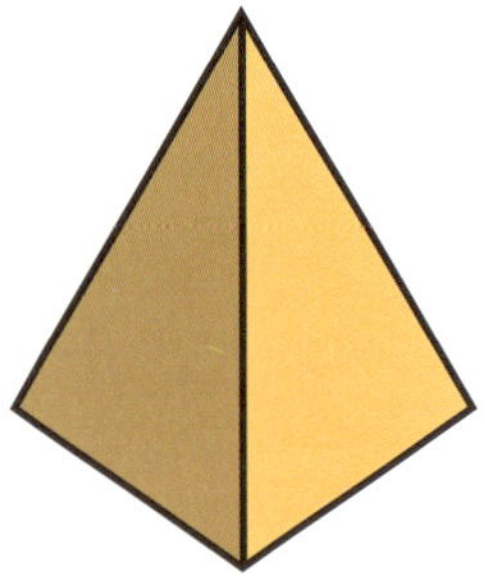

아랫면이 사각형으로
되어 있어요.
옆 면은 삼각형이에요.
3개의 전개도를
그릴 수 있어요.

모든 면이 사각형이에요.
긴 상자 모양이에요.
사각형이 6개예요.
54개의 전개도를
그릴 수 있어요.
위로 쌓아 올릴 수 있어요.

기하 12회기

③ 입체도형으로 만들어 보아요.

약 1분

입체도형을 가지고 다음의 그림을 완성시켜 보세요.
단, 아래서부터 차례대로 쌓아 올려 완성시켜 보세요.

치료사용 지침

① 다음 제시된 그림을 보고 아래서부터 차례대로 쌓아 올려 완성해볼 수 있도록 지도해 주세요. ② 쌓아 올리면서 각각 어떤 도형들인지 말로 표현해 볼 수 있게 해주세요.

맨 아래에서부터 차례대로 쌓아 올리면서
각각 어떤 입체도형인지 말로 표현해 보세요.

기하
12회기

③ 입체도형으로 만들어 보아요.

약 3분

입체도형을 가지고 다음의 그림을 완성시켜 보세요.
단, 아래서부터 차례대로 쌓아 올려 완성시켜 보세요.

치료사용 지침

① 직육면체와 정육면체, 그 위에 구를 쌓아 올려 만들었다는 것을 말로 표현해보게 하였다면, 이번에는 완성한 그림이 어떤 그림 같은지 상상해 보게 하세요. ② 상상했던 것을 색종이와 테이프, 색연필 등을 활용해 꾸며볼 수 있도록 지도해 주세요. ③ 완성한 작품의 제목을 지어 보고 이를 설명해볼 수 있도록 해주세요.

(예시)

직육면체 위에 정육면체, 정육면체 위에 구를 쌓아 올려 만들어 보았는데요.

완성해 보니 어떤 그림 같나요? 어떻게 보이나요?
색종이와 테이프, 색연필 등을 활용하여 완성품을 꾸며 보세요.

완성한 작품의 제목을 지어 보고 설명해 주세요.

기하 12회기

③ 입체도형으로 만들어 보아요.

약 1분

입체도형을 가지고 다음의 그림을 완성시켜 보세요.
단, 아래서부터 차례대로 쌓아 올려 완성시켜 보세요.

치료사용 지침

① 다음 제시된 그림을 보고 아래서부터 차례대로 쌓아 올려 완성해볼 수 있도록 지도해 주세요. ② 쌓아 올리면서 각각 어떤 도형들인지 말로 표현해 볼 수 있게 해주세요.

맨 아래에서부터 차례대로 쌓아 올리면서
각각 어떤 입체도형인지 말로 표현해 보세요.

기하
12회기

③ 입체도형으로 만들어 보아요.

약 3분

입체도형을 가지고 다음의 그림을 완성시켜 보세요.
단, 아래서부터 차례대로 쌓아 올려 완성시켜 보세요.

치료사용 지침

① 정육면체 위에 직육면체 두 개, 위에 정육면체, 위에 사각뿔을 올렸다는 것을 말로 표현해보게 하였다면, 이번에는 완성한 그림이 어떤 그림 같은지 상상해 보게 하세요. ② 상상했던 것을 색종이와 테이프, 색연필 등을 활용해 꾸며볼 수 있도록 지도해 주세요. ③ 완성한 작품의 제목을 지어 보고 이를 설명해볼 수 있도록 해주세요.

정육면체 위에 직육면체 두개, 위에 정육면체,
위에 사각뿔을 올렸어요.

완성해 보니 어떤 그림 같나요? 어떻게 보이나요?
색종이와 테이프, 색연필 등을 활용하여 완성품을 꾸며 보세요.

완성한 작품의 제목을 지어 보고 설명해 주세요.

기하 12회기

③ 입체도형으로 만들어 보아요.

약 2분

입체도형을 가지고 다음의 그림을 완성시켜 보세요.
단, 왼쪽에서부터 차례대로 놓아 완성시켜 보세요.

치료사용 지침

① 이번에는 왼쪽에서부터 차례대로 입체도형을 놓는 과제입니다. 바뀐 지시 내용을 학생이 끝까지 듣고 반영하여 이행할 수 있도록 지도해 주세요.

맨 왼쪽에서부터 차례대로 입체도형을 놓으며
각각 어떤 입체도형인지 말로 표현해 보세요.

기하
12회기

③ 입체도형으로 만들어 보아요.

약 3분

입체도형을 가지고 다음의 그림을 완성시켜 보세요.
단, 왼쪽에서부터 차례대로 놓아 완성시켜 보세요.

치료사용 지침

① 정육면체 위에 직육면체 두 개, 위에 정육면체, 위에 사각뿔을 올렸다는 것을 말로 표현해보게 하였다면, 이번에는 완성한 그림이 어떤 그림 같은지 상상해 보게 하세요. ② 상상했던 것을 색종이와 테이프, 색연필 등을 활용해 꾸며볼 수 있도록 지도해 주세요. ③ 완성한 작품의 제목을 지어 보고 이를 설명해볼 수 있도록 해주세요.

구 옆에(혹은 오른쪽) 정육면체 두 개, 옆에(혹은 오른쪽) 직육면체 두 개, 옆에(혹은 오른쪽) 직육면체 세 개, 옆에(혹은 오른쪽) 사각뿔 두 개를 놓았어요.

완성해 보니 어떤 그림 같나요? 어떻게 보이나요?
색종이와 테이프, 색연필 등을 활용하여 완성품을 꾸며 보세요.

완성한 작품의 제목을 지어 보고 설명해 주세요.

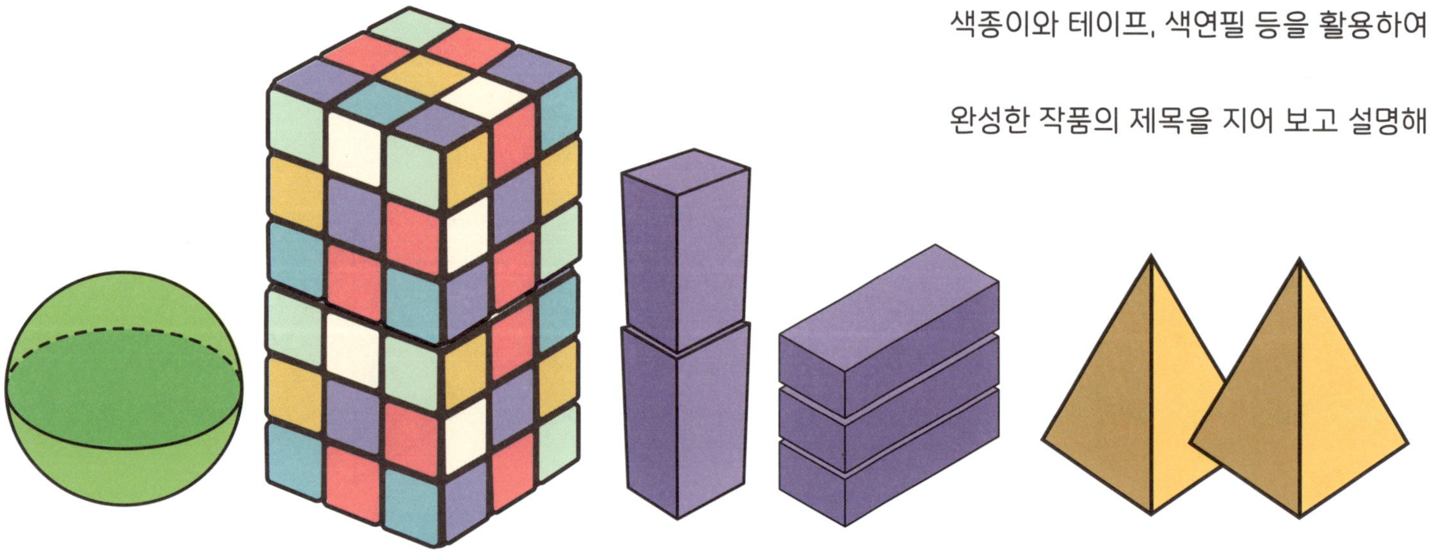

기하 12회기

③ 입체도형으로 만들어 보아요.

약 3분

입체도형을 가지고 다음의 그림을 완성시켜 보세요.
단, 왼쪽에서부터 차례대로 놓아 완성시켜 보세요.

치료사용 지침

① 왼쪽에서부터 차례대로 입체도형을 놓아 보는 과제입니다. 다만, 전보다 복잡한 과제가 제시되었습니다. 그림을 잘 보고 가까이에 있는 것과 멀리에 있는 것 등을 구별하여 입체도형을 따라 놓아 완성할 수 있도록 격려해 주세요. ② 완성 후 어떤 모습 같은지 이야기해 보게 하고, 학생의 관심과 흥미에 따라 더 꾸며보게 할 수도 있습니다.

맨 왼쪽에서부터 차례대로 입체도형을 놓으며
각각 어떤 입체도형인지 말로 표현해 보세요.

완성해 보니 어떤 그림 같나요? 어떻게 보이나요?

기하 12회기

③ 입체도형으로 만들어 보아요.

약 3분

입체도형을 가지고 다음의 그림을 완성시켜 보세요.
단, 뒤쪽에서부터 앞으로 차례대로 놓아 완성시켜 보세요.

치료사용 지침

① 이번에는 지시를 바꾸어 맨 뒤쪽에서부터 앞으로 차례대로 입체도형을 놓게 합니다. 바뀐 지시 내용을 학생이 끝까지 듣고 반영하여 이행할 수 있도록 지도해 주세요.

맨 뒤쪽에서부터 차례대로 입체도형을 놓으며
각각 어떤 입체도형인지 말로 표현해 보세요.

완성해 보니 어떤 그림 같나요? 어떻게 보이나요?

기하
12회기

③ 입체도형으로 만들어 보아요.

약
5분

입체도형을 가지고 다음의 그림을 완성시켜 보세요.
단, 뒤쪽에서부터 앞으로 차례대로 놓아 완성시켜 보세요.

치료사용 지침

① 이번에는 지시를 바꾸어 맨 뒤쪽에서부터 앞으로 차례대로 입체도형을 놓게 합니다. 바뀐 지시 내용을 학생이 끝까지 듣고 반영하여 이행할 수 있도록 지도해 주세요.

내가 보는 방향에서 맨 뒤쪽에서부터 차례대로 입체도형을 놓으며 각각 어떤 입체도형인지 말로 표현해 보세요.

완성해 보니 어떤 그림 같나요? 어떻게 보이나요?

기하
12회기

④ 만들 수 있을까요?

약
5분

입체도형을 가지고 다음의 그림들을 만들 수 있을까요? 먼저 상상해 보고 만들 수 있을 것 같은 그림과 그렇지 않은 그림을 구분하여 표시해 보세요. 그러고 난 뒤에 따라 만들어 보세요. 이 그림들 중 만들 수 없는 그림에 체크 표시 해보세요. 왜 만들 수 없을지 이유에 대해 이야기해 보세요.

치료사용 지침

① 정답은 1, 3, 4번입니다. 굴러가는 성질이 있는 구는 위에 다른 도형을 올릴 수 없고 사각뿔의 뿔 또한 거꾸로 쌓을 수 없습니다. 이를 실제 블록을 통해 경험하게 지도해 주세요. 정답 1, 3, 4번

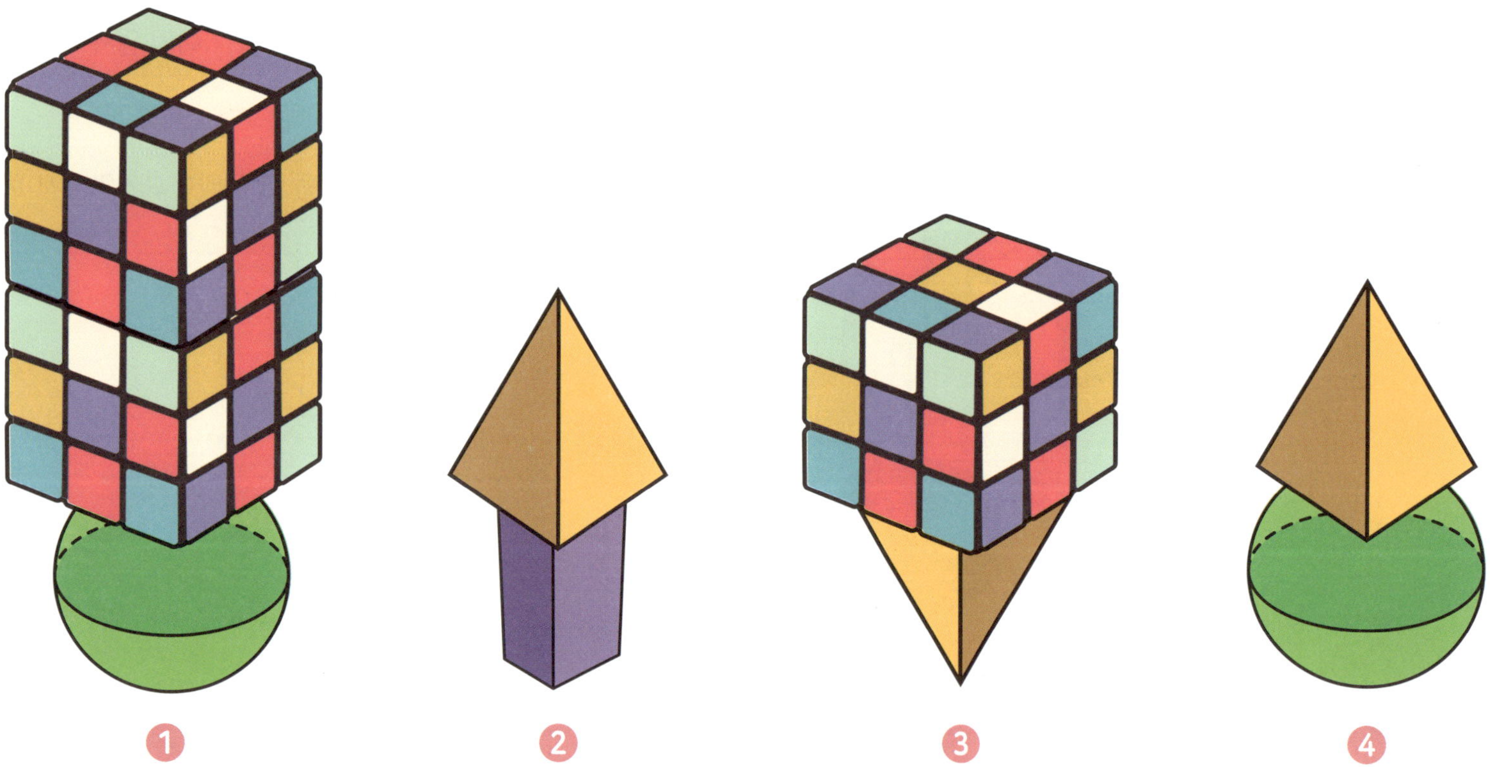

기하
12회기

⑤ 두뇌 말랑 스도쿠 게임을 해볼까요?

약
5분

스도쿠 게임을 해본 적 있나요?
스도쿠 게임은 가로줄에 각각의 입체도형의 이름을 한 번씩 넣어야 하는데요. 세로줄 또한 한 번씩 넣어야 한다는 규칙이 있어요.
3x3 스도쿠 게임에는 3개의 입체도형이 필요하기 때문에 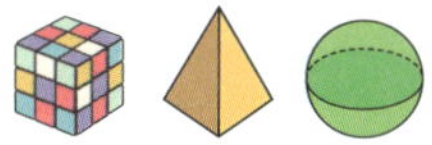 를 사용하여 게임을 해볼 거예요. 아래 문제를 풀어 보세요.

치료사용 지침

① 스도쿠 게임에 대해 설명하고 입체도형을 직접 그려 보며 게임을 진행하게 합니다. ② 이때 눈으로만 봤던 입체도형을 평면인 종이 위에 직접 그려봄으로써 입체도형의 특징을 보다 잘 이해할 수 있게 됩니다. 또한 평소 그림을 그릴 때에도 표현능력이 향상됩니다.

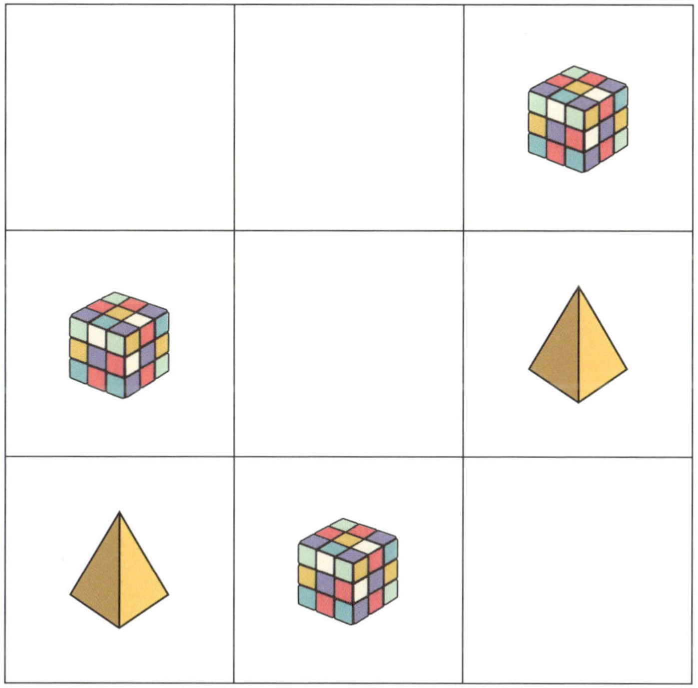

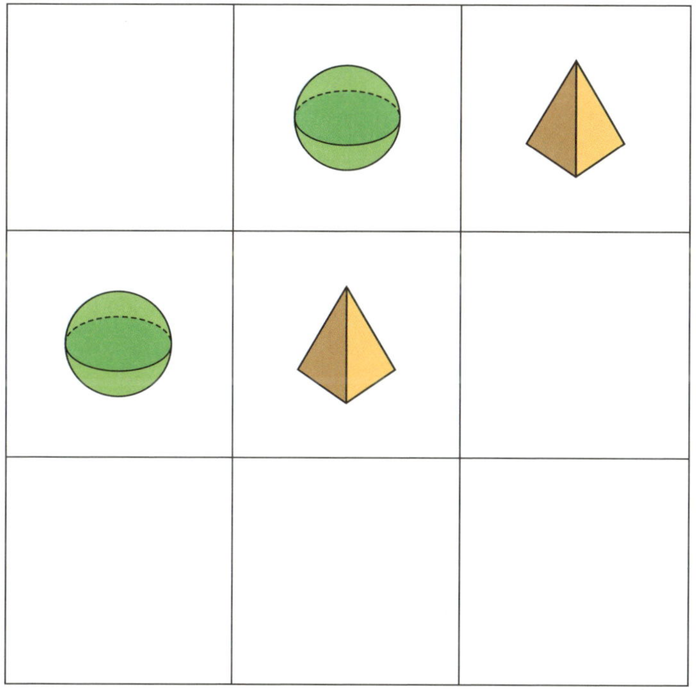

⑤ 두뇌 말랑 스도쿠 게임을 해볼까요?

(답안)

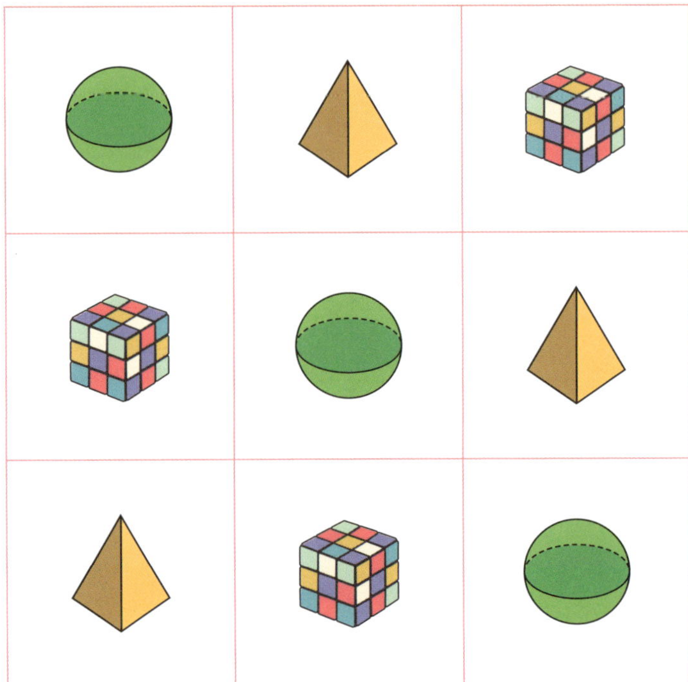

(답안)

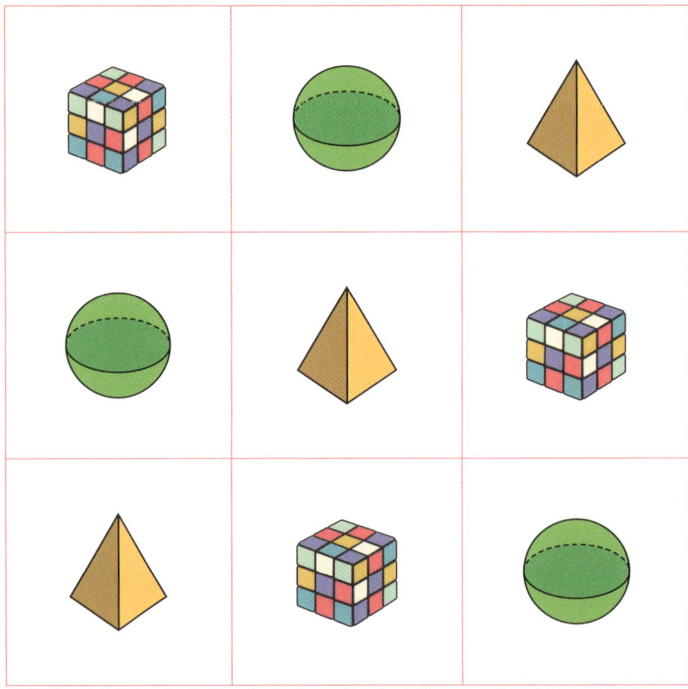

기하
12회기

⑤ 두뇌 말랑 스도쿠 게임을 해볼까요?

약 5분

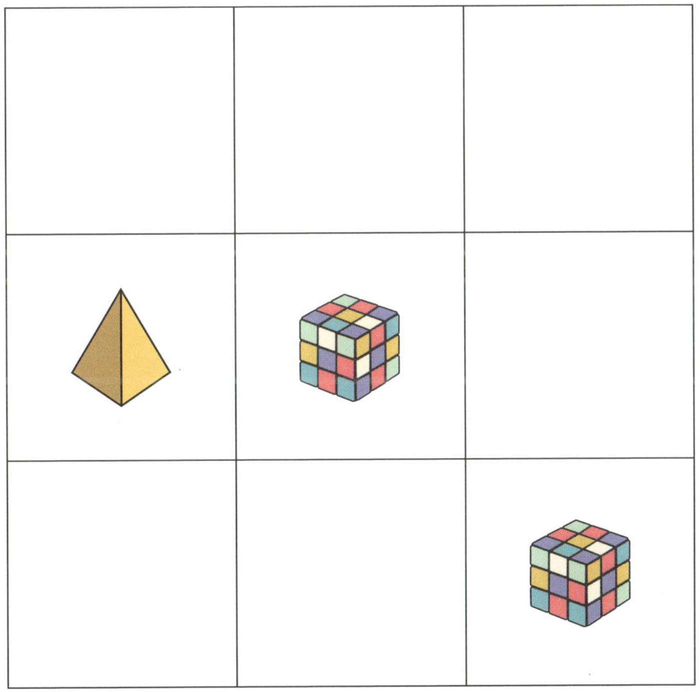

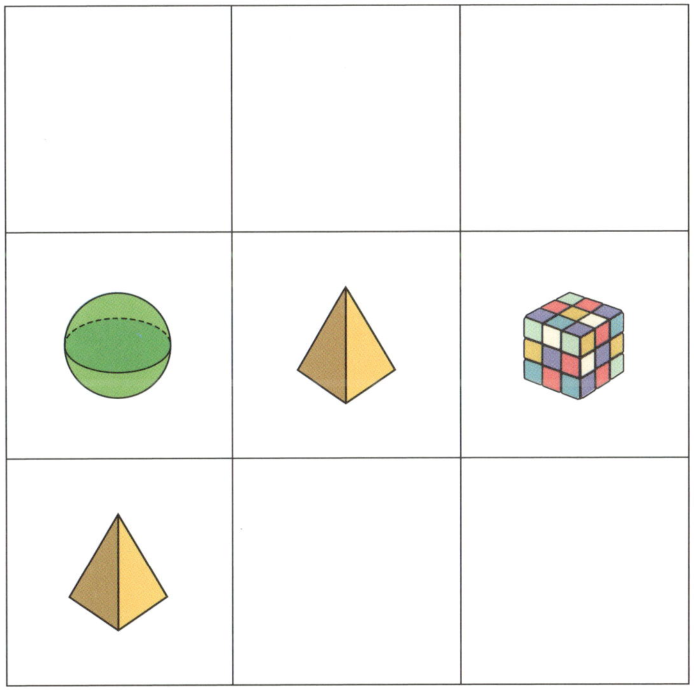

⑤ 두뇌 말랑 스도쿠 게임을 해볼까요?

(답안)

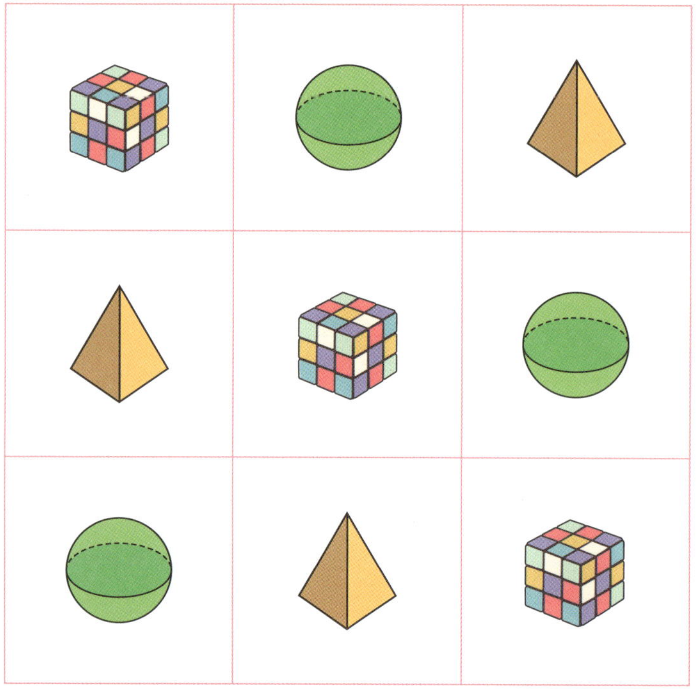

(답안)

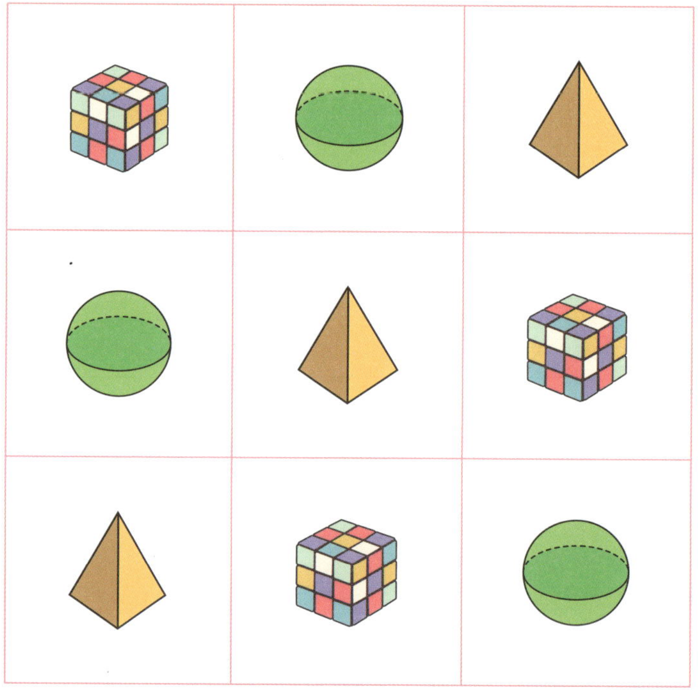

기하
12회기

⑤ 두뇌 말랑 스도쿠 게임을 해볼까요?

약 5분

이번에는 **4x4 스도쿠 게임**을 해볼 거예요.
마찬가지로 모든 가로 줄과 세로 줄에 입체도형을 한 개씩만 넣을 수 있어요.
그리고 굵은 선으로 묶여 있는 각 방에도 4개의 입체도형은 한 번씩만
들어갈 수 있습니다. 차근차근 풀어 볼까요?

치료사용 지침

① 이번에는 4x4 스도쿠 게임입니다. 오늘 배운 네 가지 입체도형 모두를 이용하여 스도쿠 게임을 진행할 수 있도록 지도해 주세요. ② 이때 정육면체와 직육면체를 잘 구분하여 그려 넣을 수 있도록 지도해 주시고 그리는 것을 어려워 한다면 각 도형에 고유의 숫자를 부여해서 숫자 스도쿠로 변형하여 진행할 수도 있습니다.

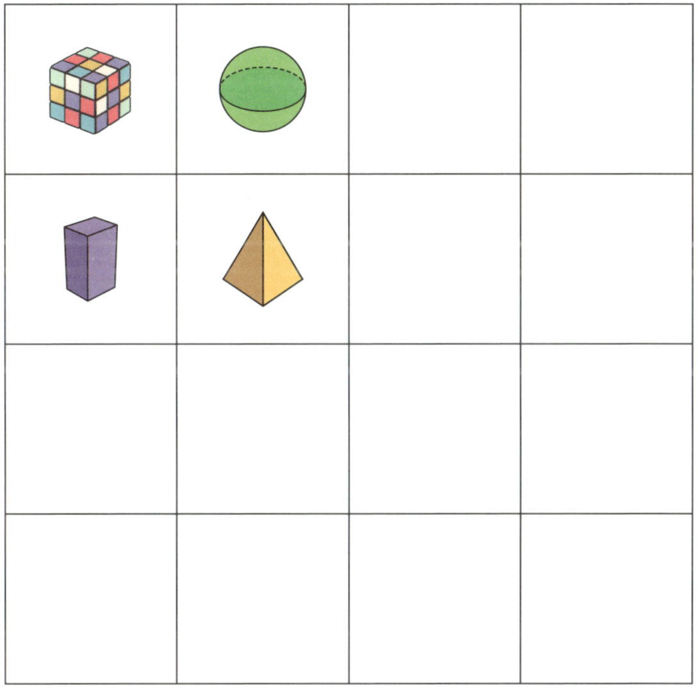

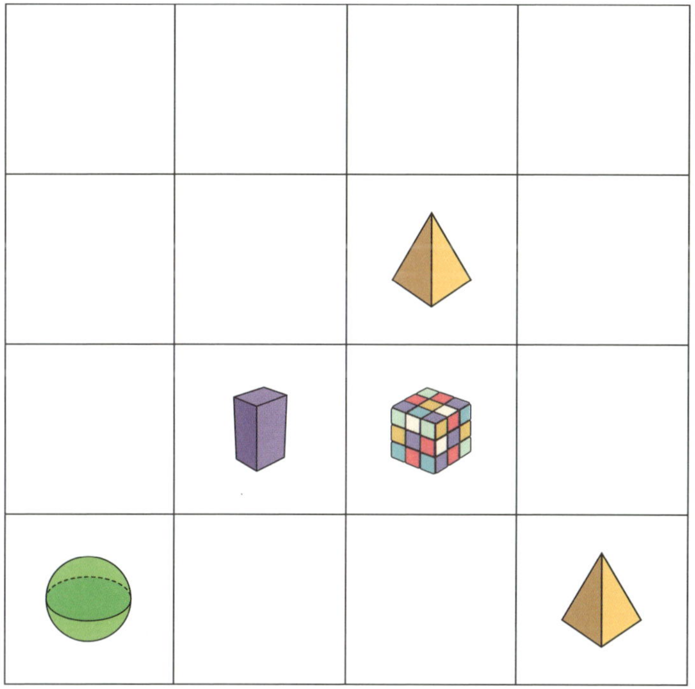

⑤ 두뇌 말랑 스도쿠 게임을 해볼까요?

(답안)

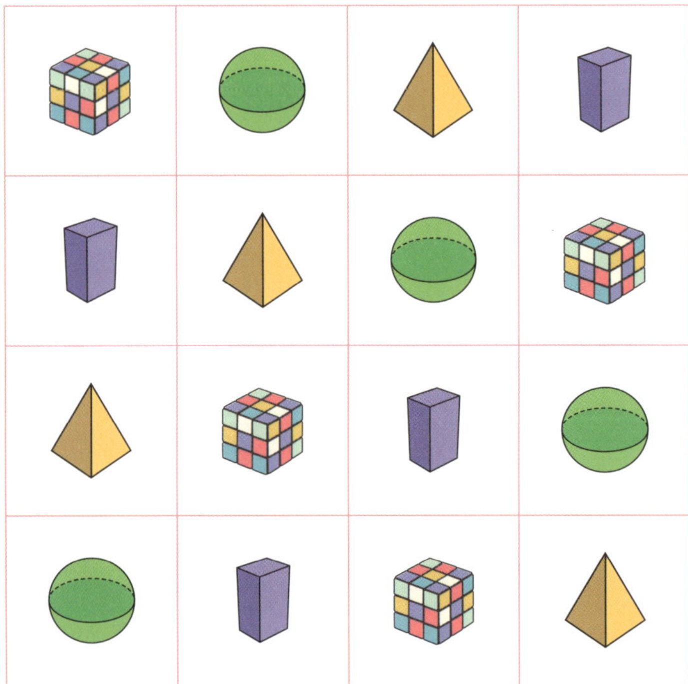

(답안)

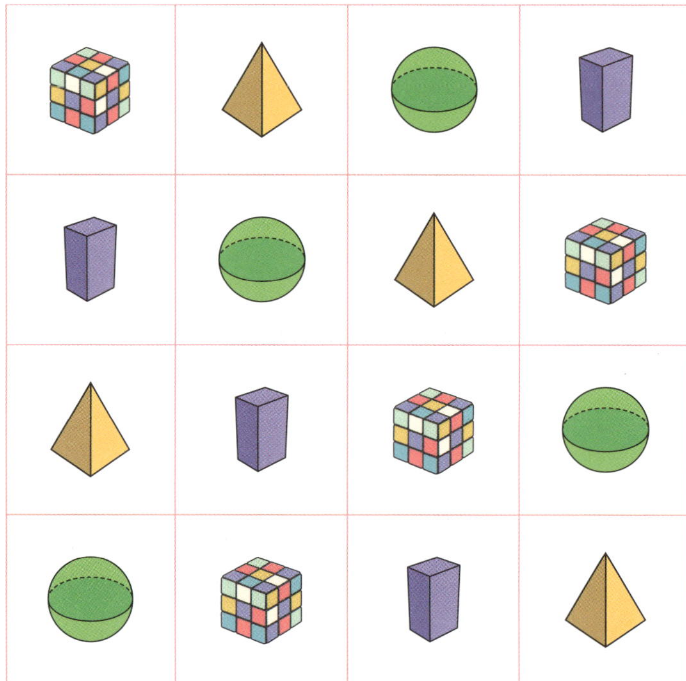

과제

집에서 해봅시다.

가족에게 오늘 배운 내용을 설명하고,
다음 입체도형을 가위로 오린 후 지시에 따라 그림으로 붙여 보세요.

치료사용 지침

① 이번 과제는 입체도형을 가위로 오린 후 지시에 따라 그림으로 붙여보게 하는 과제입니다. 맨 뒤에 있는 도형부터 순서대로 붙이며, 맨 앞에 오는 도형은 가장 위에 겹쳐 붙인다는 것을 설명해 주세요.

"맨 뒤에 사각뿔이 하나 있는데, 이 사각뿔은 정육면체 위에 올라가 있어요.
그리고 그 앞에는 구가 하나 있지요. 구 앞에는 직육면체 모양의 상자가 하나 놓여 있네요."

과제

집에서 해봅시다.

가족에게 오늘 배운 내용을 설명하고,
다음 입체도형을 가위로 오린 후 지시에 따라 그림으로 붙여 보세요.

"맨 뒤에 사각뿔이 하나 있는데,
이 사각뿔은 정육면체 위에 올라가 있어요.
그리고 그 앞에는 구가 하나 있지요.
구 앞에는 직육면체 모양의 상자가 하나 놓여 있네요."

과제

집에서 해봅시다.

이번에는 아래의 입체도형을 오린 다음, 가족에게 앞, 뒤, 위, 아래 등의 말을 사용하여 지시한 후 그림을 완성하게 해보세요.

치료사용 지침

① 이번에는 아래의 입체도형을 오린 후, 가족에게 앞, 뒤, 위, 아래 등의 용어를 사용하여 지시하게 하고 그림을 완성하게 하는 과제입니다. ② 지시한 내용을 잊어버릴 수 있기 때문에 지시를 글로 적어 정리하게 해주시고, 아동이 말한 지시에 따라 그림을 붙여 보세요.

“

”

과제

집에서 해봅시다.

이번에는 아래의 입체도형을 오린 다음, 가족에게 앞, 뒤, 위, 아래 등의 말을 사용하여 지시한 후 그림을 완성하게 해보세요.

13 회기

나는야 멋진 건축가

1 준비물

정육면체 블록, 필기구, 가위, 풀, 색종이, 테이프

2 적용 대상

평균 하(80~89) 지능에 해당하는 초등학교 1~2학년 학생

3 적용 시기

중기

4 소요 시간

약 50분

5 향상 목표 주요 지표

언어이해, 시공간, 유동추론, 작업기억, 처리속도

기하
13회기

① 건축가는 무슨 일을 할까요?

약 5분

- 건축가라는 직업에 대해 알고 있나요?
  건축가는 건축물을 계획하고 만들 수 있도록 설계하는 직업을 말해요.

- 우리가 살고 있는 집을 어떤 모양으로 지을지, 어떤 재료를 쓸지를 정해서 그림을 그려 만들지요. 건축가는 집뿐만 아니라, 다리나 공연장, 경기장, 공원 등 우리가 생활하는 모든 곳을 만드는 일을 한답니다.

- 건축가는 건축물을 사용하는 사람들을 생각해서, 편리하게 생활할 수 있도록 지어야 해요.

치료사용 지침

① 건축가라는 직업에 대해 알고 있는지, 건축가는 무슨 일을 하는 직업인지 이야기 나눠 보세요. 우리가 살고 있는 집, 지금 우리가 있는 이 장소, 학교, 다리, 공연장, 경기장, 공원 등 우리가 생활하는 모든 곳을 만드는 일을 하는 직업임을 알 수 있게 해주세요. ② 그리고 건축가는 건축물을 만들 때 어떤 것을 고려하여야 하는지에 대해 이야기해 보게 해주세요. 건축물을 사용하는 사람들을 생각해서, 건축물의 목적에 맞게, 편리하게 생활할 수 있도록 지어야 함을 알아차릴 수 있게 해주세요. 예를 들어 다리는 차가 많이 지나가도 무너지지 않도록 튼튼하게, 공연장은 많은 사람들이 모일 수 있으면서도 무대가 잘 보이도록, 공원은 사람들이 편하게 쉴 수 있도록, 자연과 어우러지도록 만드는 등의 고민을 해서 설계해야 함을 알려 주세요. 또 우리가 알고 있는 다른 건축물들에 대해 이야기 하면서 건축물에 따라 어떤 것들을 고려하면 좋을지 이야기 해보게 하세요.

기하 13회기

② 건축가 안도 타다오는 누구일까요?

약 15분

안도 타다오는 일본 오사카에서 태어난 세계적으로 유명한 건축가예요. 어릴 때는 할머니와 함께 살았고, 학교를 마친 뒤에는 혼자 여행을 다니며 건축을 공부했어요. 특별한 건축 학교에 다니지 않았지만, 스스로 열심히 배우고 도전해서 멋진 건물들을 만들었답니다. 그의 건물은 주로 콘크리트로 지어져서 튼튼하고, 햇빛과 바람 같은 자연을 잘 느낄 수 있게 만들어져 있어요. 또 어린이들이 즐겁게 책을 읽을 수 있는 도서관도 직접 설계했어요. 안도 타다오는 사람들이 자연과 함께 어울리며 살아갈 수 있는 건물을 만들기 위해 늘 노력하고 있답니다.

1 안도 타다오에 관한 글을 읽고 알게 된 점은 무엇인가요?

2 안도 타다오에 관한 글을 보고 느낀 점은 무엇인가요?

치료사용 지침

① 안도 타다오의 영상물(각 5분 이내)을 보고 알게 된 점과 느낀 점에 대해 써보게 하세요. ② 안도 타다오는 일본의 유명한 건축가로, 우리나라에도 곳곳에 유명한 건축물이 있는데요. 이곳에 가본 경험이 있는지, 특히 건축물에 대한 영상을 보고 이 중에서 가보고 싶은 곳이 있는지에 대해 이야기해 보게 해주세요. ③ 안도 타다오의 전기(Who?)에 대해 읽어오는 것을 미리 과제로 내준다면 더 좋습니다. 안도 타다오는 어린 시절 불우하고 건축학에 대해 제대로 배운 적이 없지만, 건축에 대한 열정과 뚜렷한 신념을 가지고 열심히 공부하여 성공하게 되었음을 알려 주세요.

③ 우리집을 그려 보아요.

약 10분

우리집은 어떻게 생겼나요?
집을 어떻게 만들 것인지 그림으로 그린 것을 □ □ □ □이라고 해요.
옆의 예시 그림을 참고해서 우리집의 □ □ □ □을 아래에 그려 표현해 보세요.

치료사용 지침

① 집을 어떻게 만들 것인지 그림으로 미리 그려 계획한 것을 '설계도면'이라고 함을 알려 주세요. ② 그리고 우리집이 어떻게 생겼는지, 우리집을 위에서 바라보았을 때의 모습을 상상해서 그림으로 표현해 보게 합니다.

(예시)

기하
13회기

④ 내가 건축가가 된다면?

약 10분

내가 건축가가 되어 보면 어떨까요?
내 이름을 딴 □ □ □ 건물로 건물의 이름을 붙여 내가 좋아하는 공간을 만들어 볼까요? 어떤 건물을 만들고 싶나요? 어떻게 생겼나요? 어떤 것을 할 수 있나요? 그림을 그릴 때는 우리가 배운 사각형과 삼각형, 원을 이용해 만들어 보세요.

치료사용 지침

① 건축가라는 직업에 대해 어떤 생각이 드나요? 매력 있게 느껴지나요? 이번에는 직접 건축가가 되어 보는 활동입니다. 아동의 이름을 딴 건물 이름을 지어 보고, 아동이 좋아하는 공간을 만들어 보게 유도해 주세요. 키즈카페, 집, 쇼핑몰, 놀이공원, 학교 등등 다양한 공간이 언급될 수 있겠지요. ② 이때 건물은 외부와 내부를 나누어 그려보게 하고, 건축물을 그리는 것을 어려워할 수 있기 때문에 사각형, 삼각형, 원 등의 평면 도형을 사용해 그려볼 수 있도록 이끌어 주세요.

④ 내가 건축가가 된다면?

(예시)

(외부)

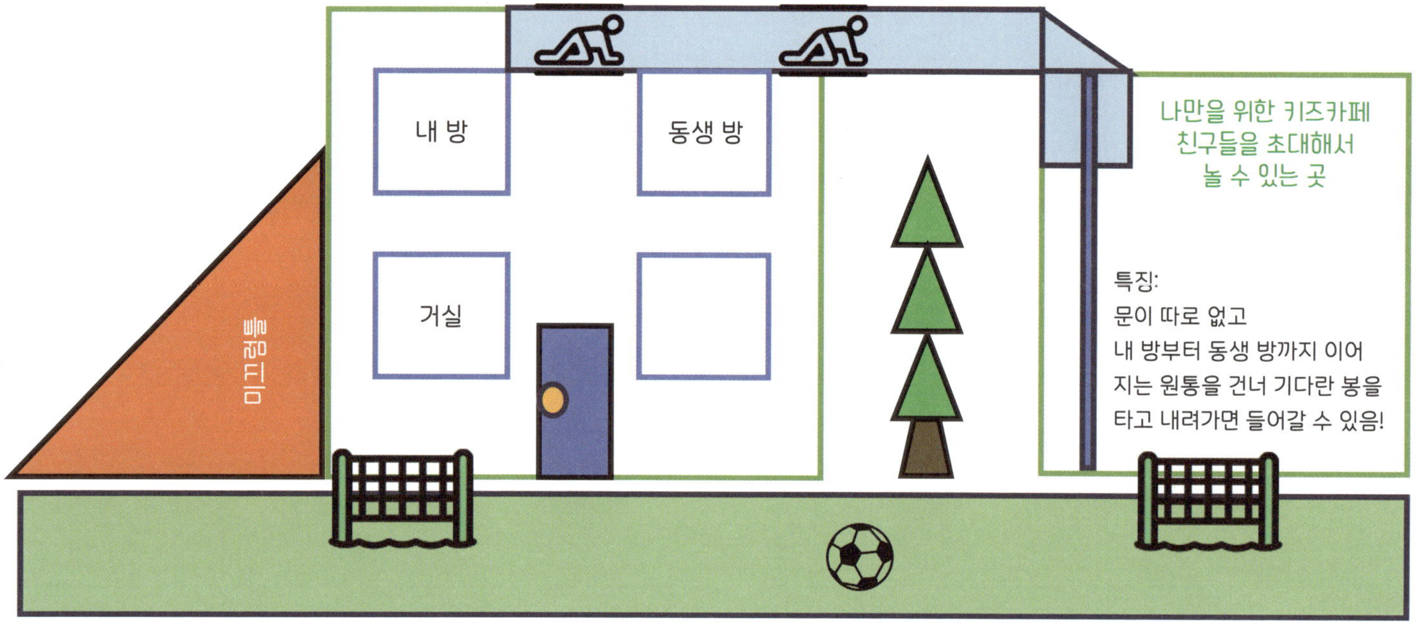

치료사용 지침

① 예시의 그림은 '우리집'입니다. 평범한 아파트가 아닌 단독주택을 그려 완성해 보았습니다. 평소 층간소음 때문에 주의를 받거나 혼났던 경험을 떠올려 보고, 자유롭게 놀 수 있는 공간을 만들어 보았습니다. 내 방에서 학교에 갈 때는 번거롭게 계단을 이용해 내려갈 필요 없이 미끄럼틀을 타고 내려갈 수 있고, 나의 방과 동생방까지 이어지는 원통을 건너서 기다란 봉을 타고 내려 가면 신기한 놀이감으로 가득한 놀이방도 있습니다. 우리집에서 가장 큰 공간이고, 여기에 친구들을 초대해서 자유롭게 노는 시간을 가질 수 있습니다. 원통의 내부는 밖에서 볼 땐 안 보이지만 안에서는 밖의 모습이 보이기 때문에 우리집과 놀이방 사이에 있는 큰 나무도 볼 수 있고, 사계절을 느낄 수 있는 비밀스러운 곳이기도 합니다. 집 앞 잔디 마당에서는 공놀이를 할 수도 있어요.

기하 13회기

⑤ 우리 동네 계획하기

약 5분

치료사용 지침

① 뒷장 부록의 전개도를 잘라 활용하거나 치료실에 구비된 블록으로 아래 그림들을 똑같이 만들어 보게 합니다. 하나씩 만들어 볼 때마다 건물의 이름과 용도 등에 대해 스토리텔링을 해보게 합니다.

⑤ 우리 동네 계획하기

약
5분

치료사용 지침

① 어느 정도 익숙해졌다면, 이번에는 그림을 가리고 한 그림당 3초씩 보여주고 기억하여 만들어 보게 합니다. ② 마찬가지로 완성할 때마다 건물의 이름과 용도 등을 스토리텔링을 해 보게 합니다.

기하 13회기

⑤ 부록

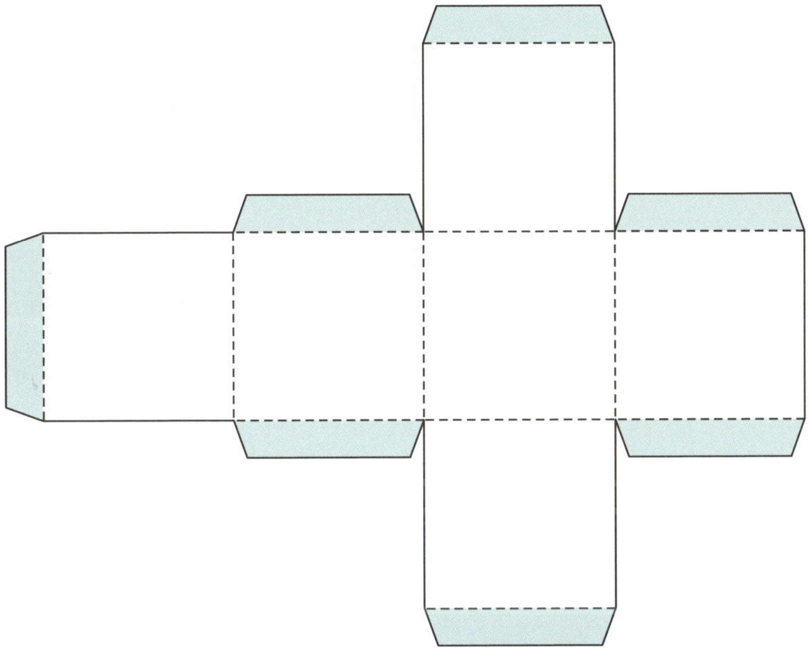

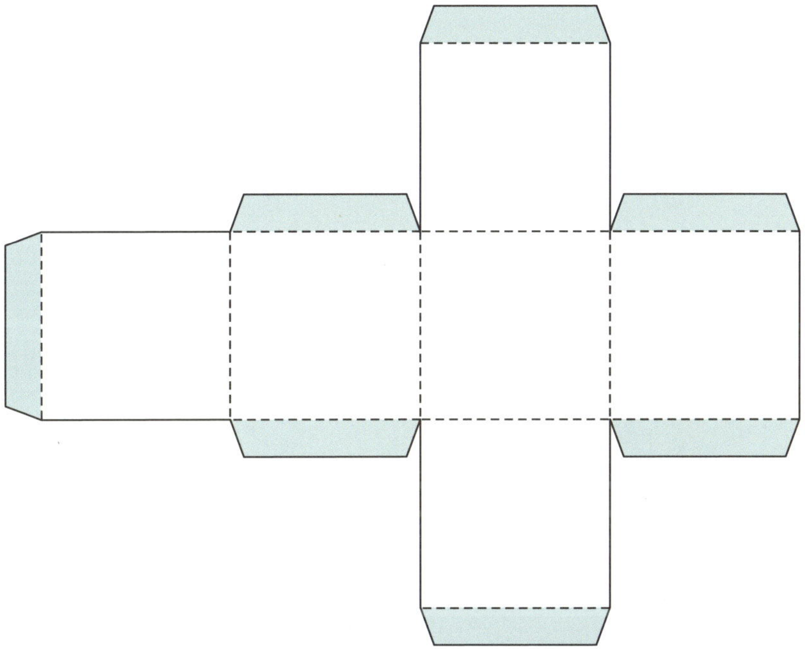

치료사용 지침

① 앞 장의 활동을 할 때 필요한 전개도입니다. 치료실에 블록이 구비되어 있지 않은 경우 이 '부록'을 여러 장 복사하여 사용할 수 있습니다. 아동이 직접 전개도를 그려 정육면체 모양의 블록을 만들어 보게 하는 것도 의미 있는 작업이 될 것입니다.

과제 집에서 해봅시다.

가정에서는 ⑤ 우리 동네 계획하기의 건물을 다시 만들어 보고,
앞(정면)에서 봤을 때와 위에서 봤을 때의 모습에 대해 그림으로 그려 보세요.

(예시)

〈앞-정면〉

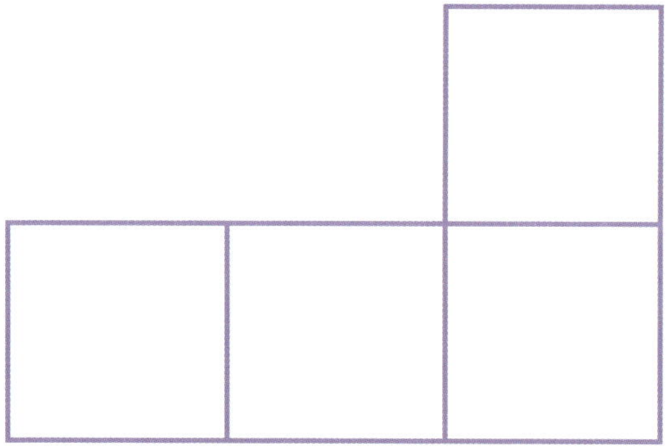

〈위〉

과제

집에서 해봅시다.

가정에서는 ⑤ 우리 동네 계획하기의 건물을 다시 만들어 보고,
앞(정면)에서 봤을 때와 위에서 봤을 때의 모습에 대해 그림으로 그려 보세요.

(예시)

〈앞-정면〉

〈위〉

과제

집에서 해봅시다.

가정에서는 ⑤ 우리 동네 계획하기의 건물을 다시 만들어 보고,
앞(정면)에서 봤을 때와 위에서 봤을 때의 모습에 대해 그림으로 그려 보세요.

(예시)

〈앞-정면〉

〈위〉

과제

집에서 해봅시다.

가정에서는 ⑤ 우리 동네 계획하기의 건물을 다시 만들어 보고,
앞(정면)에서 봤을 때와 위에서 봤을 때의 모습에 대해 그림으로 그려 보세요.

(예시)

〈앞-정면〉

〈위〉

과제

집에서 해봅시다.

가정에서는 ⑤ 우리 동네 계획하기 의 건물을 다시 만들어 보고,
앞(정면)에서 봤을 때와 위에서 봤을 때의 모습에 대해 그림으로 그려 보세요.

(예시)

〈앞-정면〉

〈위〉

과제

집에서 해봅시다.

가정에서는 ⑤ 우리 동네 계획하기의 건물을 다시 만들어 보고,
앞(정면)에서 봤을 때와 위에서 봤을 때의 모습에 대해 그림으로 그려 보세요.

(예시)

〈앞-정면〉

〈위〉

과제

집에서 해봅시다.

가정에서는 ⑤ 우리 동네 계획하기의 건물을 다시 만들어 보고,
앞(정면)에서 봤을 때와 위에서 봤을 때의 모습에 대해 그림으로 그려 보세요.

(예시)

〈앞-정면〉

〈위〉

14 회기

숫자를 블록으로 나타낼 수 있다고요?

1 준비물

필기구, 가위

2 적용 대상

평균 하(80~89) 지능에 해당하는 초등학교 1~2학년 학생

3 적용 시기

중기

4 소요 시간

약 50분

5 향상 목표 주요 지표

언어이해, 시공간, 유동추론, 처리속도

기하 14회기

① 숫자 블록 만들기

약 5분

아래 그림(192~196페이지까지)을 가위로 오려 보고,
197페이지로 넘어가서 숫자 블록을 사용하여 문제를 풀어 보세요.

치료사용 지침

① 오늘은 숫자 블록을 직접 만들어 여러 가지 활동을 해볼 거예요. 먼저 활동하기에 앞서 192~196페이지까지의 숫자별 블록을 가위로 오릴 수 있도록 합니다.

기하 14회기

① 숫자 블록 만들기

기하
14회기

① 숫자 블록 만들기

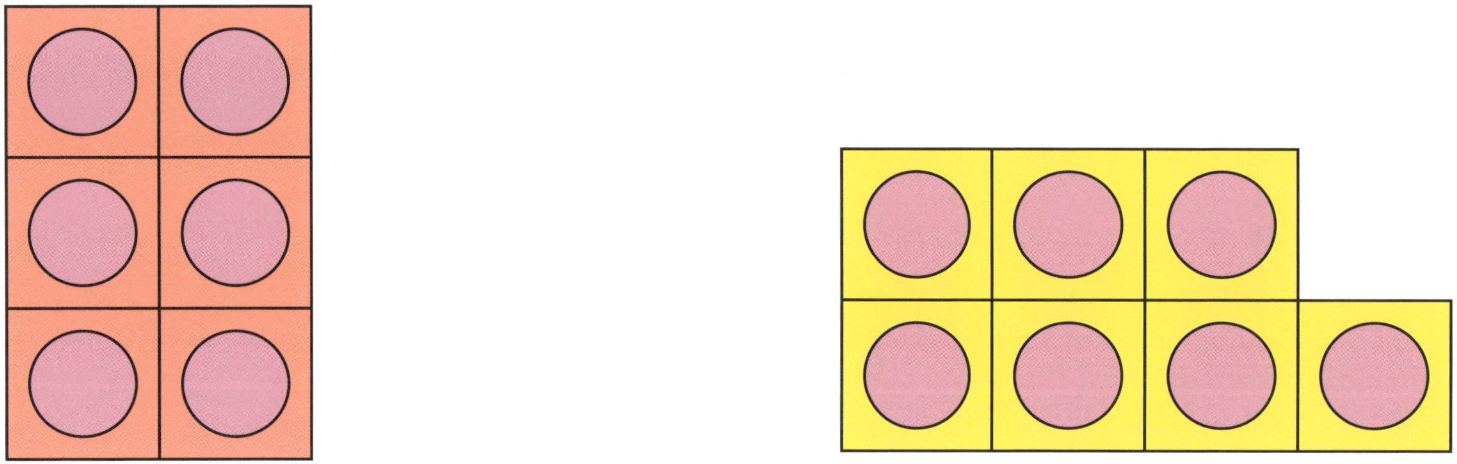

기하
14회기

① 숫자 블록 만들기

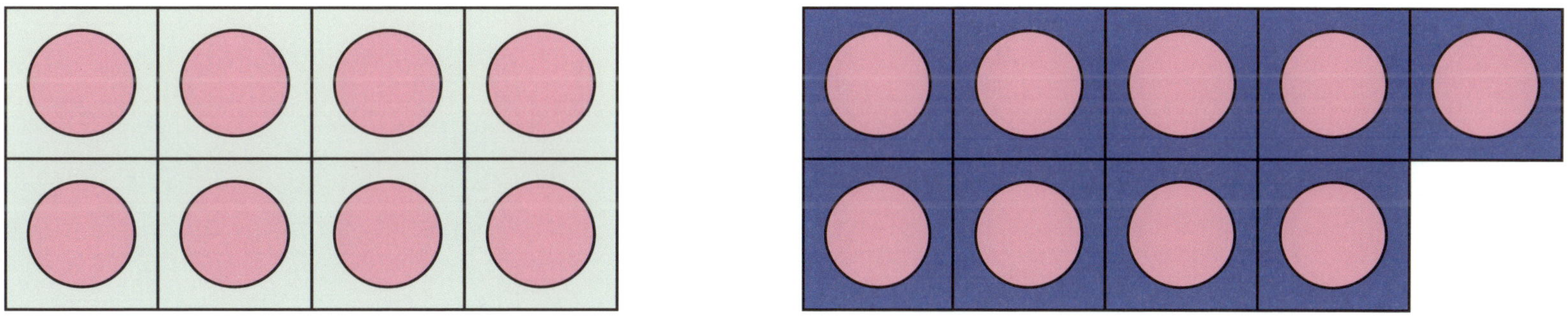

① 숫자 블록 만들기

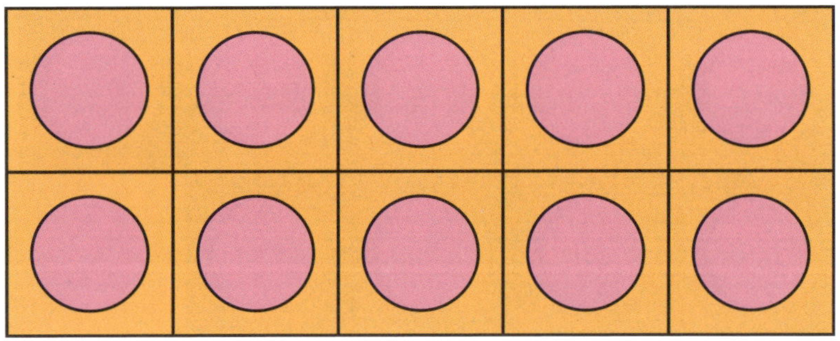

기하
14회기

② 숫자 블록으로 연산을 할 수 있어요.

약 2.5분

① 숫자 블록 2개를 이용해서 숫자 '3'이 되게 만들어 보세요. 이때 최대한 다양한 방법으로 만들어 보세요.

치료사용 지침

① 이번에는 오린 숫자 블록을 활용하여 가르기, 모으기를 하는 과제입니다. 숫자 블록 2개를 이용해서 숫자 '3'이 되는 다양한 방법을 알게 합니다. 1과 2, 2와 1을 더하면 3이 된다는 것, 그리고 다양한 모양으로 나타낼 수 있음을 알아차릴 수 있도록 지도합니다.

기하
14회기

② 숫자 블록으로 연산을 할 수 있어요.

❶ 숫자 블록 2개를 이용해서 숫자 '3'이 되게 만들어 보세요. 이때 최대한 다양한 방법으로 만들어 보세요.

(예시)

기하 14회기

② 숫자 블록으로 연산을 할 수 있어요.

약 2.5분

② 숫자 블록 2개를 이용해서 숫자 '5'가 되게 만들어 보세요. 이때 최대한 다양한 방법으로 만들어 보세요.

치료사용 지침

① 2와 3, 3과 2, 1과 4, 4와 1을 사용하여 5를 만들 수 있습니다.

② 숫자 블록으로 연산을 할 수 있어요.

❷ 숫자 블록 2개를 이용해서 숫자 '5'이 되게 만들어 보세요. 이때 최대한 다양한 방법으로 만들어 보세요.

(예시)

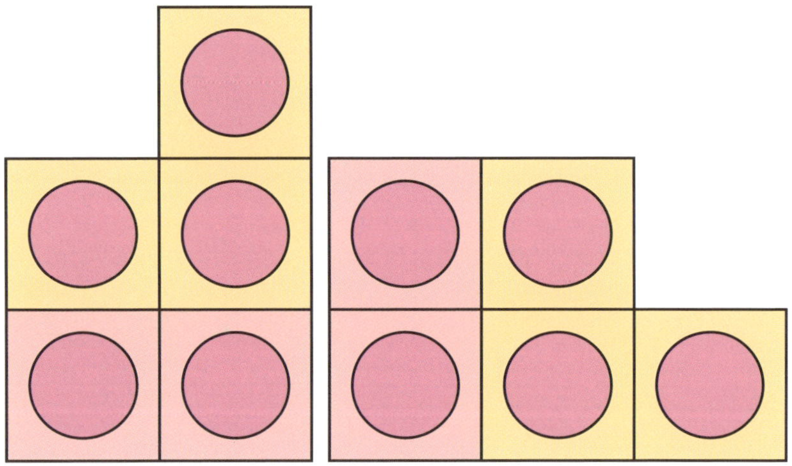

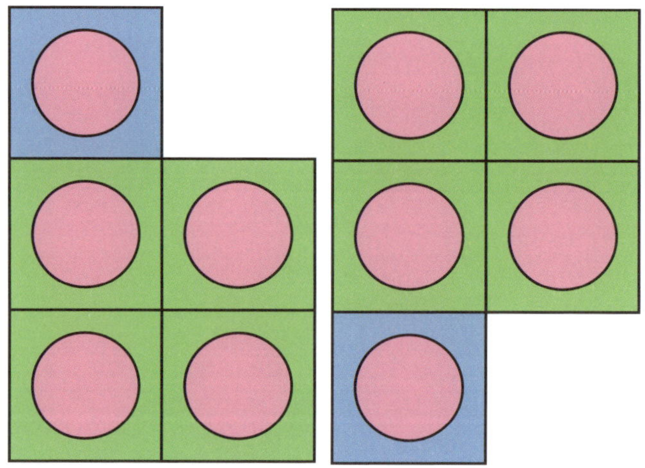

기하
14회기

② 숫자 블록으로 연산을 할 수 있어요.

약 2.5분

❸ 숫자 블록 2개를 이용해서 숫자 '7'이 되게 만들어 보세요. 이때 최대한 다양한 방법으로 만들어 보세요.

치료사용 지침

① 3과 4, 4와 3, 2와 5, 5와 2, 1과 6, 6과 1이 사용될 수 있습니다.

② 숫자 블록으로 연산을 할 수 있어요.

③ 숫자 블록 2개를 이용해서 숫자 '7'이 되게 만들어 보세요. 이때 최대한 다양한 방법으로 만들어 보세요.

(예시)

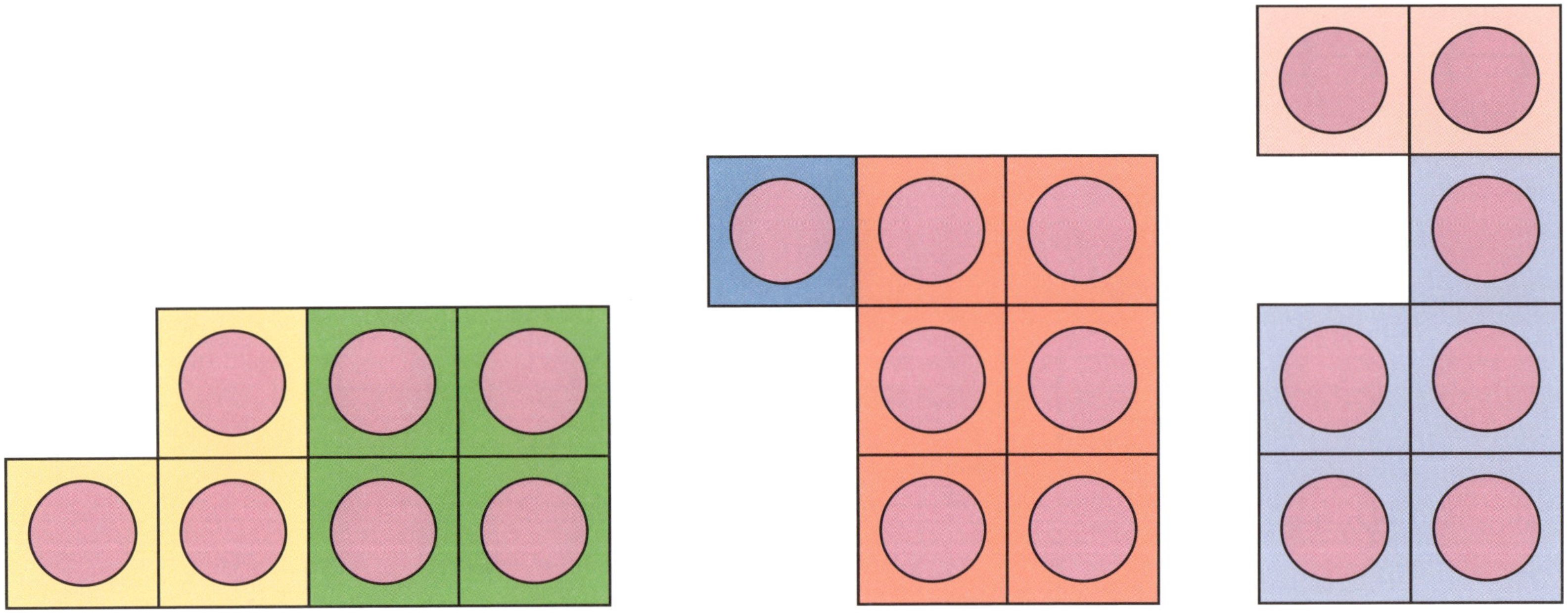

기하 14회기

② 숫자 블록으로 연산을 할 수 있어요.

약 2.5분

❹ 숫자 블록 2개를 이용해서 숫자 '9'가 되게 만들어 보세요. 이때 최대한 다양한 방법으로 만들어 보세요.

치료사용 지침

① 1과 8, 8과 1, 2와 7, 7과 2, 3과 6, 6과 3, 4와 5, 5와 4를 사용해서 만들 수 있습니다.

② 숫자 블록으로 연산을 할 수 있어요.

약 5분

⑤ 숫자 블록 2개를 이용해서 숫자 '10'이 되게 만들어 보세요. 이때 최대한 다양한 방법으로 만들어 보세요.

치료사용 지침

① 1과 9, 9와 1, 2와 8, 8과 2, 3과 7, 7과 3, 4와 6, 6과 4, 5와 5를 사용할 수 있습니다.

기하
14회기

③ 숫자 블록으로 그림을 만들어 보아요.

약 5분

◈ 주어진 그림을 보고 숫자 블록을 사용하여 그림을 완성해 보세요.
단, 블록은 한 번씩만 사용해야 해요!

치료사용 지침

① 이번에는 숫자 블록으로 그림을 만들어 보는 과제입니다. 주어진 그림에 숫자 블록을 넣어 그림을 완성해 보게 하세요. 이 때 블록은 한 번씩만 사용할 수 있습니다. ② 또한 다양한 방법으로 배치하여 완성할 수 있음을 알려 주세요.

③ 숫자 블록으로 그림을 만들어 보아요.

약 5분

◈ 주어진 그림을 보고 숫자 블록을 사용하여 그림을 완성해 보세요.
단, 블록은 한 번씩만 사용해야 해요!

③ 숫자 블록으로 그림을 만들어 보아요.

약 5분

주어진 그림을 보고 숫자 블록을 사용하여 그림을 완성해 보세요.
단, 블록은 한 번씩만 사용해야 해요!

기하 14회기

③ 숫자 블록으로 그림을 만들어 보아요.

약 5분

주어진 그림을 보고 숫자 블록을 사용하여 그림을 완성해 보세요.
단, 블록은 한 번씩만 사용해야 해요!

기하 14회기

③ 숫자 블록으로 그림을 만들어 보아요.

약 5분

주어진 그림을 보고 숫자 블록을 사용하여 그림을 완성해 보세요.
단, 블록은 한 번씩만 사용해야 해요!

③ 숫자 블록으로 그림을 만들어 보아요.

약
5분

◈ 이번에는 내가 직접 그림을 만들어 볼까요?
그림을 만들어 보고 아래의 내용을 채워 넣어 보세요.

치료사용 지침

① 이번에는 아동이 직접 그림을 만들어 보게 하세요. 아동이 먼저 완성하여 색칠한 그림 위에 선생님이 문제를 풀어보는 방식으로 진행해도 좋습니다. ② 과제 후 아동이 직접 '내가 만든 그림은~' 의 내용을 채워 말로 표현해볼 수 있게 합니다.

내가 만든 그림은 ____________ 입니다.

____________ 을(를) 만들기 위해

숫자 블록 ____________ 을(를) 사용했어요.

____________ 을(를) 만들 수 있는

또다른 방법은 ( ) 가지 입니다.

과제 집에서 해봅시다.

◈ 숫자 블록으로 만든 그림들을 다시 한번 보고, 아래 예시에 따라 빈 칸을 완성해 보세요.

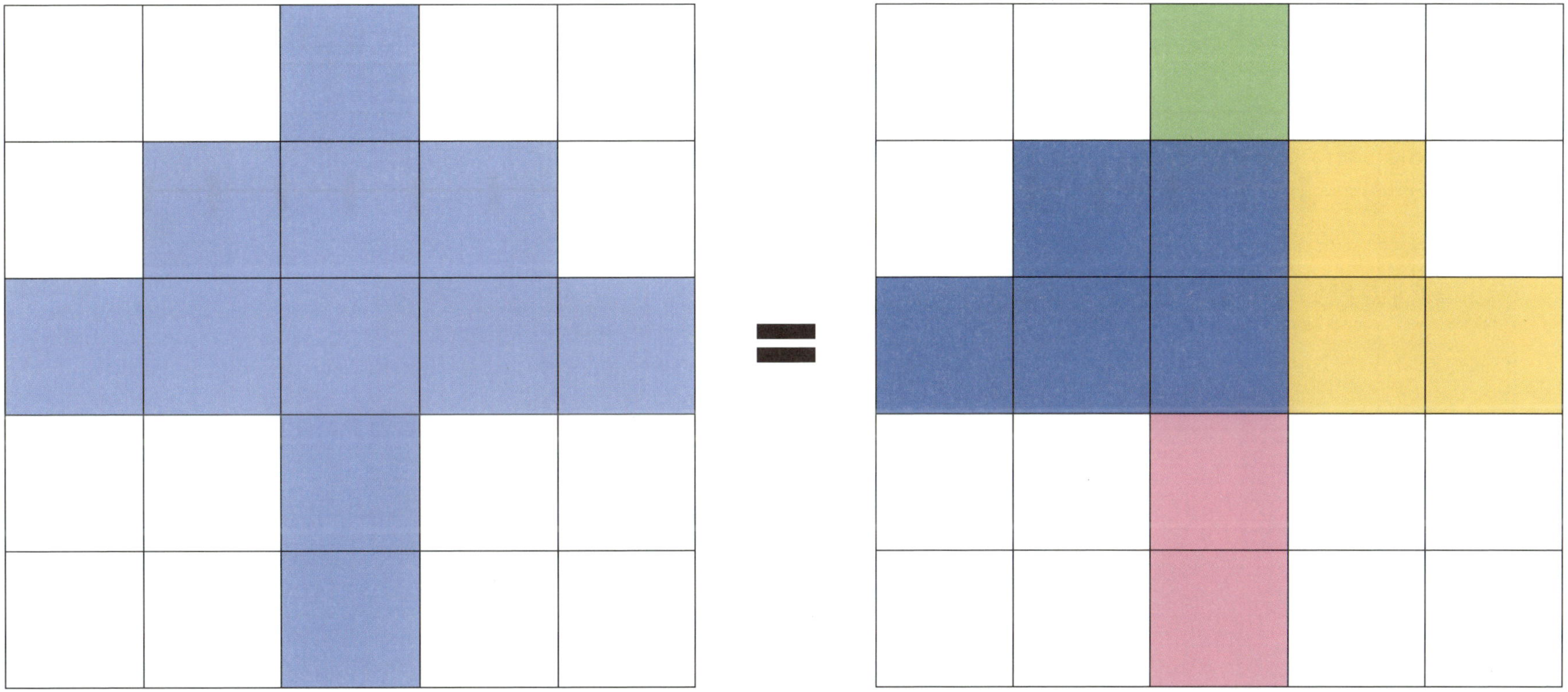

11 = 1 + 5 + 3 + 2

과제

집에서 해봅시다.

◈ 숫자 블록으로 만든 그림들을 다시 한번 보고, 아래 예시에 따라 빈 칸을 완성해 보세요.

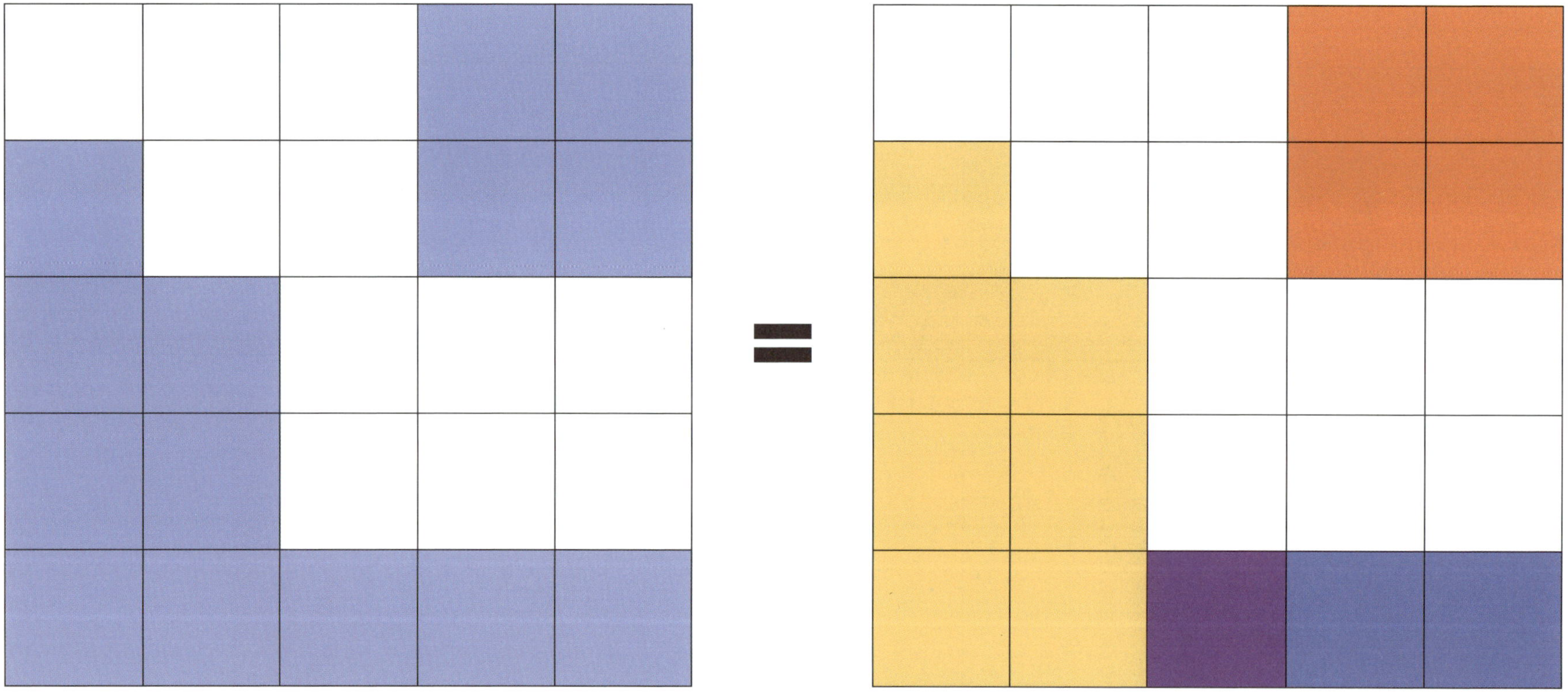

과제 집에서 해봅시다.

◈ 숫자 블록으로 만든 그림들을 다시 한번 보고, 아래 예시에 따라 빈 칸을 완성해 보세요.

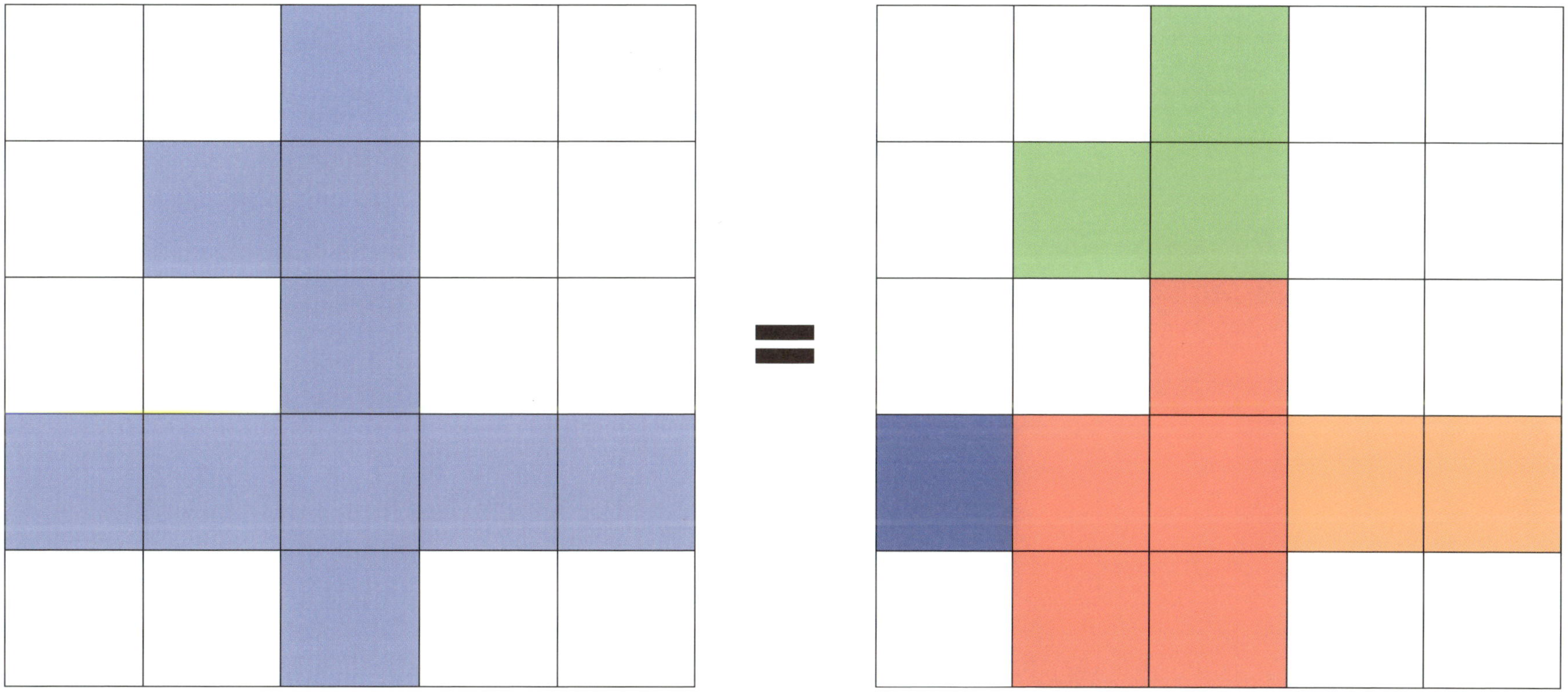

과제

집에서 해봅시다.

숫자 블록으로 만든 그림들을 다시 한번 보고, 아래 예시에 따라 빈 칸을 완성해 보세요.

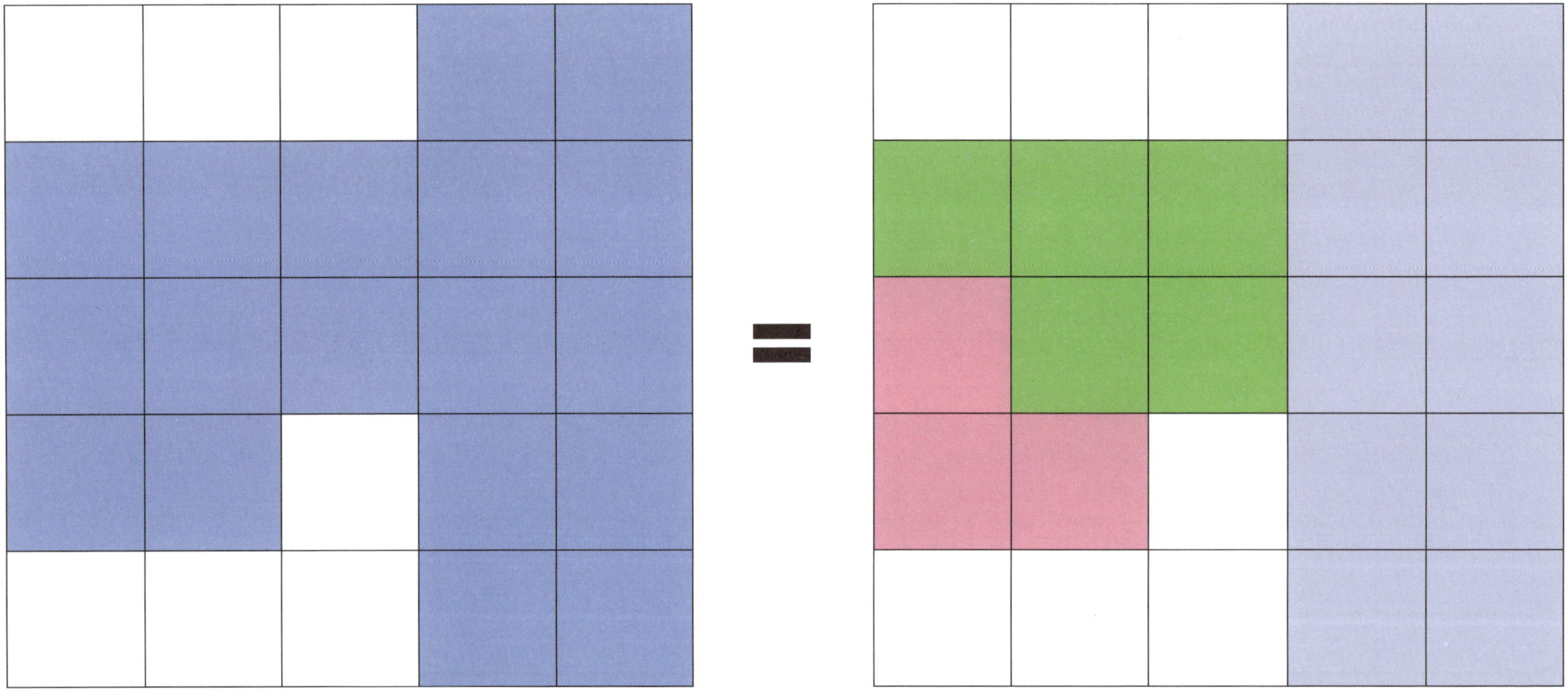

과제

집에서 해봅시다.

◈ 숫자 블록으로 만든 그림들을 다시 한번 보고, 아래 예시에 따라 빈 칸을 완성해 보세요.

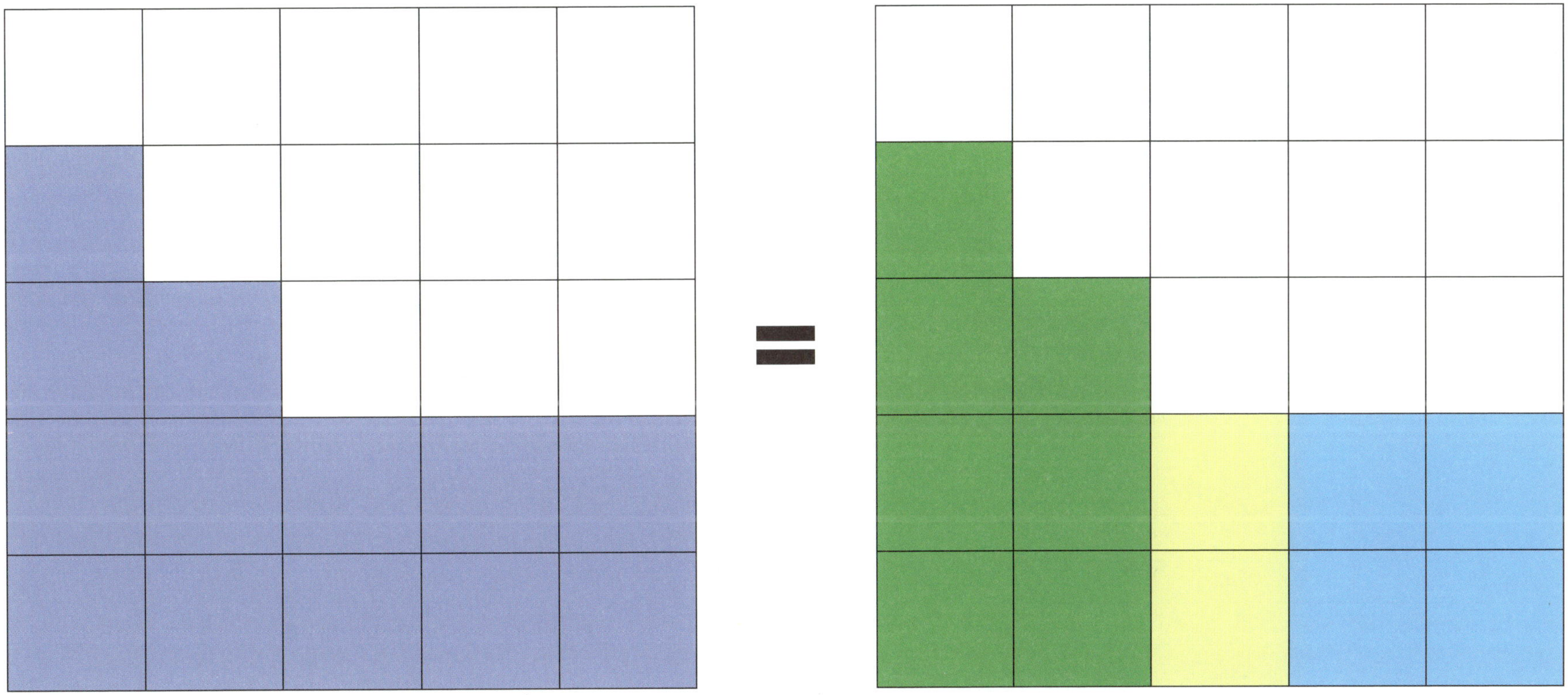

15 회기

픽토그램의 암호 풀기 대작전!

1 준비물

색연필, 필기구, 가위

2 적용 대상

평균 하(80~89)지능에 해당하는 초등학교 1~2학년 학생

3 적용 시기

중기

4 소요 시간

약 50분

5 향상 목표 주요 지표

언어이해, 시공간, 유동추론, 작업기억, 처리속도

기하
15회기

① 픽토그램이 뭘까요?

약
5분

- 픽토그램을 아시나요? 픽토그램은 우리가 주변에서 쉽게 볼 수 있는 것인데요. 말이나 언어를 모르는 사람도 그림을 보고 쉽게 의미하는 것을 알 수 있도록 만들어진 그림 문자를 픽토그램이라고 한답니다. 따라서 많은 사람들이 모이는 공공장소 안내 표지판, 교통 표지판 등이 예시가 될 수 있는데요.
- 아래의 픽토그램을 본 적이 있나요? 각 그림은 무엇을 의미하는 걸까요?
- 각 픽토그램이 말하고자 하는 것을 생각해서 말해 보세요.
- 또 생각나는 픽토그램을 떠올려 말해 볼까요?

치료사용 지침

① 픽토그램의 의미를 알고 있는지 픽토그램이라는 이름에서 유추할 수 있는 내용을 유추해 보게 합니다. 픽토그램은 그림을 의미하는 picture와 도해를 의미하는 gram의 합성어인데요. 이처럼 합성어로 만들어진 다른 단어들의 예시도 함께 설명해 주시면 좋습니다. ② 아래의 픽토그램을 본 적이 있는지, 각 그림은 무엇을 의미하는 것인지 생각해서 말해 보게 합니다. ③ 교통표지판, 비상구, 엘리베이터, 화장실, 금연구역 등에서 쓰이는 픽토그램은 그 나라의 글자를 몰라도 픽토그램을 보면 무슨 뜻인지 유추할 수 있다는 장점이 있음을 알려 주세요.

기하
15회기

① 픽토그램이 뭘까요?

약
2.5분

◈ 픽토그램은 어떤 특징들을 가지고 있을까요?
다음의 내용을 보고 픽토그램의 특징이 될 수 있는 것들을 모두 골라 보세요.

치료사용 지침

① 앞장에서 본 것을 토대로 픽토그램의 특징이 될 수 있는 것을 모두 골라 보게 합니다. ② 1번과 2번, 4번, 6번을 고른 후 아래 빈 칸에 직접 적어보게 합니다. ③ 아래 보기 내용들 중 틀린 것은 직접 맞는 답으로 고쳐 보게 합니다.

1. 쉽고 빠르게 정보를 전달할 수 있다.
2. 단순하게 생겼다.
3. 아이들은 몰라도 된다.
4. 의미하는 것이 명확하다.
5. 다 같은 색으로 이루어져 있다.
6. 다른 나라 사람들도 쉽게 알 수 있어야 한다.
7. 복잡하고 예쁘게 꾸밀수록 좋다.

1.	2.
3.	4.

기하 15회기

① 픽토그램이 뭘까요?

픽토그램은 어떤 특징들을 가지고 있을까요?
다음의 내용을 보고 픽토그램의 특징이 될 수 있는 것들을 모두 골라 보세요.

1. 쉽고 빠르게 정보를 전달할 수 있다.
2. 단순하게 생겼다.
3. ~~아이들은 몰라도 된다.~~ → 안전과 관련된 픽토그램을 알아볼 수 있으려면 아이들도 알아야 한다.
4. 의미하는 것이 명확하다.
5. ~~다 같은 색으로 이루어져 있다.~~ → 의미하는 내용의 종류에 따라 색을 다르게 나타낼 수 있다.
6. 다른 나라 사람들도 쉽게 알 수 있어야 한다.
7. ~~복잡하고 예쁘게 꾸밀수록 좋다.~~ → 꼭 예쁘지 않아도 단순하고 쉽게 알아볼 수 있어야 한다.

1.	2.
3.	4.

치료사용 지침

① 앞장에서 본 것을 토대로 픽토그램의 특징이 될 수 있는 것을 모두 골라 보게 합니다. ② 1번과 2번, 4번, 6번을 고른 후 아래 빈 칸에 직접 적어보게 합니다. ③ 아래 보기 내용들 중 틀린 것은 직접 맞는 답으로 고쳐 보게 합니다.

기하
15회기

② 픽토그램의 의미

약
2분

픽토그램에서 사용되는 색의 의미를 알고 있나요?

빨간색은 ______________ 를 의미하고

파란색은 ______________ 를 의미하며

노란색은 ______________ 를 의미하지요.

치료사용 지침

① 픽토그램에서 사용되는 색의 의미를 확인합니다. 언어를 모르는 사람도 픽토그램을 보면 색이나 그림을 보고 적합한 의미를 떠올릴 수 있어야 할텐데요. 빨간색은 금지, 파란색은 지시, 초록색은 안전, 위생, 구호, 위험을, 노란색은 경고를 의미한다는 것을 알아차릴 수 있도록 지도해 주세요.

기하
15회기

② 픽토그램의 의미

약 8분

◈ 픽토그램의 각 색이 의미하는 뜻을 잘 기억해서
아래의 픽토그램이 무엇을 의미하는지 하나씩 이야기 해볼까요?

치료사용 지침

① 픽토그램의 각 색이 의미하는 뜻을 잘 기억해서 아래의 픽토그램이 무엇을 의미하는지 하나씩 이야기 해보게 합니다. ② 그리고 이를 외워서 다음 장에서 다시 한번 이야기 해보게 합니다.

보행자전용도로:
걸어서만 다니는
길입니다.

위험:
도로에 위험한 것이
있습니다.

일시정지:
자동차는 잠시
멈추세요.

어린이보호:
어린이가 많은 곳이니
조심하세요.

어린이보호구역:
속도를 30 이하로 운전하세요.
어린이를 보호하세요.

공사중:
공사중이니
조심하세요.

보행금지:
사람은 걸어갈 수
없는 길입니다.

최고속도 제한:
최고 속도를 50이하로
운전하세요.

기하
15회기

② 픽토그램의 의미

약 5분

픽토그램의 각 색이 의미하는 뜻을 잘 기억해서
아래의 픽토그램이 무엇을 의미하는지 하나씩 이야기 해볼까요?

치료사용 지침

① 정확하게 기억하지 못하더라도 색과 모양에 따라 어떤 것을 의미하는지 기억할 수 있도록 독려해 주세요.

기하 15회기

② 픽토그램의 의미

약 5분

◈ 아래 그림을 보고 빈 칸에 맞는 픽토그램을
잘라 붙여 넣어 보세요.

치료사용 지침

① 아래 그림을 보고 ? 표시된 곳에 알맞은 픽토그램을 잘라서 혹은 번호로 표시할 수 있도록 지도해 주세요. ② 노란색 차를 기준으로 할 때 방향과 상황 등을 함께 고려해야 하기 때문에 차근차근 따라 갈 수 있도록 독려해 주세요.

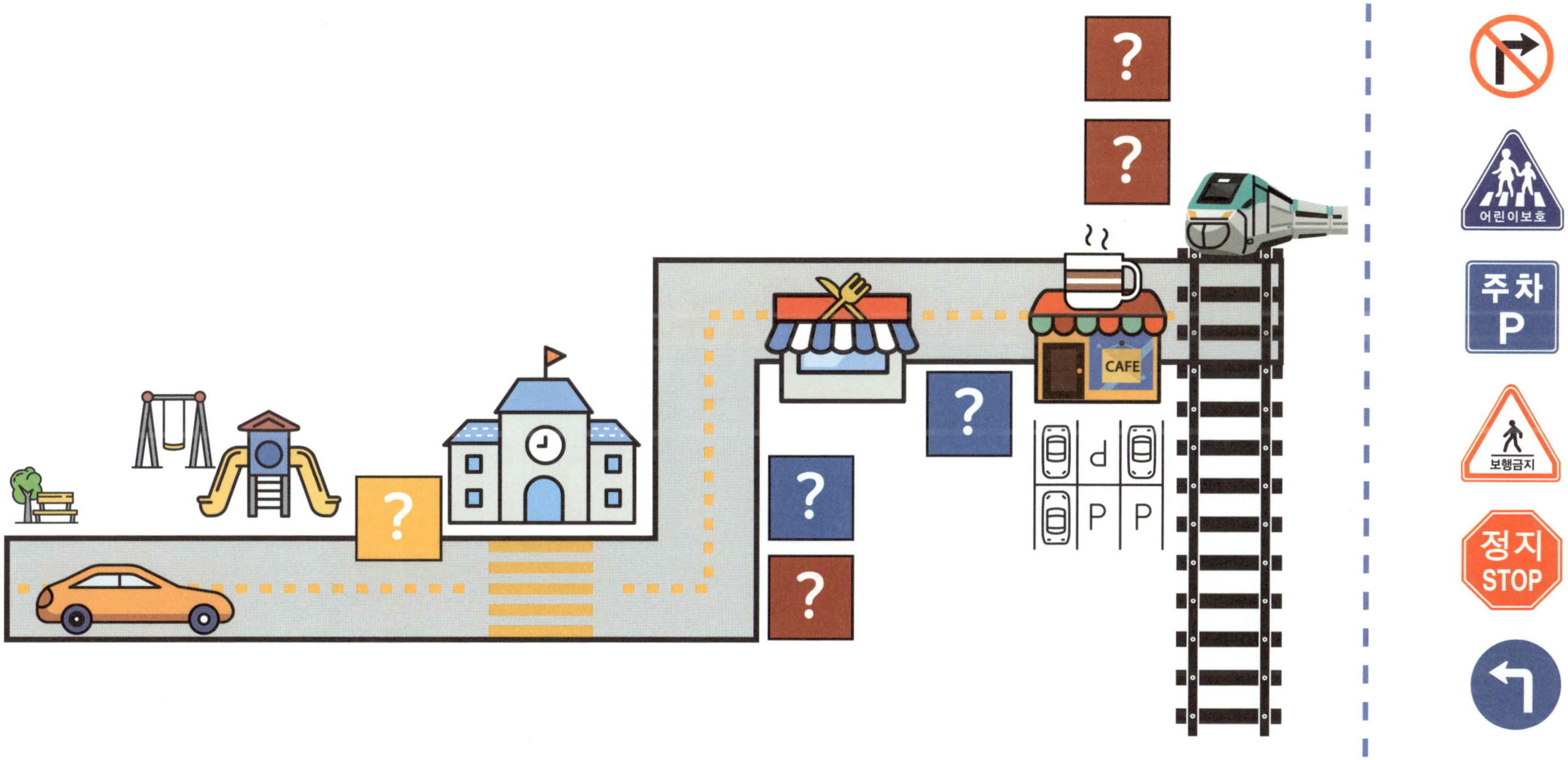

② 픽토그램의 의미

◈ 아래 그림을 보고 빈 칸에 맞는 픽토그램을
잘라 붙여 넣어 보세요.

(예시)

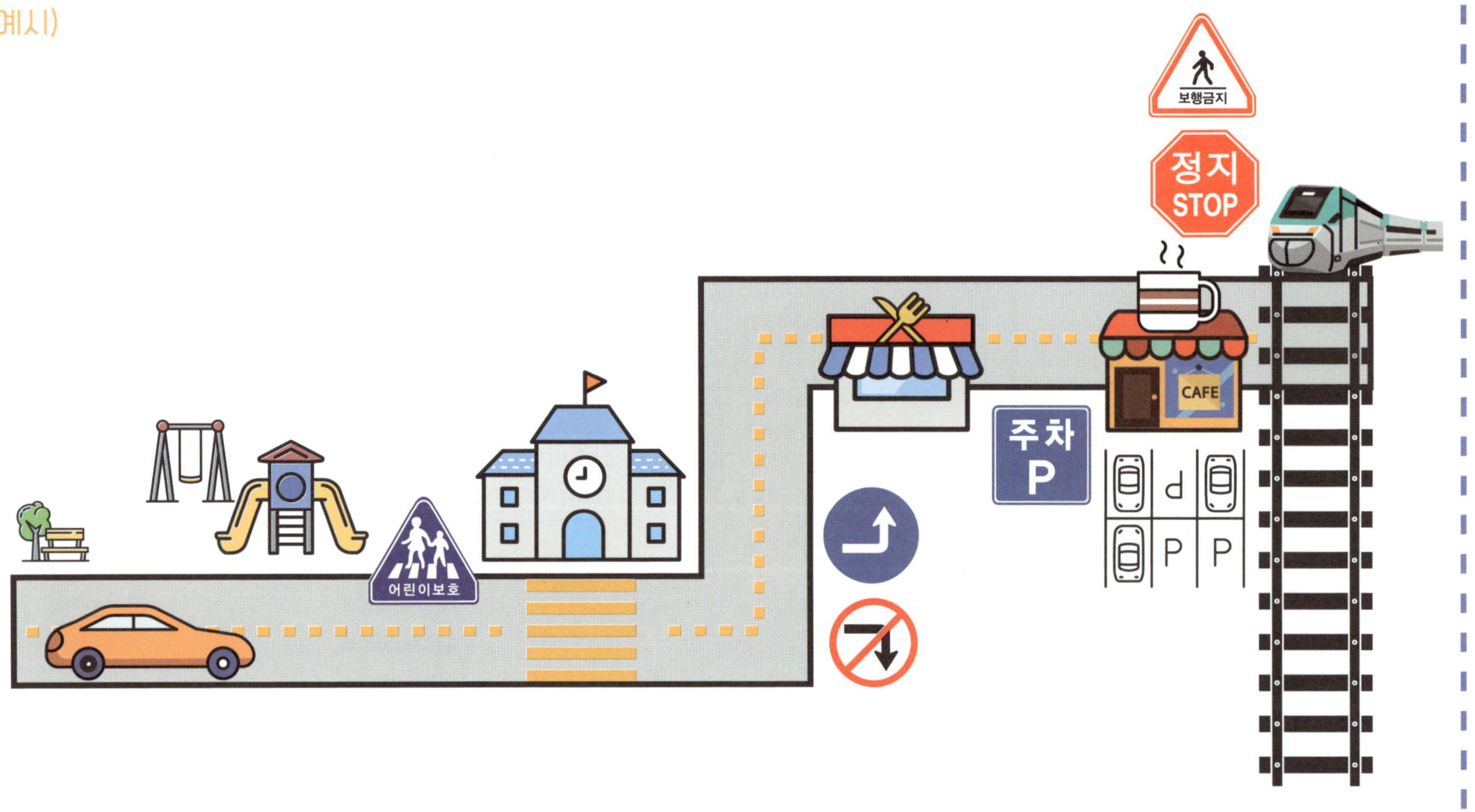

기하
15회기

③ 픽토그램의 암호를 풀어봐요.

약
10분

◈ 이번에는 아래 픽토그램을 보고 어떤 것을 의미하는지 생각해서 이야기 해볼까요? 그리고 이러한 픽토그램을 어디에서, 어떤 상황에서 사용하면 좋을지 이야기를 나누어 봅시다.

치료사용 지침

① 이번에는 임의로 만들어진 픽토그램을 보고 어떤 것을 의미하는지 생각해서 이야기해 보게 하는 것입니다. 이러한 픽토그램을 어디에서, 어떤 상황에서 사용하면 좋을지에 대해서도 이야기 해보게 함으로써 사회적인 상황에 대한 추론 능력을 길러 줍니다.

기하
15회기

③ 픽토그램의 암호를 풀어봐요.

(예시)

공부를 하세요.

스마트폰 금지!

밝게 웃으세요!

단 음식을 조심하세요!

용돈을 아껴서 쓰세요.

여기서는 공놀이 금지!

열심히 운동하세요.

떼쓰기 금지?

③ 픽토그램의 암호를 풀어봐요.

약 10분

◈ 이번에는 선생님이 설명하는 이야기를 잘 듣고 이야기에 등장하는 주의사항에 대한 픽토그램을 내가 직접 만들어 볼까요?

(이 내용은 아이가 일상생활에서 조절하기 힘들어하는 과제들과 연결시켜 선생님이 직접 스토리텔링 해보시는 것을 추천합니다. 예를 들어 아이가 스마트폰이나 tv 등 전자기기 사용을 과하게 하는 경우, 해야 할 일을 앞두고 전자기기를 눈에서 보이지 않는 쪽으로 두고 사용하지 않게 하기 위한 픽토그램을 만들게 하는 것이죠. 뿐만 아니라 친구들과의 놀이 상황에서 다툼이 잦거나 분노 조절에 어려움을 겪는 아이일 경우, '다툼에 주의(노란색)'하고 '자신의 의견을 i-message로 전달하기(파란색)' 픽토그램 만들기 과제를 시켜볼 수도 있습니다. 중요한 것은 아이가 자신의 문제 행동을 '알아차리고' '조절'하기 위한 노력을 픽토그램을 만들어 그려보면서 자연스럽게 해볼 수 있다는 것입니다.)

치료사용 지침

① 이번에는 치료사가 설명하는 이야기를 잘 듣고 이야기에서 언급되는 주의사항에 대한 픽토그램을 직접 만들어 본다면 어떻게 만들 수 있을지 생각해서 그림으로 직접 그려 보게 합니다. ② 배운 내용을 복습하고 잘 학습하였는지 확인할 수 있는 활동입니다. 또한 사회적인 상황에서의 추론 능력을 길러줄 수 있으므로 충분한 시간을 가지고 진행하여 주세요.

과제

집에서 해봅시다.

우리 집에서의 픽토그램을 만들어 보아요. 픽토그램이 의미하는 것을 가족에게 설명하고 우리 집의 여러 문제들을 해결/완화하기 위한 픽토그램을 만들어 약속을 정해 보아요.

16 회기

□ □ □ 약국으로 오세요.

1 준비물

필기구, 가위, 풀

2 적용 대상

평균 하(80~89) 지능에 해당하는 초등학교 1~2학년 학생

3 적용 시기

중기

4 소요 시간

약 50분

5 향상 목표 주요 지표

언어이해, 시공간, 유동추론, 작업기억, 처리속도

기하
16회기

① 약사는 무슨 일을 할까요?

약 5분

약국에 가본 적 있나요?
약국에 계신 약사 선생님들은 약을 관리하고 만들며 판매하는 등의 일을 해요.
오늘은 일일 약사가 되어 볼까요? 다음의 약 봉투 도안을 오려 만들어 보세요.

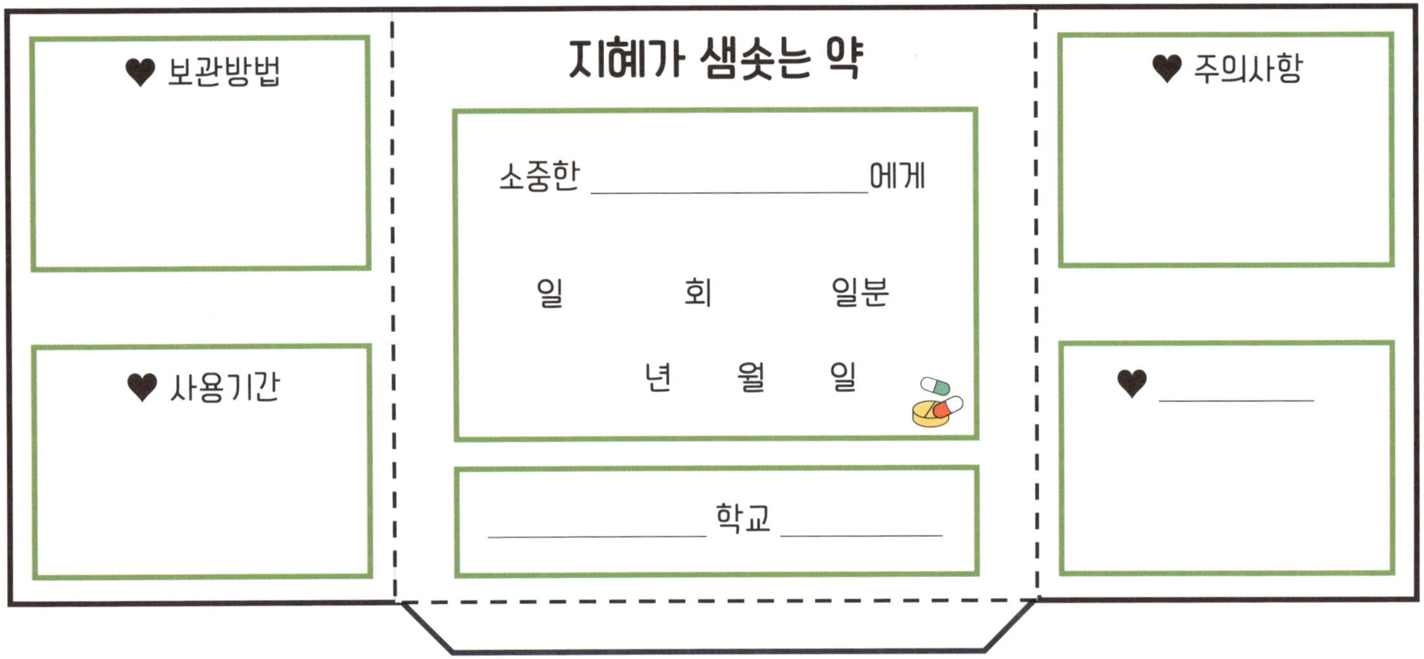

자르는 곳

접는 곳

치료사용 지침

① 이번 회기에서는 일일 약사가 되어 여러 약을 지어 보는 활동을 해볼 거예요. 다양한 도형을 사용하여 약을 만들어 보고 처방하는 등의 활동을 할 거예요. 활동에 앞서 약국에 가본 경험에 대해 가볍게 나누어 주세요. ② 아래 약 봉투 도안을 오른쪽에 있는 지시에 따라 오려서 만들어 보게 합니다. ③ 보관 방법, 사용기간, 주의사항 등에 대한 내용이 있는데요, 여기에는 어떤 내용이 들어가면 좋을지 나누어 주세요. 잘 모르겠다고 하면 모든 활동을 마친 뒤 한 번에 작성하게 해도 좋습니다.

기하
16회기

① 약사는 무슨 일을 할까요?

약
5분

[약] 도안

치료사용 지침

① 인턴 약사 체험에서 사용하게 될 도안입니다. 소근육을 길러줄 수 있게 약을 직접 가위로 오려 보도록 지도해 주세요. 이때 중요한 것은 오리고 있는 도형들이 어떤 도형들인지 알아차릴 수 있도록 지도해주시는 것입니다.

② 약의 이름을 외워 보아요.

[약의 이름] 15초 동안 약의 이름을 외워 보세요.

치료사용 지침

① 다음은 자르기를 통해 익숙해진 도형들에 쓰여 있는 약 이름을 외워 보는 과제입니다.
② 어려워 하는 경우, 여러 기억술을 활용하여 볼 수 있도록 힌트를 줄 수 있습니다.

기하 16회기

② 약의 이름을 외워 보아요.

약 2.5분

외운 약의 이름을 써보세요.

치료사용 지침

① 외운 대로 약의 이름을 하단에 써보게 합니다.

② 약의 이름을 외워 보아요.

약 2.5분

외운 약의 이름을 써보세요.

마름모	사다리꼴	오각형	원	삼각형

치료사용 지침

① 이번에는 도형을 회상해서 도형별 약 이름을 적어보게 합니다.

기하 16회기

③ 약의 효과를 알아 보아요.

약 5분

[약의 효과]

모아모아 약	주의집중이 잘 되는 약. 언제 필요할까요?
곰곰 약	고민하고 생각하는 힘을 길러주는 약. 언제 필요할까요?
그만 약	나에게 도움이 되지 않는 행동을 멈출 수 있게 도와주는 약. 언제 필요할까요?
안정 약	화가 났을 때 등 부정적인 마음을 조절하고 싶을 때 필요한 약. 언제 필요할까요?
시작해 약	나에게 도움이 되거나, 해야 하는 행동을 시작하게 도와주는 약. 언제 필요할까요?

치료사용 지침

① 익숙해진 도형별로 쓰여진 약의 효과, 효능에 대해 읽어 보고, 언제 필요한 약일지 상상하여 써보게 합니다. ② 또한 약의 이름이 지어진 이유, 뜻을 생각해 보게 합니다. ③ 나에게 필요한 약은 무엇일지, 혹은 약 별로 필요한 주변 사람들이 떠오르는지 등에 대해 자유롭게 나눌 수 있도록 지도해 주세요.

기하
16회기

④ 인턴 약사 체험기

약 10분

1

약사 선생님, 안녕하세요?

저는 __________ 초등학교 1학년 학생이에요.

저는 아침에 일어나서 학교 갈 준비를 하는 게 어려워요. 전 날 밤에 늦게까지 유튜브를 보다 잠이 들어서 그런지 눈을 뜨기도 힘들고, 챙겨가야 할 준비물도 기억이 안 나요.

어렵게 피곤한 몸을 이끌고 학교에 가면 점심 때 쉬는 시간에 친구들과도 잘 싸우게 돼요. 선생님은 제가 너무 참을성이 없다고 하세요.

저는 어떤 약을 먹으면 좋을까요?

✚ 처방전

이름		성별		나이	

환자의 빠른 쾌유를 빕니다.

약	약 이름	개수	아침	점심	저녁

치료사용 지침

① 인턴 약사를 체험해 볼 수 있는 과제입니다. 앞서 가위로 오렸던 약 도안을 준비합니다. ② 왼쪽의 편지 글을 읽고 편지에서 학생이 호소하고 있는 어려움에 대한 약을 처방하여 보세요. 약의 개수와 투약 시점 등에 대해서도 써보게 해주세요. 이때 개수는 고민하는 크기만큼 용량을 늘리는 등 생각하는 힘을 길러주시면 좋습니다.

기하 16회기

④ 인턴 약사 체험기

1

약사 선생님, 안녕하세요?

저는 __________ 초등학교 1학년 학생이에요.

저는 아침에 일어나서 학교 갈 준비를 하는 게 어려워요.

전날 밤에 늦게까지 유튜브를 보다 잠이 들어서 그런지

눈을 뜨기도 힘들고, 챙겨가야 할 준비물도 기억이 안 나요.

어렵게 피곤한 몸을 이끌고 학교에 가면 점심 때 쉬는 시간에

친구들과도 잘 싸우게 돼요. 선생님은 제가 너무 참을성이

없다고 하세요.

저는 어떤 약을 먹으면 좋을까요?

✚ 처방전 (예시)

이름		성별		나이	

환자의 빠른 쾌유를 빕니다.

약	약 이름	개수	아침	점심	저녁
	시작해약	1	1		
	곰곰약	1	1		
	안정약	1		1	
	그만약	2			2

치료사용 지침

① 아이 스스로의 생각으로 풀어 나가는 과제이기 때문에 아이마다 답변 내용이 다를 수 있습니다. 이 약을 처방하는 이유, 근거를 말로 표현할 수 있도록 독려해 주세요.

④ 인턴 약사 체험기

약 5분

1 처방한 약의 순서에 맞게 연결해 보세요.

예) 약 → 순서 → 약 → 순서…

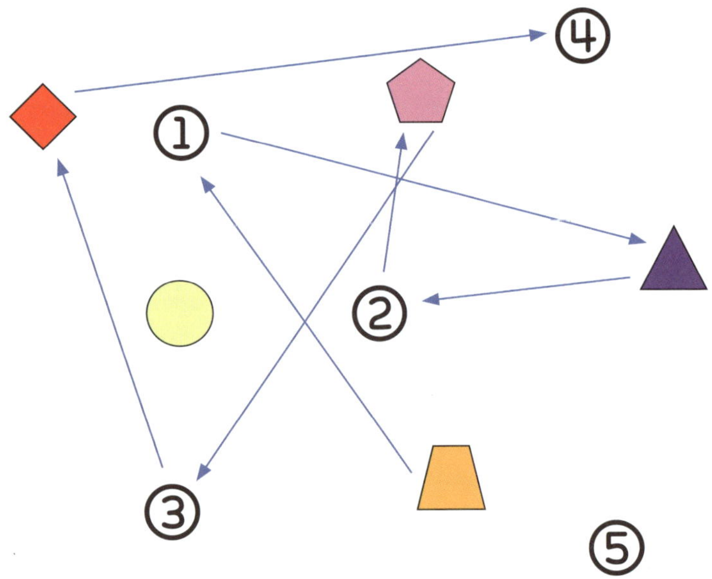

✚ 처방전 (예시)

이름		성별		나이	
환자의 빠른 쾌유를 빕니다.					
약	약 이름	개수	아침	점심	저녁
	시작해약	1	1		
	곰곰약	1	1		
	안정약	1		1	
	그만약	2			2

치료사용 지침

① 처방했던 약을 기억해서 규칙과 순서에 맞게 최대한 빠르게 연결해 보는 과제입니다.

④ 인턴 약사 체험기

1 처방한 약의 순서에 맞게 연결해 보세요.

예) 약 → 순서 → 약 → 순서…

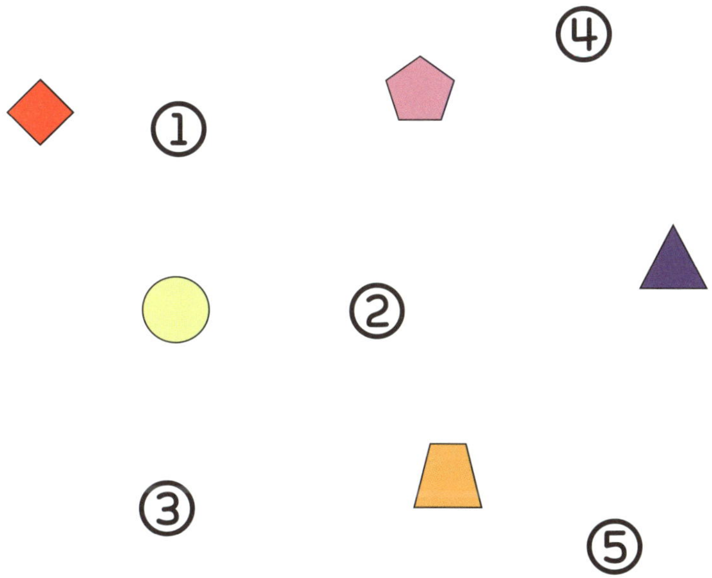

✚ 처방전

이름		성별		나이	
환자의 빠른 쾌유를 빕니다.					
약	약 이름	개수	아침	점심	저녁

치료사용 지침

① 이번에는 내가 직접 약을 처방하고, 처방한 약의 순서에 맞게 연결해 보게 합니다.

④ 인턴 약사 체험기

약 10분

2

약사 선생님, 안녕하세요?

저는 __________ 초등학교 2학년 학생이에요.

저는 학교에 가면 집중이 잘 안되고 선생님이 방금 말씀하셨던 내용도 잘 까먹고는 해요. 그러다 보니 수업 시간에 집중하는 게 힘들어요.

집에 와서도 숙제를 까먹고 엄마가 먼저 말씀하시기 전에는 안 하게 돼요. 엄마는 저 잘 되라고 하시는 말씀이겠지만 어제는 잔소리처럼 느껴져서 화도 버럭 내고 말았어요.

저는 어떤 약을 먹으면 좋을까요?

✚ 처방전

이름		성별		나이	
환자의 빠른 쾌유를 빕니다.					
약	약 이름	개수	아침	점심	저녁

기하 16회기

④ 인턴 약사 체험기

2

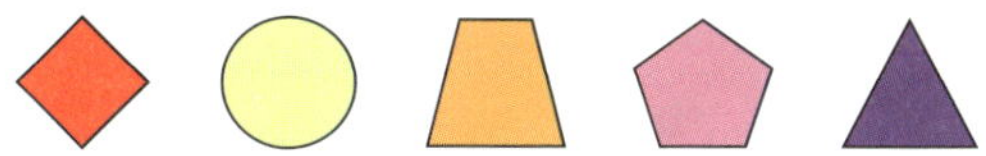

약사 선생님, 안녕하세요?

저는 __________ 초등학교 2학년 학생이에요.

저는 학교에 가면 집중이 잘 안되고 선생님이 방금 말씀하셨던 내용도 잘 까먹고는 해요. 그러다 보니 수업 시간에 집중하는 게 힘들어요.

집에 와서도 숙제를 까먹고 엄마가 먼저 말씀하시기 전에는 안 하게 돼요. 엄마는 저 잘 되라고 하시는 말씀이겠지만 어제는 잔소리처럼 느껴져서 화도 버럭 내고 말았어요.

저는 어떤 약을 먹으면 좋을까요?

✚ 처방전 (예시)

이름		성별		나이	
환자의 빠른 쾌유를 빕니다.					
약	약 이름	개수	아침	점심	저녁
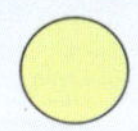	모아모아약	3	1	1	1
	곰곰약	1			1
	시작해약	1			1
	안정약	1		1	

치료사용 지침

① 아이 스스로의 생각으로 풀어 나가는 과제이기 때문에 아이마다 답변 내용이 다를 수 있습니다. 이 약을 처방하는 이유, 근거를 말로 표현할 수 있도록 독려해 주세요.

④ 인턴 약사 체험기

약 5분

2 처방한 약의 순서에 맞게 연결해 보세요.

예) 약 → 순서 → 약 → 순서…

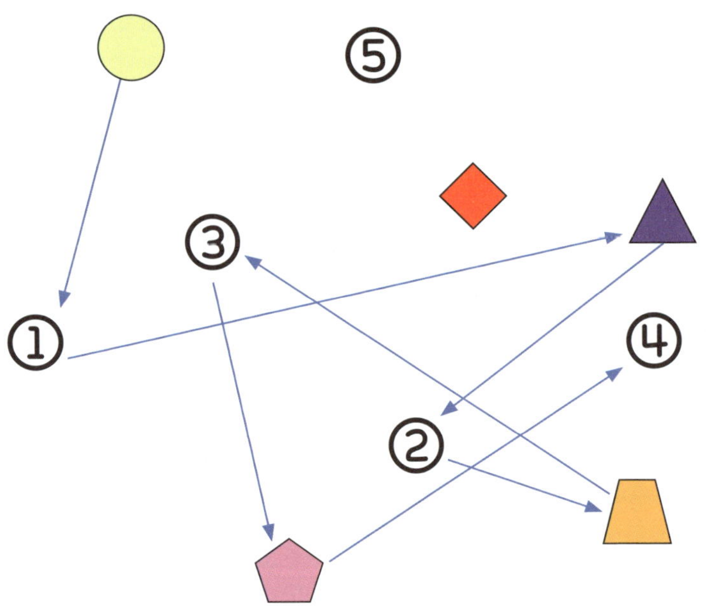

✚ 처방전 (예시)

이름		성별		나이	
환자의 빠른 쾌유를 빕니다.					
약	약 이름	개수	아침	점심	저녁
	모아모아약	3	1	1	1
	공공약	1			1
	시작해약	1			1
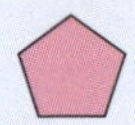	안정약	1		1	

치료사용 지침

① 처방했던 약을 기억해서 규칙과 순서에 맞게 최대한 빠르게 연결해 보는 과제입니다.

④ 인턴 약사 체험기

2 처방한 약의 순서에 맞게 연결해 보세요.

예) 약 → 순서 → 약 → 순서…

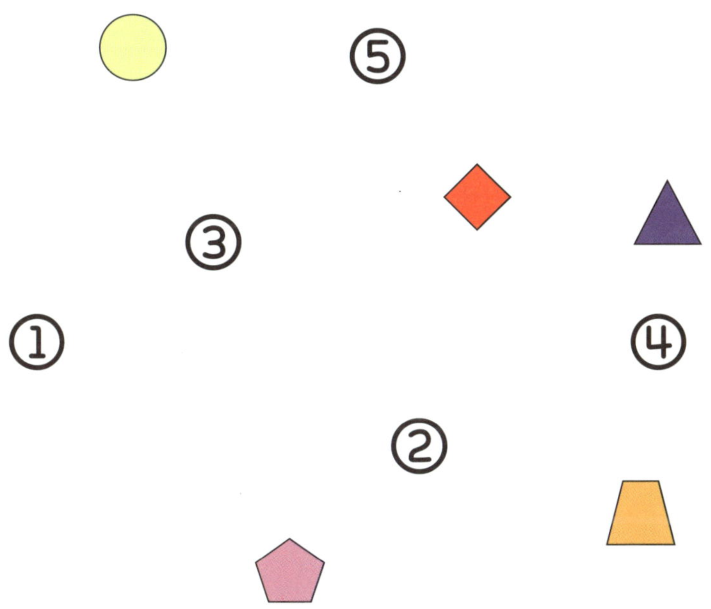

✚ 처방전

이름		성별		나이	

환자의 빠른 쾌유를 빕니다.

약	약 이름	개수	아침	점심	저녁

치료사용 지침

① 이번에는 내가 직접 약을 처방하고, 처방한 약의 순서에 맞게 연결해 보게 합니다.

과제 집에서 해봅시다.

1 나의 현재 고민을 편지 글로 써서 나 자신에게 알맞은 약을 처방해 보세요.

✚ 처방전 (예시)

이름		성별		나이	

환자의 빠른 쾌유를 빕니다.

약	약 이름	개수	아침	점심	저녁

과제

집에서 해봅시다.

2 가족 중 한 사람에게서 고민 편지 글을 받은 뒤, 알맞은 약을 처방해 보세요.

✚ 처방전 (예시)

이름		성별		나이	

환자의 빠른 쾌유를 빕니다.

약	약 이름	개수	아침	점심	저녁

17 회기

시장에 가면?

1 준비물

필기구, 가위, 풀

2 적용 대상

평균 하(80~89) 지능에 해당하는 초등학교 1~2학년 학생

3 적용 시기

중기

4 소요 시간

약 50분

5 향상 목표 주요 지표

언어이해, 시공간, 유동추론, 작업기억, 처리속도

① 시장에 가 본 적 있나요?

약 5분

시장이란 여러 가지 상품을 사고파는 장소를 의미해요.
시장에 가 본 적이 있나요? 언제, 누구와, 무엇을 사러 갔었는지 경험에 대해 이야기 해봅시다.

치료사용 지침

① 시장의 의미를 설명하고 시장에 가본 경험에 대해 나누어 보게 합니다. 가 본 경험이 없다고 한다면 전통 시장의 풍경을 사진으로 보여주고 사진으로 본 시장에 대한 인상과 느낀 점 등을 위주로 적어 보게 합니다.

언제?

어디서?

누구와?

어떻게?

무엇을 사러?

왜?

기하
17회기

② 시장에 가면

약
5분

시장에 가면 무엇을 팔까요?
시장에서 봤던 것들을 기억나는 대로 써볼까요?
그리고 각 상품들을 어느 가게에서 살 수 있는지 이야기 해보세요.

치료사용 지침

① 시장의 의미를 설명하고 시장에 가본 경험에 대해 나누어 보게 합니다. 가 본 경험이 없다고 한다면 전통 시장의 풍경을 사진으로 보여주고 사진으로 본 시장에 대한 인상과 느낀 점 등을 위주로 적어 보게 합니다.

기하
17회기

② 시장에 가면

약
5분

아래 상품들을 어울리는 가게끼리 연결해 보세요.

치료사용 지침

① 시장에는 다양한 가게들이 있지만 모든 가게는 비슷한 물건을 판다는 것을 알아 차릴 수 있도록, 어울리는 그림끼리 묶어보게 해주세요.

② 시장에 가면

(답안)

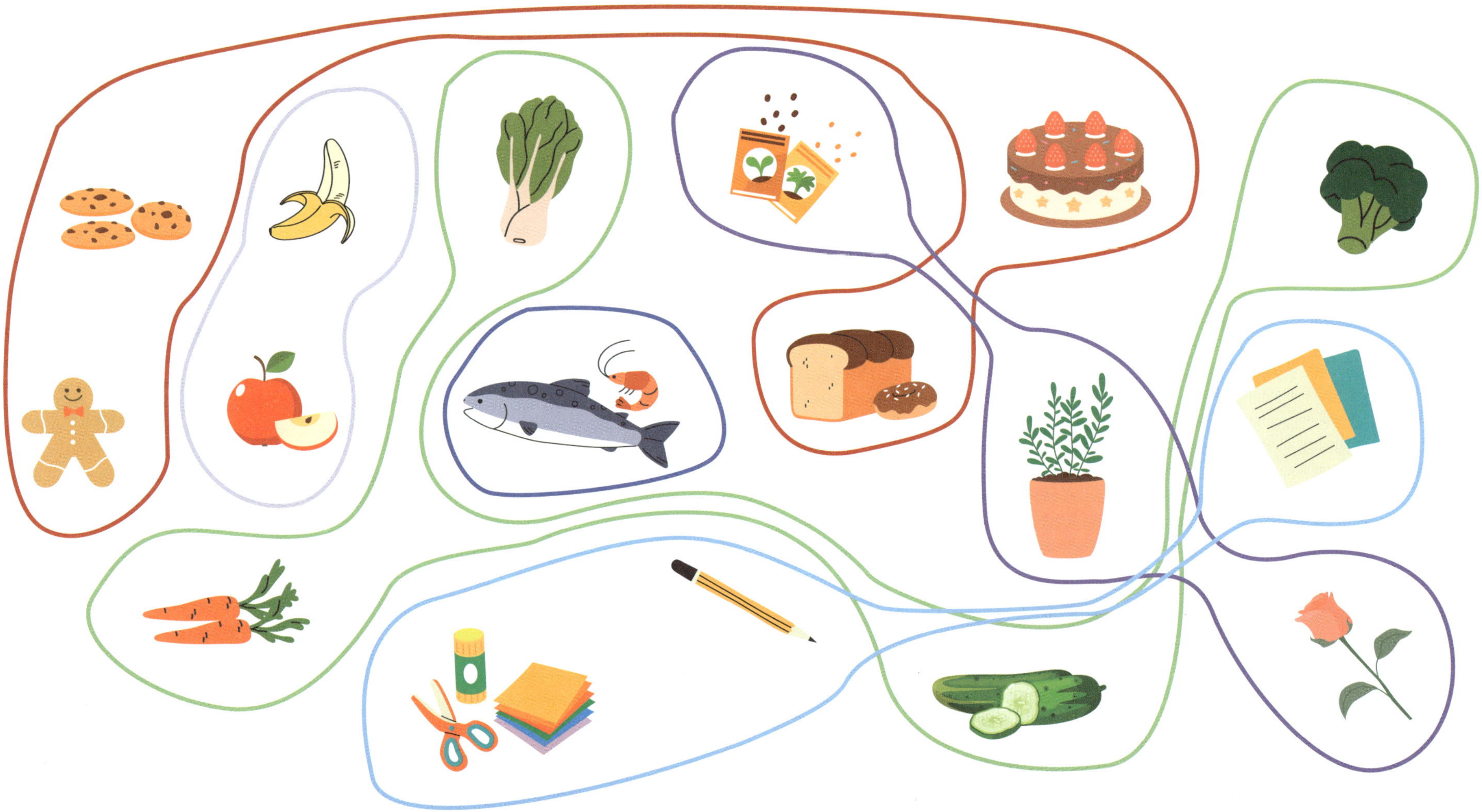

기하 17회기

③ 시장에 가기 전에···

약 20분

시장에 가면 채소나 과일, 생선, 빵, 꽃 등을 파는 가게가 모여 있지요.
다양한 가게가 많다는 장점이 있지만, 복잡하기 때문에 자칫하면 길을 잃을 수 있어요.
따라서 시장에 갈 때에는 어른의 손을 꼭 잡고 다녀야 한답니다.

오늘은 시장에 가보는 연습을 해볼 거예요.
먼저 구성 시장에 있는 몇몇 가게들의 위치를 살펴 볼까요?

가게	위치
과일가게	1층, 왼쪽 2번째 가게
채소가게	2층, 오른쪽 4번째 가게
생선가게	1층, 오른쪽 2번째 가게
빵집	3층, 왼쪽 3번째 가게
꽃가게	2층, 오른쪽 3번째 가게
문구점	3층, 오른쪽 1번째 가게

기하 17회기

③ 시장에 가기 전에···

구성 시장의 층별 가게 지도를 만들어 보세요.

치료사용 지침

① 시장에 가서 길을 잃지 않기 위해 시장의 지도를 미리 살펴 보는 과제입니다. 실제 시장의 지도는 아니지만, 복잡한 곳에 갈 때는 지도를 미리 살펴보고 가야 할 곳의 위치를 기억하는 인지적인 노력이 필요함을 알려 주세요. ② 이때 앞서 나온 표를 보고 외워서 과제를 할 수 있도록 이끌어 주시고, 어려워 하는 경우에는 층별로 보고 외워 볼 수 있도록 지도해 주세요. ③ 1, 2, 3층을 모두 한 눈에 볼 수 있도록 다음 장과 함께 놓고 진행해 주세요.

기하 17회기 ③ 시장에 가기 전에···

구성 시장의 층별 가게 지도를 만들어 보세요.

기하
17회기

③ 시장에 가기 전에…

먼저 아래 ______________ 의 전개도를 오려서 가게를 만들어 보세요.

치료사용 지침

① 이번에는 이전에 배운 직육면체의 전개도를 오려서 지도에 표시한 곳에 가게를 세워볼 거예요. 같은 모양이라고 해도 다양한 방법의 전개도가 나올 수 있음을 알아차리게 해주세요.

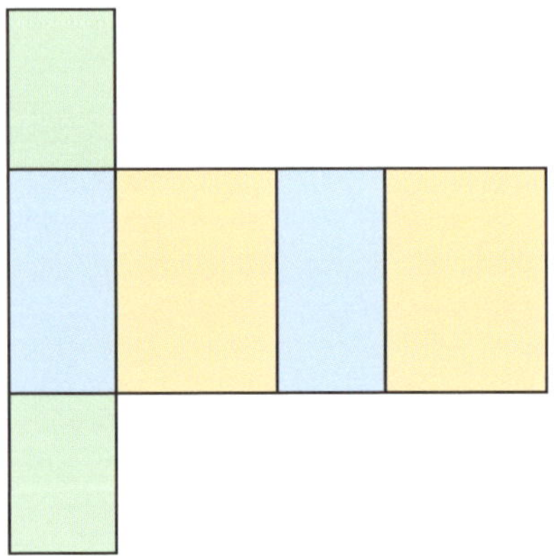

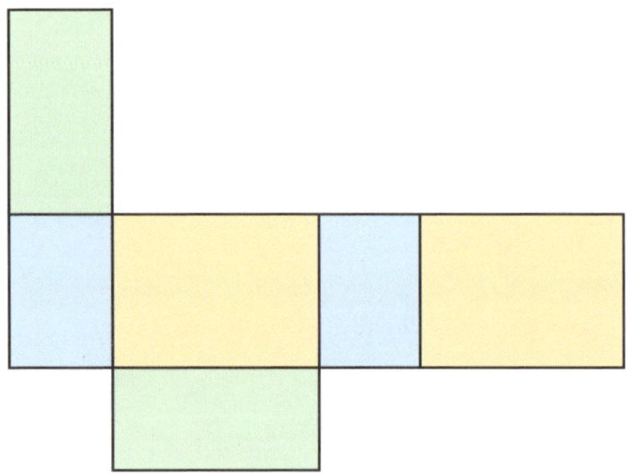

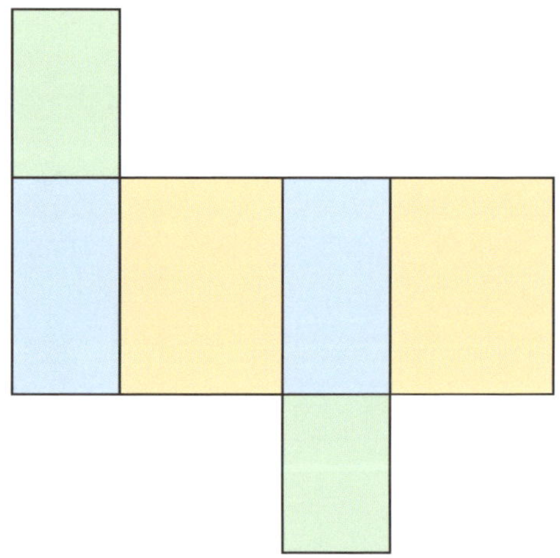

기하 17회기

③ 시장에 가기 전에…

먼저 아래 ________ 의 전개도를 오려서 가게를 만들어 보세요.

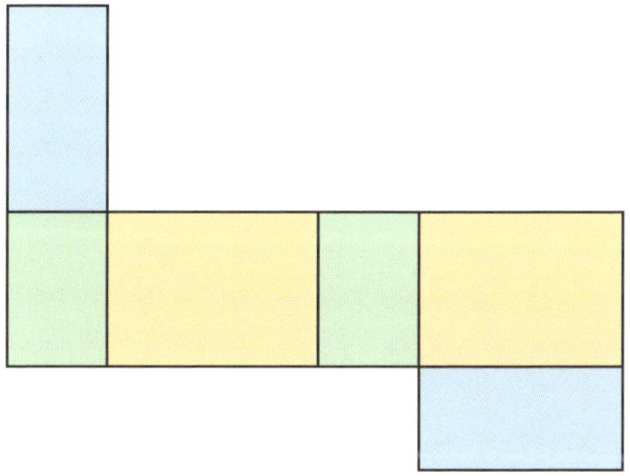

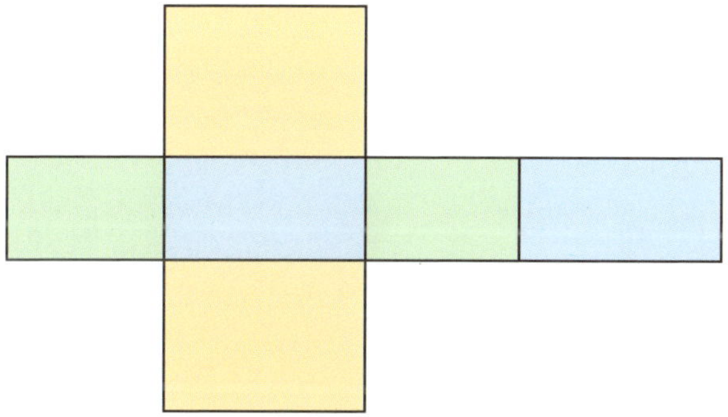

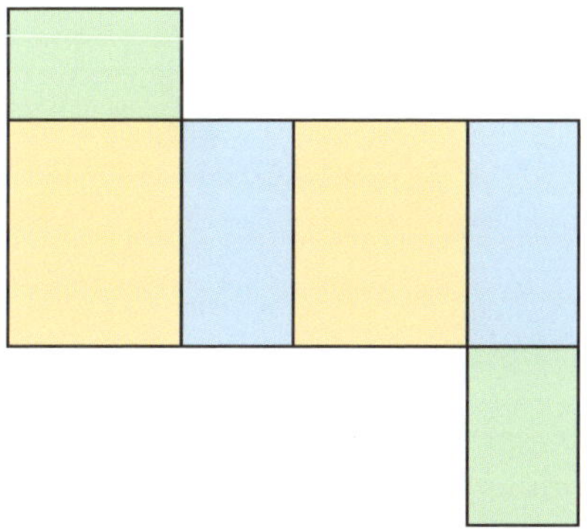

③ 시장에 가기 전에···

(답안)

기하 17회기

③ 시장에 가기 전에…

(답안)

기하 17회기

③ 시장에 가기 전에…

약 5분

앞서 살펴본 가게들의 위치를 기억해 보고, 아래 문제들을 풀어 볼까요?

치료사용 지침

① 1번-1층, 2번-1층 2번째, 3번-3층 3번째 가게

1 딸기를 사려면 몇 층으로 가야 할까요?

2 고등어 한 마리를 사려면 몇 층 몇 번째 가게로 가야 하나요?

3 케이크를 사려면 몇 층 몇 번째 가게로 가야 하나요?

기하
17회기

④ 심부름을 가요.

약 10분

집에 와 보니 할머니가 손수 쓰신 편지가 있네요.
무슨 내용이 적혀 있는지 잘 읽어 보고 심부름 계획을 세워 볼까요?

치료사용 지침

① 할머니의 편지를 소리 내어 읽고 어떤 내용이 적혀 있는지 설명해 보게 해주세요.

빵집	3층, 왼3
과일가게	1층, 왼2
꽃가게	2층, 오3
문구점	3층, 오1

□□야, 학교 잘 다녀왔니?
할머니가 오늘 급한 일이 있어서 □□이에게
부탁할 일이 있는데, 들어줄 수 있니?

오늘이 이모 생일이잖니.
구성 시장에 가서 이모 생일파티에 필요한
케이크와 이모가 좋아하는 귤,
그리고 예쁜 장미꽃을 사와줄래?

□□이가 손수 쓴 카드도 준비하면
이모가 참 좋아하겠다.

기하 17회기

④ 심부름을 가요.

먼저 할머니의 편지에서 중요한 단어에 표시해 볼까요?

치료사용 지침

① 할머니의 편지에서 중요하다고 생각하는 단어들에 표시해 보게 해주세요. 케이크와 귤, 장미꽃, 카드가 심부름 해야 하는 항목이겠지요?

□□야, 학교 잘 다녀왔니?
할머니가 오늘 급한 일이 있어서 □□이에게
부탁할 일이 있는데, 들어줄 수 있니?

오늘이 이모 생일이잖니.
구성 시장에 가서 이모 생일파티에 필요한
케이크와 이모가 좋아하는 귤,
그리고 예쁜 장미꽃을 사와줄래?

□□이가 손수 쓴 카드도 준비하면
이모가 참 좋아하겠다.

기하
17회기

④ 심부름을 가요.

집에 와 보니 할머니가 손수 쓰신 편지가 있네요.
무슨 내용이 적혀 있는지 잘 읽어 보고
심부름 계획을 세워 볼까요?

살 것	파는 곳	위치	들르는 순서
케이크			
귤			
장미꽃			
카드			

왜 이렇게 계획하였나요?

치료사용 지침

① 다음 표에 살 것과 파는 곳, 위치, 들르는 순서(우선순위)를 정리해 보게 합니다. 들르는 순서(우선순위)는 사람에 따라 달라질 수 있겠지만, 가장 효율적인 방법으로 순서를 정해야 함을 알려 주세요. 예를 들어 1층 〉 2층〉 1층…의 순서로 다녀오게 된다면 비효율적인 경로가 되겠지요. 맨 위층부터 아래층으로 내려 오는 경로, 혹은 가벼운 것부터 무거운 것을 사 오는 경로 등이 예시가 될 수 있겠습니다.

④ 심부름을 가요.

(예시)

살 것	파는 곳	위치	들르는 순서
케이크	빵집	3층, 왼3	1
귤	과일가게	1층, 왼2	4
장미꽃	꽃가게	2층, 오3	3
카드	문구점	3층, 오1	2

과제 집에서 해봅시다.

'시장에 가면' 볼 수 있는 것들로 가족과 5 X 5 빙고 게임을 해 보아요.

치료사용 지침

① 시장에 가면 볼 수 있는 물건들을 최대한 많이 기억하게 한 뒤 5 X 5 빙고 게임을 해보는 과제입니다. 이 과제를 통해 언어이해와 처리속도, 작업기억 등의 영역에 긍정적인 자극을 줄 수 있습니다.

18 회기

좌표로 정확하게 그려요.

1 준비물

색연필, 자, 필기구

2 적용 대상

평균 하(80~89) 지능에 해당하는 초등학교 1~2학년 학생

3 적용 시기

중기

4 소요 시간

약 50분

5 향상 목표 주요 지표

언어이해, 시공간, 유동추론, 작업기억, 처리속도

기하
18회기

① 칸 속에 도형을 넣어요.

약
5분

오늘은 칸 안에 여러 가지 색과 도형, 점을 이용하여 그림으로 표현해볼 거예요.
먼저 내가 알고 있는 도형들을 기억나는 만큼 이야기 해볼까요?

치료사용 지침

① 도형과 공간개념을 익힐 수 있는 활동을 하기에 앞서 현재까지 배운 도형들 중 기억이 나는 도형들에 대해 이야기해 보게 합니다.

기하 18회기

① 칸 속에 도형을 넣어요.

약 2분

다음 글을 소리 내어 읽은 뒤, 글 부분을 다른 종이로 가려요.
그리고 글에서 이야기한 것을 기억해서 오른쪽에 그림으로 표현해 보세요.

왼쪽에서 3번째,
아래에서 2번째 칸에
노란색 원을 그려 보세요.

시작점

기하
18회기

① 칸 속에 도형을 넣어요.

(답안)

왼쪽에서 3번째,
아래에서 2번째 칸에
노란색 원을 그려 보세요.

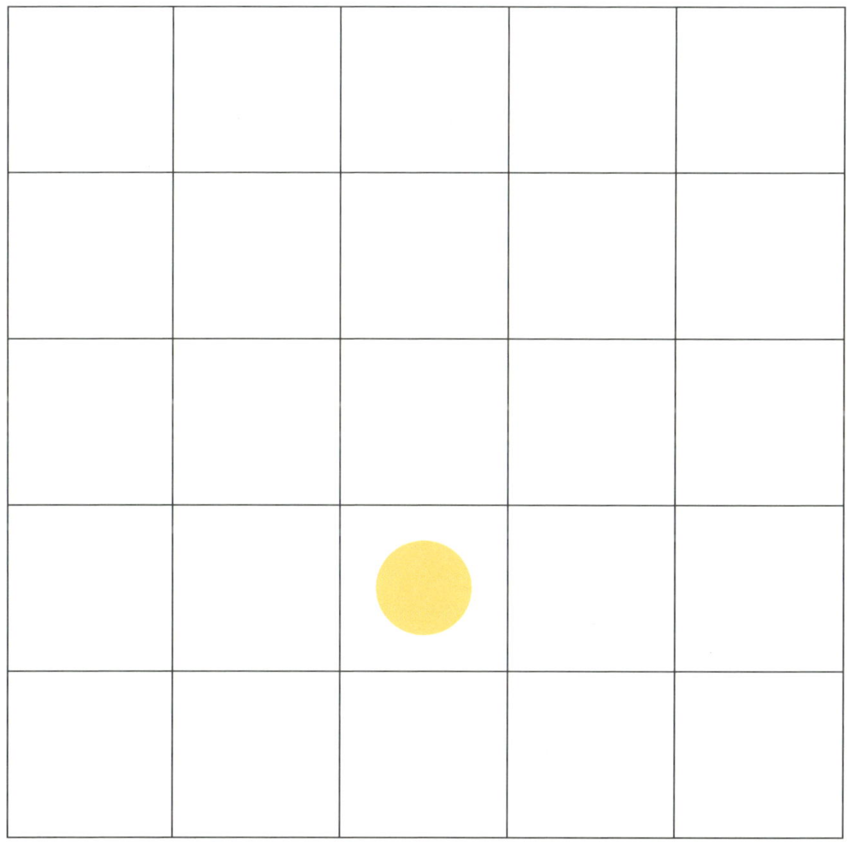

시작점

기하 18회기

① 칸 속에 도형을 넣어요.

약 2분

다음 글을 소리 내어 읽은 뒤, 글 부분을 다른 종이로 가려요.
그리고 글에서 이야기한 것을 기억해서 오른쪽에 그림으로 표현해 보세요.

이번에는 오른쪽에서 2번째,
위에서 4번째 칸에
초록색 직사각형을 그려 볼까요?

시작점

기하 18회기

① 칸 속에 도형을 넣어요.

다음 글을 소리 내어 읽은 뒤, 글 부분을 다른 종이로 가려요.
그리고 글에서 이야기한 것을 기억해서 오른쪽에 그림으로 표현해 보세요.

(답안)

이번에는 오른쪽에서 2번째,
위에서 4번째 칸에
초록색 직사각형을 그려 볼까요?

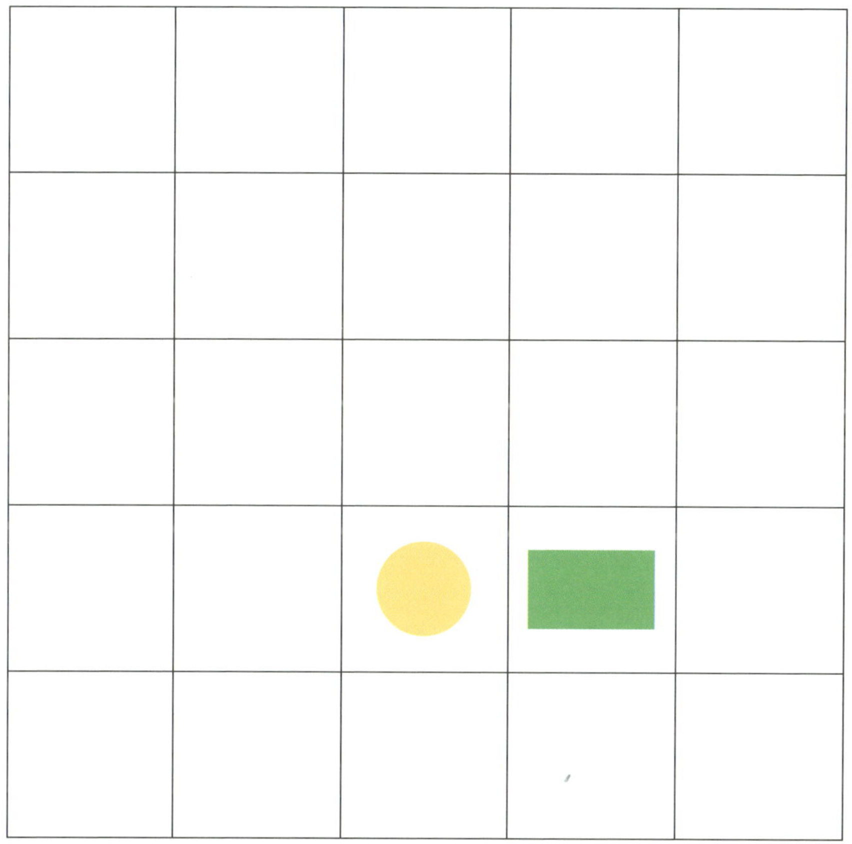

시작점

기하
18회기

① 칸 속에 도형을 넣어요.

약 2분

다음 글을 소리 내어 읽은 뒤, 글 부분을 다른 종이로 가려요.
그리고 글에서 이야기한 것을 기억해서 오른쪽에 그림으로 표현해 보세요.

잘했어요.
이번에는 노란색 동그라미 위에
보라색 오각형을 그려 보아요.

시작점

기하 18회기

① 칸 속에 도형을 넣어요.

(답안)

잘했어요.
이번에는 노란색 동그라미 위에
보라색 오각형을 그려 보아요.

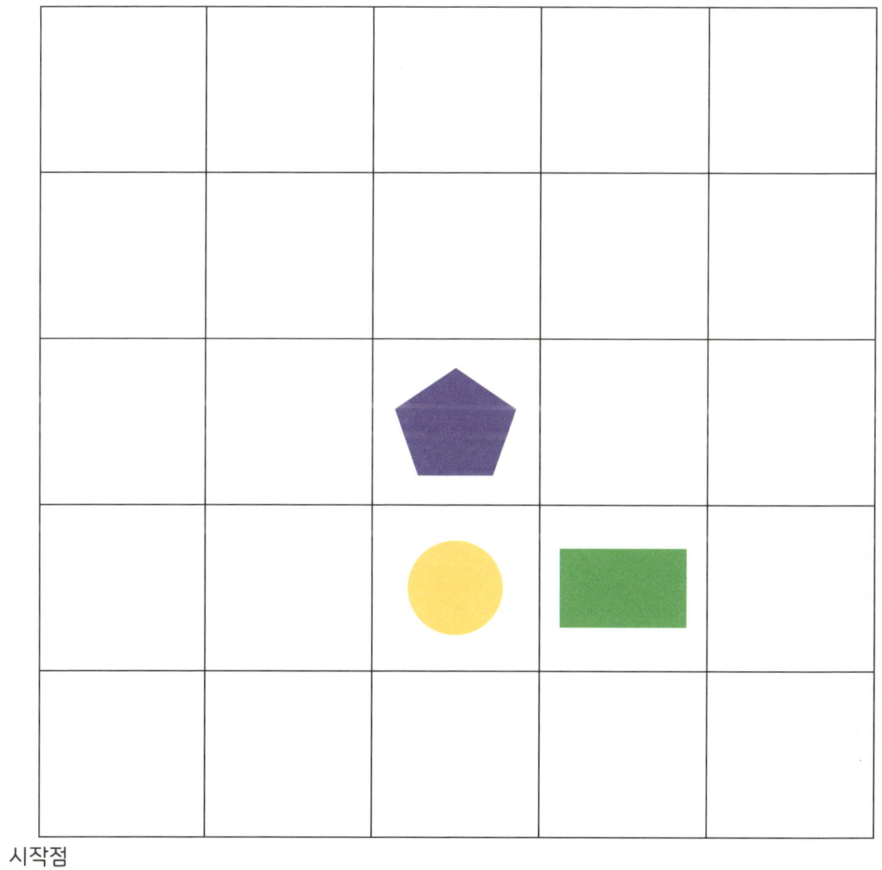

기하
18회기

① 칸 속에 도형을 넣어요.

약 2분

다음 글을 소리 내어 읽은 뒤, 글 부분을 다른 종이로 가려요.
그리고 글에서 이야기한 것을 기억해서 오른쪽에 그림으로 표현해 보세요.

보라색 오각형의 왼쪽에
노란색 동그라미를 그려요.

시작점

① 칸 속에 도형을 넣어요.

(답안)

보라색 오각형의 왼쪽에
노란색 동그라미를 그려요.

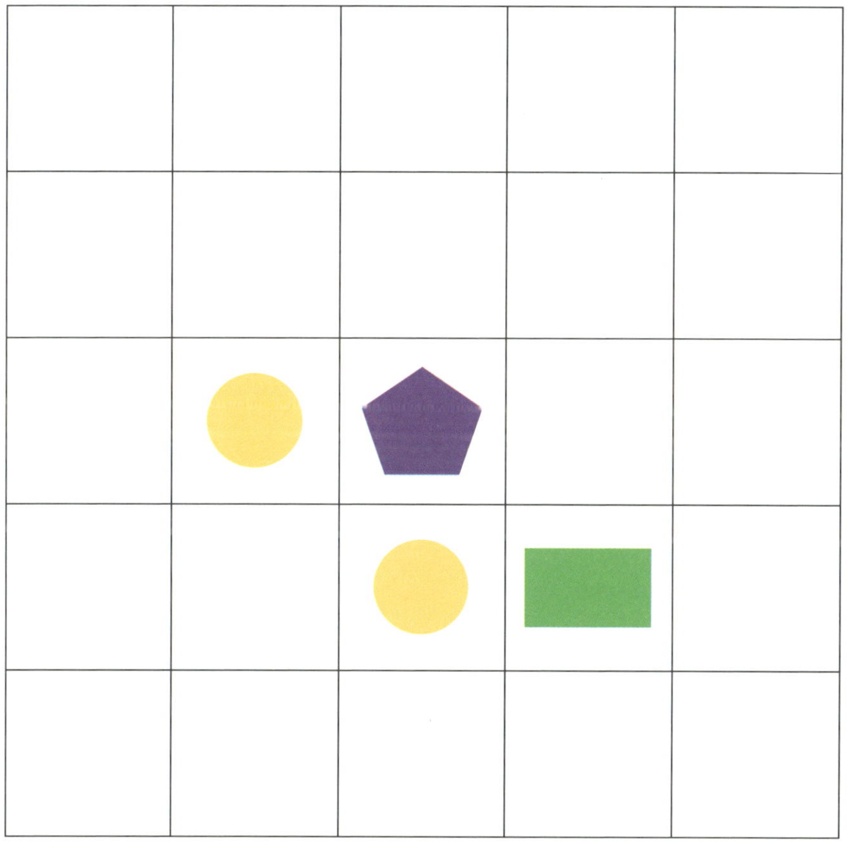

시작점

① 칸 속에 도형을 넣어요.

약 2분

다음 글을 소리 내어 읽은 뒤, 글 부분을 다른 종이로 가려요.
그리고 글에서 이야기한 것을 기억해서 오른쪽에 그림으로 표현해 보세요.

이번에는 초록색 직사각형의
위로 두 칸 올라가서
파란색 사다리꼴을 그려요.

시작점

기하 18회기

① 칸 속에 도형을 넣어요.

(답안)

이번에는 초록색 직사각형의
위로 두 칸 올라가서
파란색 사다리꼴을 그려요.

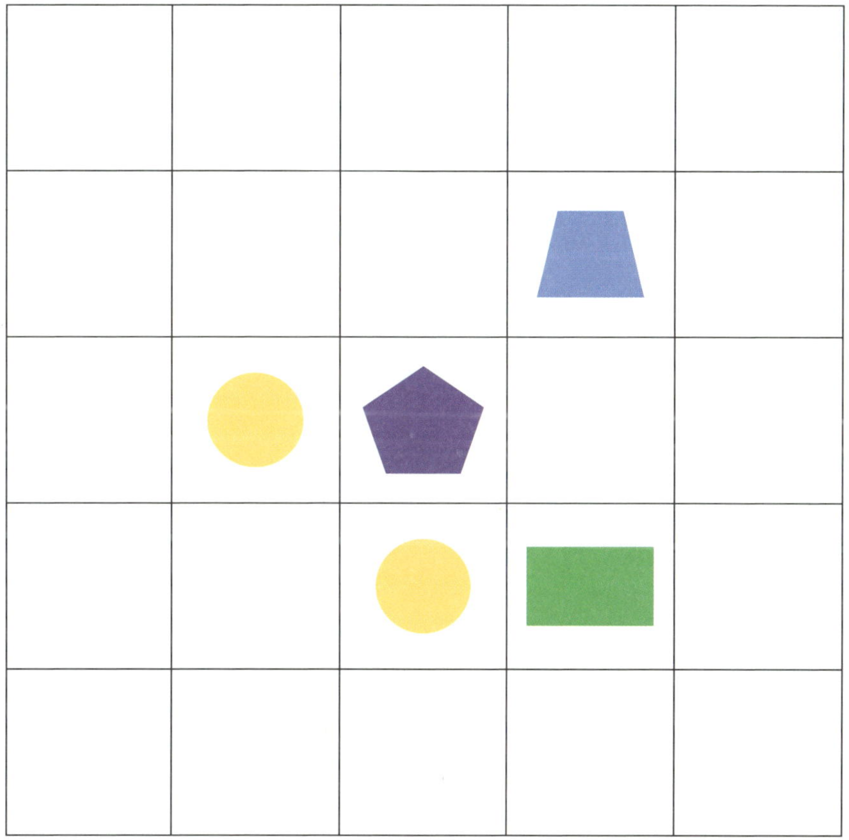

시작점

기하 18회기

② 좌표는 무엇일까요?

약 5분

이번에는 조금 다르게 표현해볼 거예요. '좌표'에 대해 알고 있나요? '좌표'란 특정한 위치를 가리켜 정하기 위해 사용하는 값을 말하는데요. 앞서 '왼쪽에서 세 칸, 아래에서 두 칸….'과 같이 지시하는 것보다 더 간결하게 표현할 수 있다는 장점이 있어요. 좌표를 사용할 때는 (가로, 세로)로 표현한답니다. 그럼 이 좌표를 가지고 그림을 그려 볼까요?

치료사용 지침

① 좌표의 개념을 설명합니다. 그리고 좌표에 따라 그림을 그리면서 좌표의 가로, 세로축이 의미하는 것을 알아 차리게 합니다. 이 과제에서의 '1'은 '한 칸'을 의미합니다.

(3, 5) = 노란 동그라미
(4, 1) = 파란색 사다리꼴
(1, 2) = 초록색 직사각형
(2, 2) = 보라색 오각형

시작점

기하
18회기

② 좌표는 무엇일까요?

(답안)

치료사용 지침

① 좌표의 개념을 설명합니다. 그리고 좌표에 따라 그림을 그리면서 좌표의 가로, 세로축이 의미하는 것을 알아차리게 합니다.

(3, 5) = 노란 동그라미
(4, 1) = 파란색 사다리꼴
(1, 2) = 초록색 직사각형
(2, 2) = 보라색 오각형

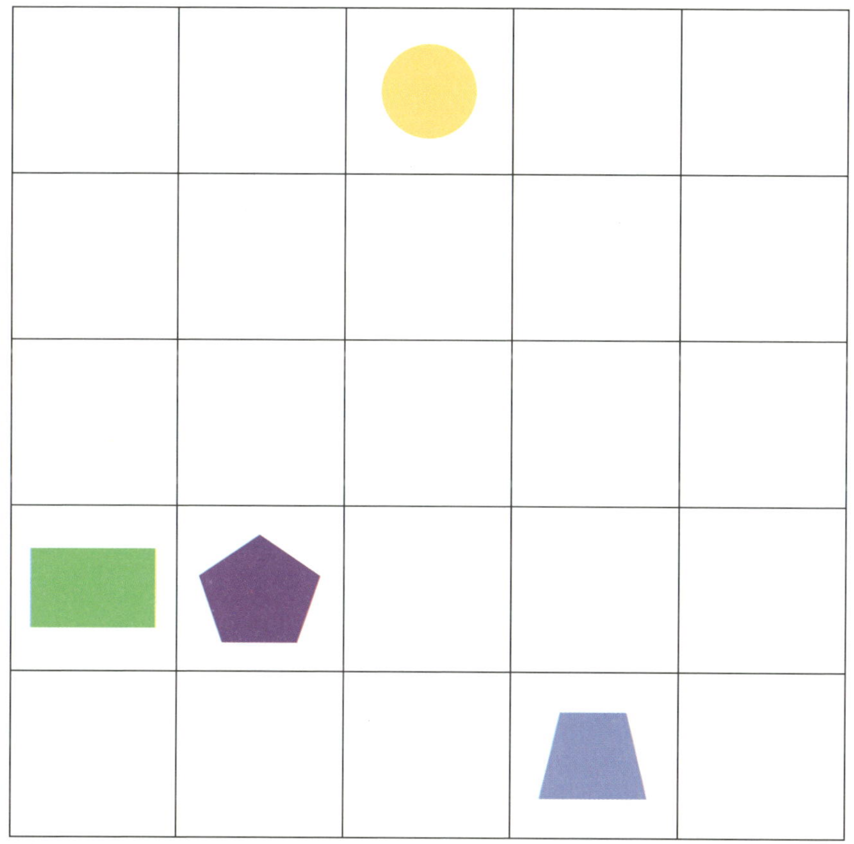

시작점

기하
18회기

② 좌표는 무엇일까요?

약
5분

치료사용 지침

① 다음으로는 좌표와, 패턴 문제가 결합된 활동이에요. 각 좌표에 따라 그림으로 표현하고 난 다음, ?에 들어올 패턴을 유추하게 합니다. AB패턴을 기억할 수 있게 유도해 주시고, 좌표 값으로는 (5, 3)=초록색 직사각형으로 써볼 수 있도록 도와주세요.

좌표를 사용하니 어떤가요? 지시 문장이 훨씬 간결해졌죠? 이번에는 다시 왼쪽의 지시 문장을 소리 내어 읽고 외운 뒤 그림으로 그려 보세요. 지시문에 따라 그리고 난 다음, ?에 어떤 도형이 올지 생각해 보고, 좌표로 표현해 보세요.

(1, 3) = 초록색 직사각형
(2, 3) = 노란색 직사각형
(3, 3) = 초록색 직사각형
(4, 3) = 노란색 직사각형

(　,　) =

시작점

기하
18회기

② 좌표는 무엇일까요?

치료사용 지침

정답 (5, 3) = 초록색 직사각형

(답안)

(1, 3) = 초록색 직사각형
(2, 3) = 노란색 직사각형
(3, 3) = 초록색 직사각형
(4, 3) = 노란색 직사각형

(5, 3) =

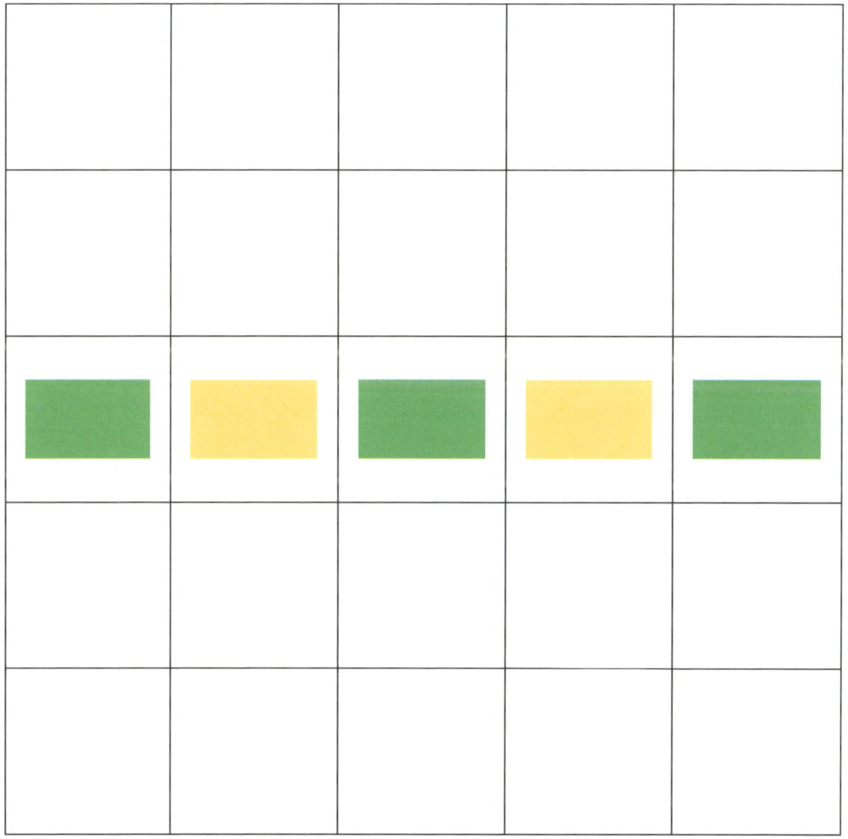

시작점

기하 18회기

② 좌표는 무엇일까요?

약 5분

치료사용 지침

① ABB 패턴에 관한 문제입니다.
(2, 4)=보라색 오각형, (3, 3)=보라색 오각형

(1, 4) = 노란색 원
(3, 4) = 보라색 오각형
(4, 4) = 노란색 원
(5, 4) = 보라색 오각형
(1, 3) = 보라색 오각형

(　, 　) =
(　, 　) =

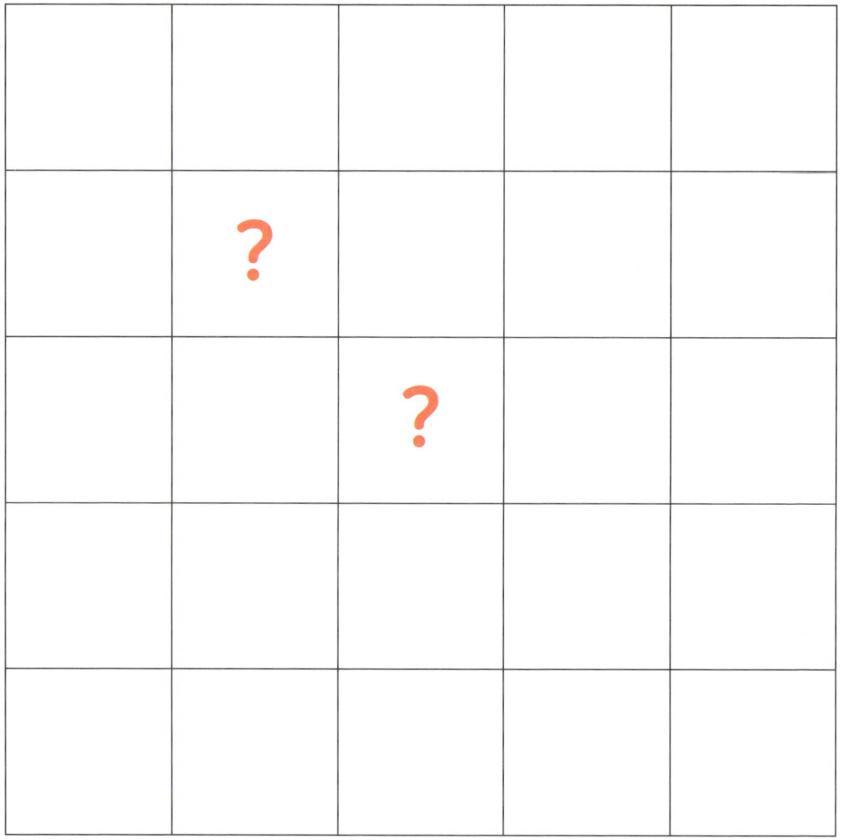

시작점

기하 18회기

② 좌표는 무엇일까요?

(답안)

치료사용 지침

정답 (2, 4)=보라색 오각형, (3, 3)=보라색 오각형

(1, 4) = 노란색 원
(3, 4) = 보라색 오각형
(4, 4) = 노란색 원
(5, 4) = 보라색 오각형
(1, 3) = 보라색 오각형

(2, 4) =
(3, 3) =

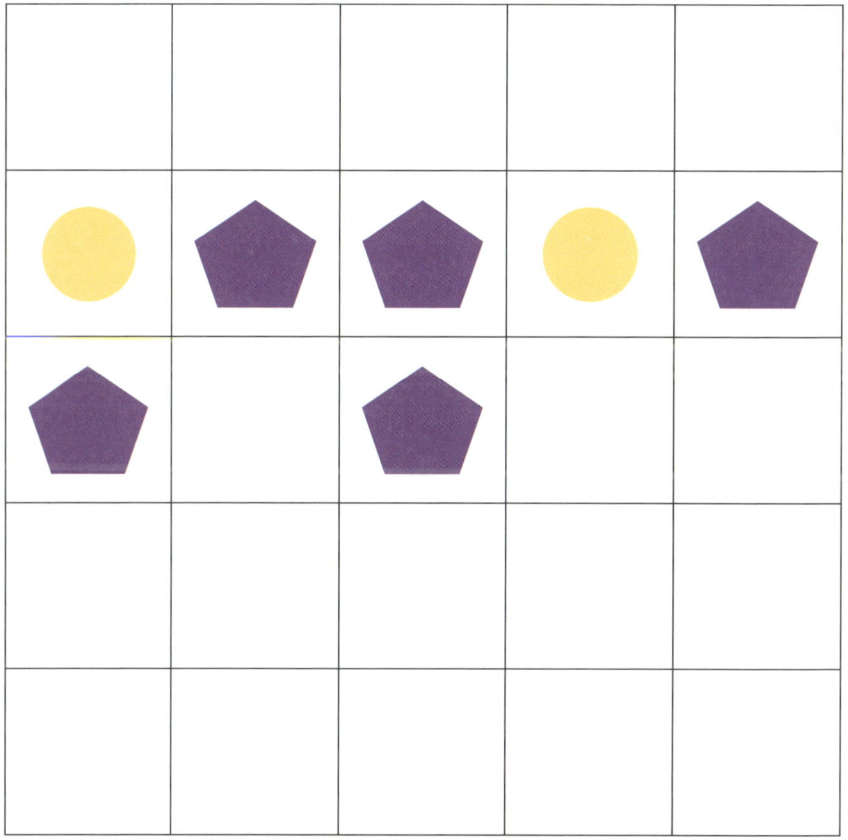

시작점

③ 점의 좌표를 찍어 봐요.

약 7.5분

이번에는 점의 좌표를 찍어볼 거예요. 하나당 한 칸 씩 이동하며 점을 찍어 보세요. 좌표에 따라 점을 다 찍었다면 점끼리 선으로 이어 보세요. 어떤 도형이 보이나요? 어떤 도형이, 몇 개씩 보이는지 적어 보고, 어떤 그림으로 보이는지 이야기 해보세요.

(2, 0)
(8, 0)
(2, 3)
(8, 3)
(5, 6)

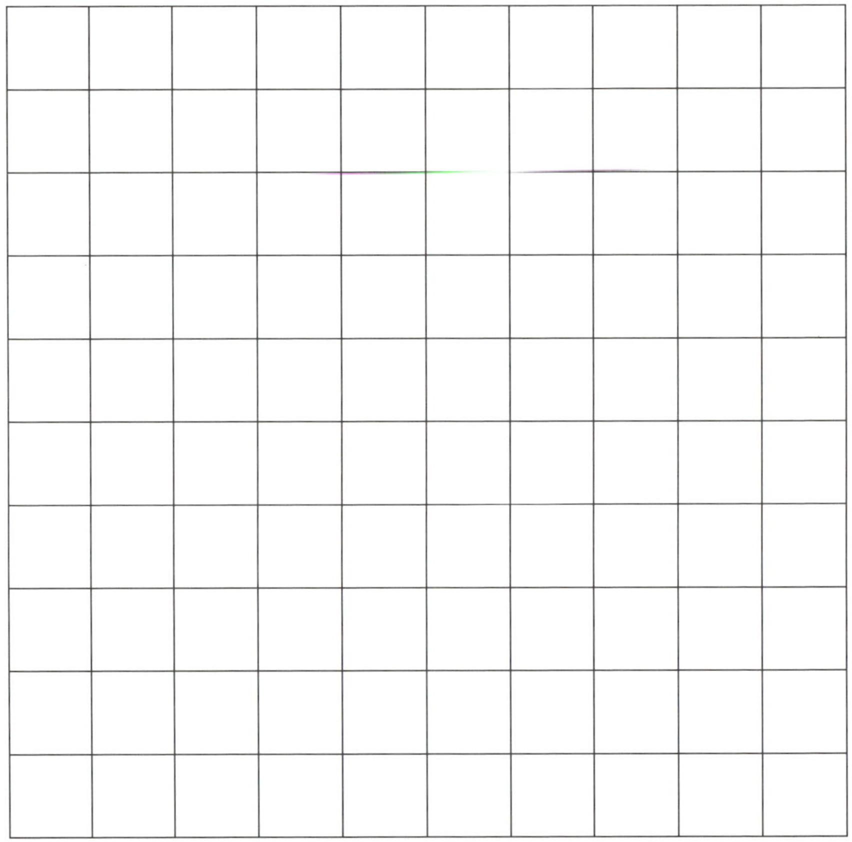

시작점

기하
18회기

③ 점의 좌표를 찍어 봐요.

치료사용 지침

① 삼각형 1개, 직사각형 1개가 보여요. 둘이 합치니 집처럼 보여요. 등의 답변이 나올 수 있습니다. ② 선을 어떻게 잇느냐에 따라 모양이 달라질 수 있기 때문에 결과 또한 다양하게 나타날 수 있습니다.

(답안)

(2, 0)
(8, 0)
(2, 2)
(8, 2)
(5, 6)

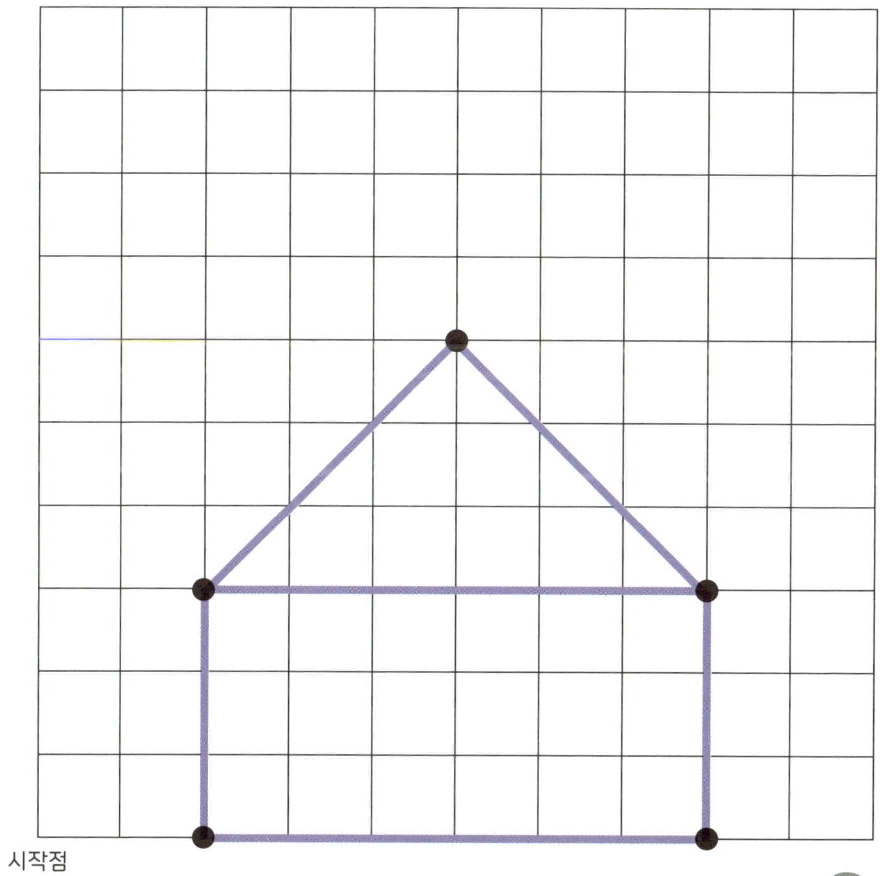

기하
18회기

③ 점의 좌표를 찍어 봐요.

약 7.5분

어떤 도형이 보이나요?
어떤 도형이, 몇 개씩 보이는지 적어 보고, 어떤 그림으로 보이는지 이야기 해보세요.

(0, 0)
(0, 3)
(2, 2)
(3, 0)
(4, 2)
(6, 0)
(6, 3)
(4, 4)

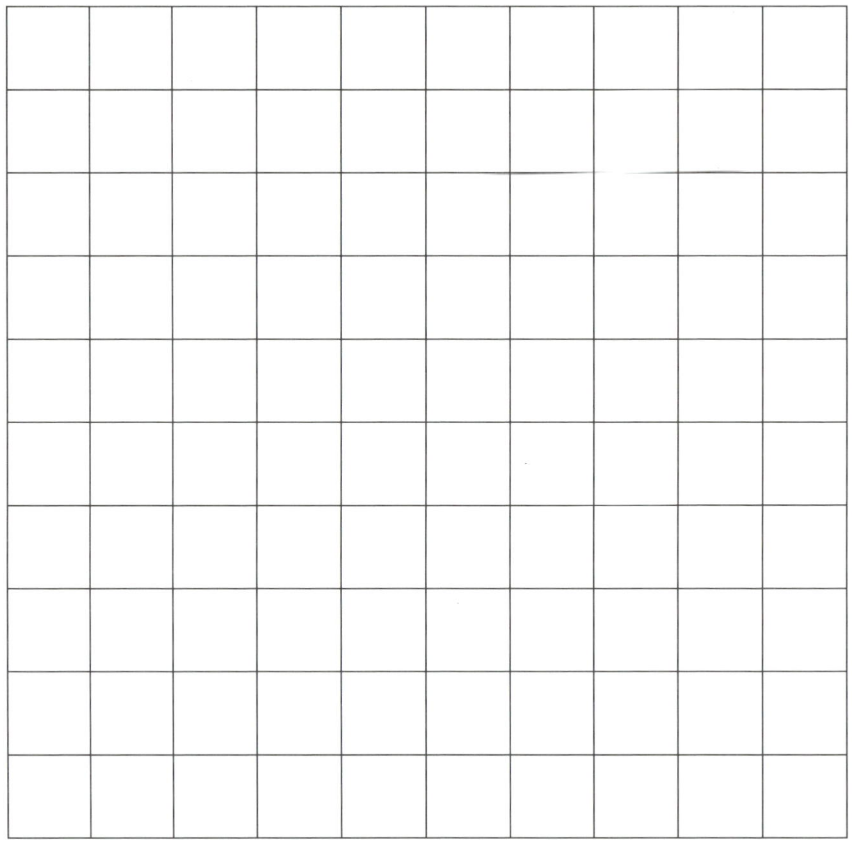

시작점

기하 18회기

③ 점의 좌표를 찍어 봐요.

어떤 도형이 보이나요?
어떤 도형이, 몇 개씩 보이는지 적어 보고, 어떤 그림으로 보이는지 이야기 해보세요.

치료사용 지침
① 삼각형 6개, 사다리꼴 1개로 구성된 조각 케이크 같아요. ② 선을 어떻게 잇느냐에 따라 모양이 달라질 수 있기 때문에 결과 또한 다양하게 나타날 수 있습니다.

(답안)

(0, 0)
(0, 3)
(2, 2)
(3, 0)
(4, 2)
(6, 0)
(6, 3)
(4, 4)

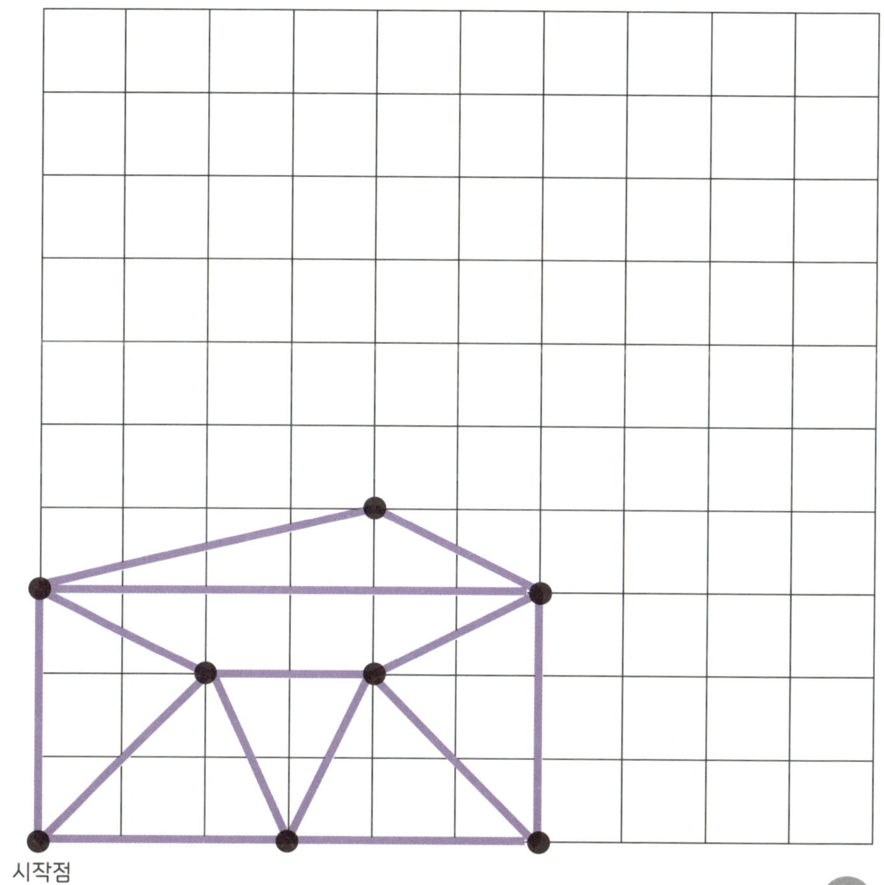

기하
18회기

③ 점의 좌표를 찍어 봐요.

약
5분

어떤 도형이 보이나요?
어떤 도형이, 몇 개씩 보이는지 적어 보고, 어떤 그림으로 보이는지 이야기 해보세요.

(0, 0)
(7, 0)
(7, 3)
(7, 6)
(4, 3)
(4, 6)

시작점

기하 18회기

③ 점의 좌표를 찍어 봐요.

어떤 도형이 보이나요?
어떤 도형이, 몇 개씩 보이는지 적어 보고, 어떤 그림으로 보이는지 이야기 해보세요.

치료사용 지침
① 삼각형 2개, 사각형 1개로 이루어진 부츠 등의 답변이 나올 수 있습니다. ② 선을 어떻게 잇느냐에 따라 모양이 달라질 수 있기 때문에 결과 또한 다양하게 나타날 수 있습니다.

(답안)

(0, 0)
(7, 0)
(7, 3)
(7, 6)
(4, 3)
(4, 6)

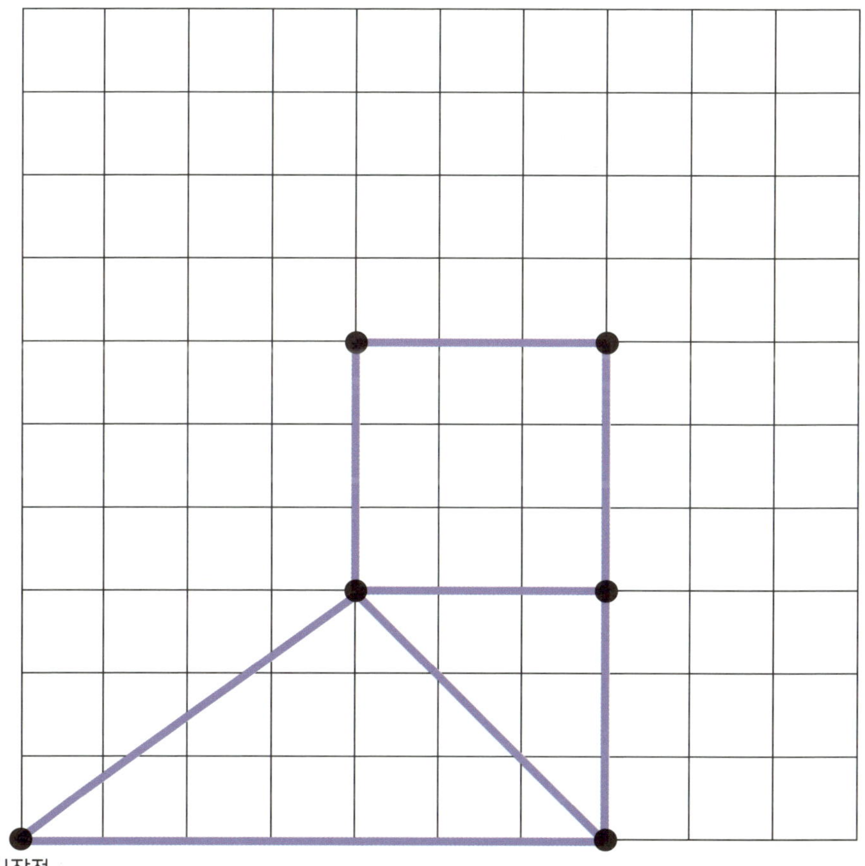

과제

집에서 해봅시다.

자유롭게 점, 선을 사용하여 그림을 완성한 뒤, 각 점의 좌표를 왼쪽에 표시해 보세요.
그리고 어떤 도형이, 몇 개씩 보이는지 가족과 이야기 해보세요.

시작점

19 회기

묶고 분류하며 생각해요.

1 준비물

색연필, 필기구

2 적용 대상

평균 하(80~89) 지능에 해당하는 초등학교 1~2학년 학생

3 적용 시기

중기

4 소요 시간

약 50분

5 향상 목표 주요 지표

언어이해, 시공간, 유동추론, 작업기억, 처리속도

기하
19회기

① 같은 속성끼리 묶어 보아요.

◈ 오늘은 다양한 특성에 따라 비교, 분류하는 것을 배워볼 거예요.
이전 수업에서 배웠던 다양한 도형을 기억하나요?

치료사용 지침

① 오늘은 다양한 특성, 속성끼리 묶고 분류하는 학습을 할 거예요. 회기 진행에 앞서 이전 수업에서 배웠던 다양한 도형들을 기억하는지 물어봐 주세요

기하
19회기

① 같은 속성끼리 묶어 보아요.

약 2.5분

다시 앞 장으로 돌아가서, 같은 '도형'끼리 묶어 보세요.
도형별로 다른 색을 사용해서 최대한 정확하고 빠르게 묶어 보세요.
속성에 따라 몇 개씩 묶일 수 있는지 세어 보면서 묶어 보세요.

치료사용 지침

① 첫 번째 과제는 같은 '도형'끼리 묶어보는 것입니다. 도형별로 다른 색을 사용해서 최대한 빠르고 정확하게 묶어볼 수 있도록 유도해 주세요.
② 이때 각각 몇 개씩 묶일 수 있는지 세어 보면서 묶어 보게 해주세요.

기하
19회기

① 같은 속성끼리 묶어 보아요.

[기억해 보세요!]

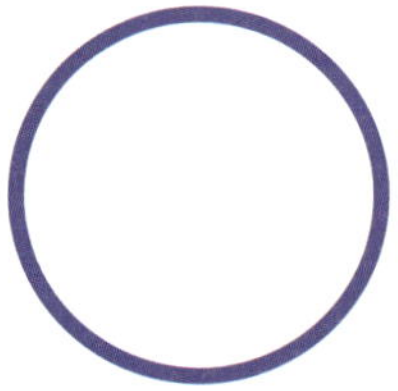 은 몇 개였나요?

 은 몇 개였나요?

 은 몇 개였나요?

총 ________ 개

치료사용 지침

① 원 6개, 사각형 5개, 삼각형 4개. ② 이후에도 같은 속성끼리 묶은 뒤 몇 개씩 있었는지 기억해서 개수를 적어보는 과제가 있습니다. 다양한 속성에 따라 분류하더라도 결국 총합은 15개가 되어야 함을 알아차릴 수 있도록 이끌어 주세요.

기하
19회기

① 같은 속성끼리 묶어 보아요.

약 2.5분

◈ 이번에는 소리를 낼 수 있는 것과 없는 것으로 묶어 볼까요?

치료사용 지침

이번에는 소리를 낼 수 있는 것과 없는 것으로 묶어보게 합니다. 이때 각각 몇 개씩 묶일 수 있는지 세어 보면서 묶어 보게 해주세요.

기하
19회기

① 같은 속성끼리 묶어 보아요.

[기억해 보세요!]

소리를 낼 수 있는 사물은 몇 개였나요?

소리를 낼 수 없는 사물은 몇 개였나요?

총 ________ 개

치료사용 지침

① 14개, 1개

① 같은 속성끼리 묶어 보아요.

약 2.5분

◈ 이번에는 '먹을 수 있는 것'과 '먹을 수 없는 것'으로 묶어 보세요.

치료사용 지침

① 이번에는 먹을 수 있음의 유무에 따라 묶어보는 것입니다. ② 이때 각각 몇 개씩 묶일 수 있는지 세어 보면서 묶어 보게 해주세요.

기하 19회기

① 같은 속성끼리 묶어 보아요.

[기억해 보세요!]

먹을 수 있는 사물은 몇 개였나요?

먹을 수 없는 사물은 몇 개였나요?

총 ______ 개

치료사용 지침

① 먹을 수 있는 것 5개, 없는 것 10개

기하
19회기

① 같은 속성끼리 묶어 보아요.

약 2.5분

◈ 이번에는 내가 갖고 있는 것과 갖고 있지 않은 것으로 묶어 보세요.

치료사용 지침

① 이번에는 내가 갖고 있는지 여부에 따라 묶어보는 것입니다. ② 이때 각각 몇 개씩 묶일 수 있는지 세어 보면서 묶어 보게 해주세요.

기하 19회기

① 같은 속성끼리 묶어 보아요.

[기억해 보세요!]

내가 갖고 있는 사물은 몇 개였나요?

내가 갖고 있지 않은 사물은 몇 개였나요?

총 ______ 개

기하
19회기

① 같은 속성끼리 묶어 보아요.

약
5분

◈ 또 어떤 속성으로 묶어 볼 수 있을까요? ______________________

치료사용 지침

① 이번에는 또다른 속성으로 묶어보게 해주세요. 제시된 사물들의 공통점을 관찰을 통해 알아 차린 후 어떤 속성에 따라 묶어볼지 스스로 정하게 합니다.

기하 19회기

② 표로 정리해 보아요.

약 15분

기억에 남는 5가지 사물을 이야기 해보세요.
그리고 앞에서 분류한 것을 바탕으로 아래 표를 완성하여 보세요.

모양					
소리를 낼 수 있는지					
먹을 수 있는지					
내가 갖고 있는지					

치료사용 지침

① 앞서 같은 속성끼리 묶어봤다면 이번에는 배운 내용을 바탕으로 표로 정리해 보는 과제입니다. ② 앞서 나온 사물들 중 기억에 남는 5가지 사물을 맨 위칸에 써보게 합니다. ③ 그리고 모양, 위치, 먹을 수 있는지 여부 등에 따라 표로 정리해 보게 합니다.

기하 19회기

② 표로 정리해 보아요.

◈ 기억에 남는 5가지 사물을 이야기 해보세요.
그리고 앞에서 분류한 것을 바탕으로 아래 표를 완성하여 보세요.

(예시)

	축구공	피아노	트라이앵글	피자 한 판	책
모양	구/동그라미	사각형	삼각형	동그라미	사각형
소리가 나는지	아니요	예	예	아니요	아니요
먹을 수 있는지	아니요	아니요	아니요	예	아니요
내가 갖고 있는지	예	예	예	아니요	예
내가 좋아하는 것	예	예	아니요	예	아니요
어디에 있는지	밖(운동장)	안(집, 음악실)	안(집, 음악실)	안(집, 피자가게)	안(집, 서점...)

기하 19회기

③ 동그라미, 세모, 네모 렌즈로 내 마음 보기

약 20분

평소 나를 힘들게 하는 것(생각)이 있나요? 나를 힘들게 하는 것을 세모 렌즈에 먼저 적어 보세요. 그리고 이것을 극복할 수 있는 방법(생각)을 ○렌즈와 □렌즈에 적어 보세요. 이때, 다른 사람의 도움을 요청하거나 받을 수 있는 방법은 ○렌즈에, 나의 힘으로 스스로 할 수 있는 방법은 □렌즈에 적어 보세요.

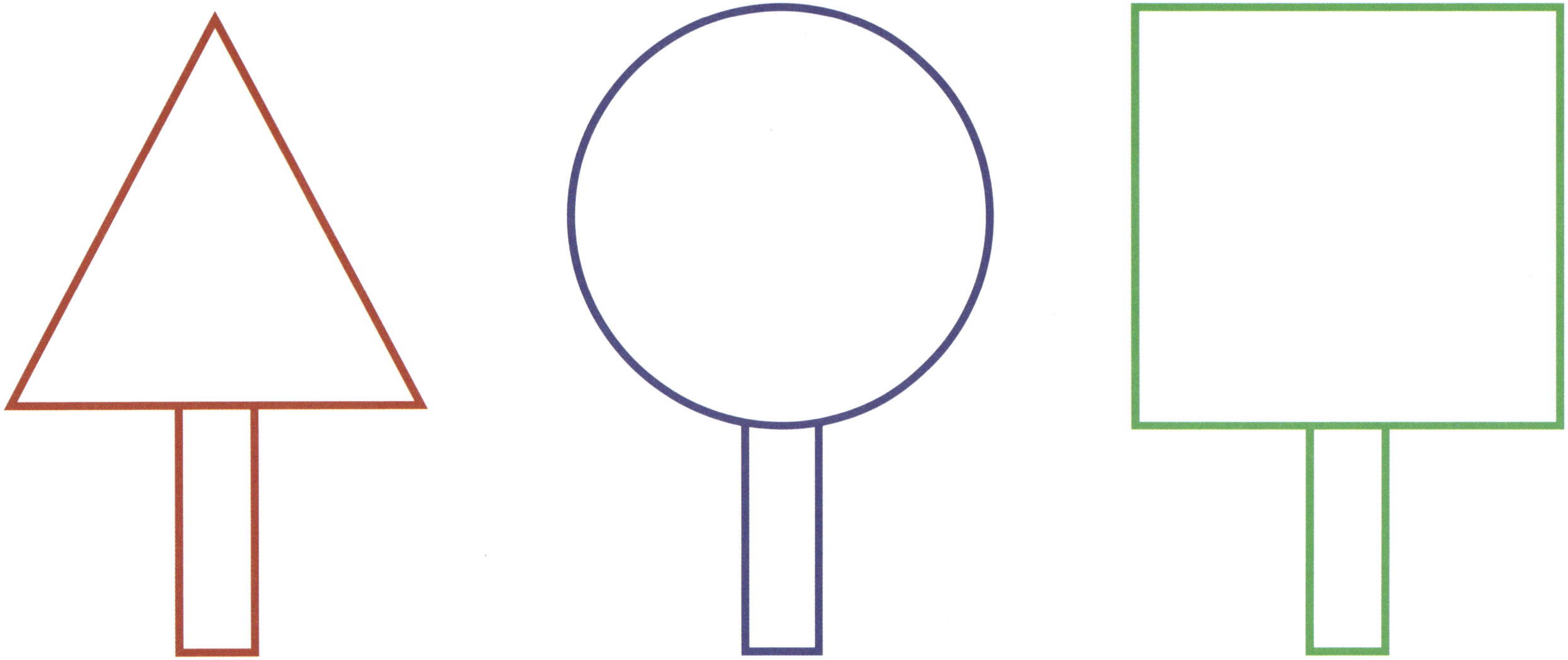

치료사용 지침

① 이번에는 인지행동치료기법에 기반하여 아동이 동그라미, 세모, 네모 렌즈를 통해 자신의 마음과 생각을 표현해 볼 수 있는 활동입니다. ② 평소 나를 힘들게 하는 것(생각, 고민, 어려운 점 등)을 생각해 보게 하고, 이를 세모 렌즈에 적어 넣습니다. 그리고 이것을 극복하기 위한 방법이나 생각, 기능적인 생각들을 동그라미, 네모 렌즈에 적어 넣게 합니다.

기하 19회기

③ 동그라미, 세모, 네모 렌즈로 내 마음 보기

◈ 평소 나를 힘들게 하는 것(생각)이 있나요? 나를 힘들게 하는 것을 세모 렌즈에 먼저 적어 보세요. 그리고 이것을 극복할 수 있는 방법(생각)을 ○렌즈와 □렌즈에 적어 보세요. 이때, 다른 사람의 도움을 요청하거나 받을 수 있는 방법은 ○렌즈에, 나의 힘으로 스스로 할 수 있는 방법은 □렌즈에 적어 보세요.

(예시)

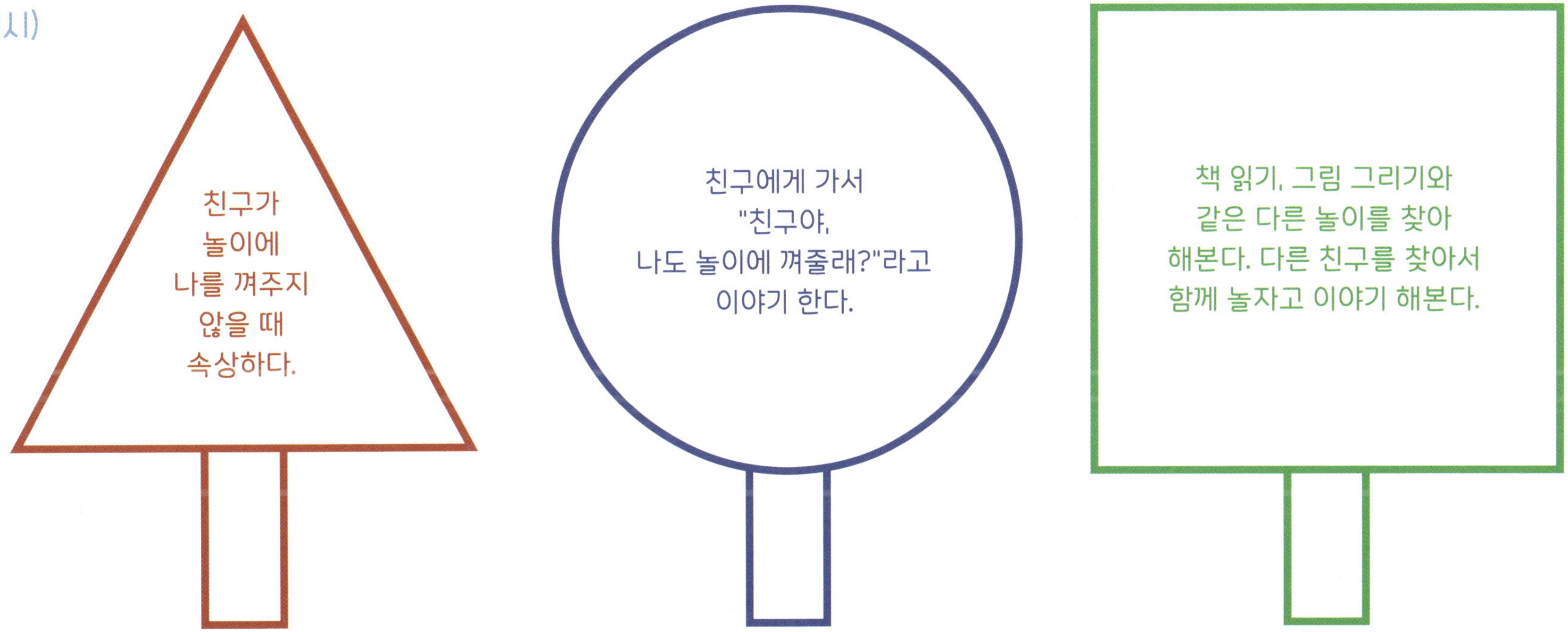

치료사용 지침

① 느린 학습자 아동의 경우 다양한 심리,정서적 어려움을 겪게 되는 경우가 많습니다. 친구들과의 관계, 학업 부진 등에서 오는 크고 작은 갈등, 우울, 불안 등 다양한 어려움을 떠올려 보게 합니다. ② 그리고 이러한 어려움을 각기 다른 렌즈 모양에 따라 적어보고 표현해 보게 함으로써 인지를 보다 긍정적으로 수정하도록 합니다.

기하
19회기

③ 동그라미, 세모, 네모 렌즈로 내 마음 보기

(예시)

매일 하는
수학 공부가
재미 없다.

교구나 스티커를
활용해서
수학 공부를 할 땐
재밌었다.

밀리지 않도록 매일 매일
조금씩 나눠 공부한다.
색깔 펜이나 예쁜 스티커로
꾸미며 재미있게 공부한다.

③ 동그라미, 세모, 네모 렌즈로 내 마음 보기

(예시)

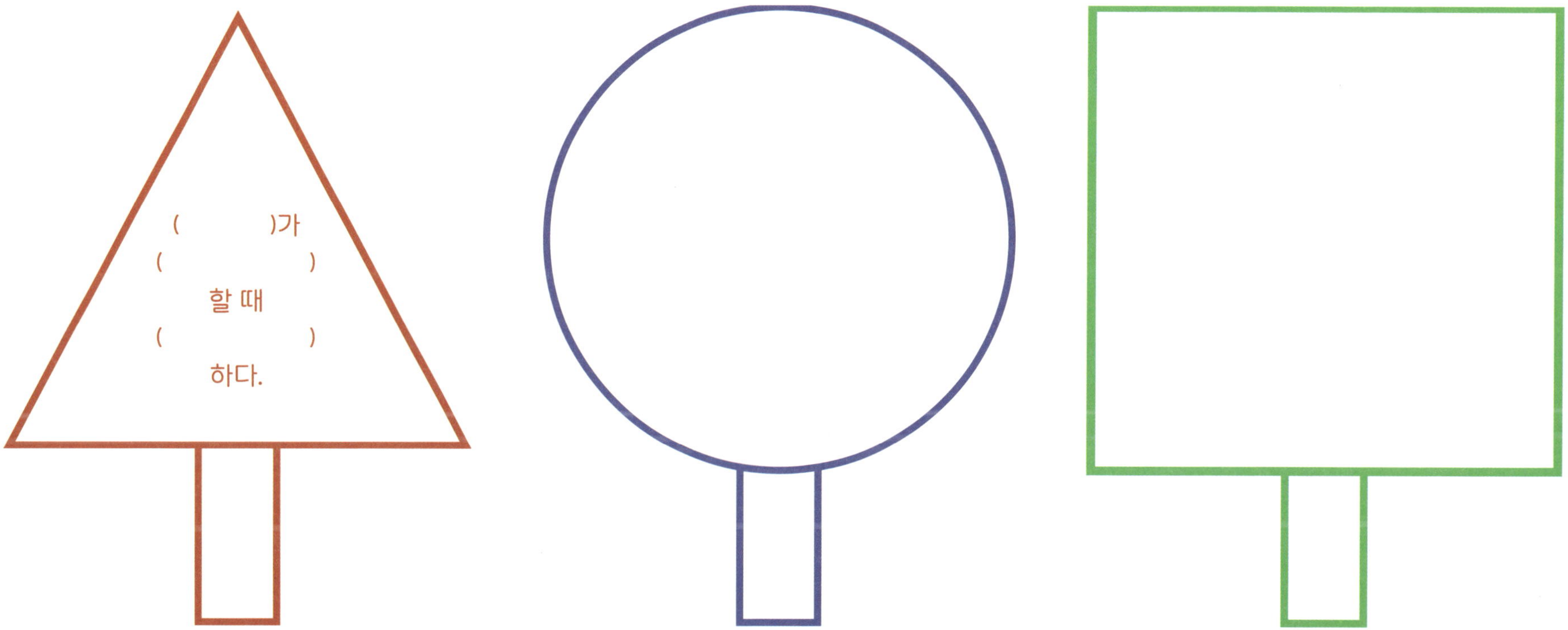

치료사용 지침

① '엄마'가 '숙제하라고 잔소리'할 때 '화가' 난다. 등의 예시가 다양하게 나올 수 있겠습니다. 아동이 최대한 많은 내용들을 생각해낼 수 있도록 독려해 주세요.

기하 19회기

③ 동그라미, 세모, 네모 렌즈로 내 마음 보기

(예시)

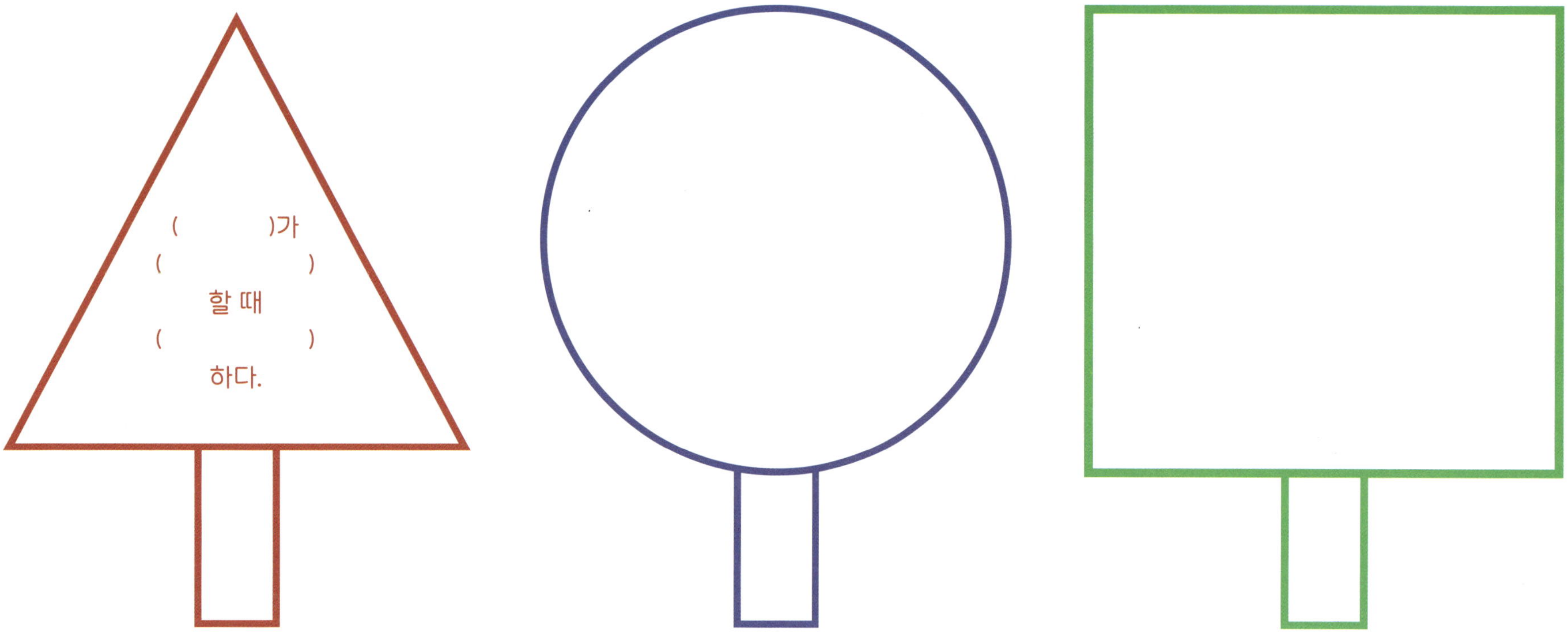

과제 집에서 해봅시다.

◈ 우리 가족을 표로 정리해 보세요.
표로 정리하기에 앞서 우리 가족을 어떤 속성에 따라 분류해볼 수 있을지 생각해 볼까요?

치료사용 지침

① 먼저 우리 가족 구성원을 어떤 속성에 따라 분류할 수 있을지 마인드맵을 통해 구상해 보게 합니다. 성인/아이, 성별, 직업, 좋아하는 음식, 싫어하는 음식 등 다양한 속성을 떠올릴 수 있도록 지도해 주세요.

과제

집에서 해봅시다.

◈ 우리 가족을 표로 정리해 보세요.

치료사용 지침

① 앞서 채웠던 말풍선들에 적힌 속성을 표에 적어 넣은 뒤 가족 구성원들을 이러한 속성에 따라 분류해 보게 합니다.

20 회기

오늘은 내가 요리 연구가!

1 준비물

색연필, 필기구

2 적용 대상

평균 하(80~89) 지능에 해당하는 초등학교 1~2학년 학생

3 적용 시기

후기

4 소요 시간

약 50분

5 향상 목표 주요 지표

언어이해, 시공간, 유동추론, 작업기억, 처리속도

기하
20회기

① 오늘은 일일 요리연구가가 되어요.

약
2분

치료사용 지침

① 오늘은 일일 요리연구가가 되어 볼 거예요. 피자를 좋아하는지 피자를 어떻게 만드는지 알고 있는지, 만들어 본 적이 있는지, 어떤 재료가 필요한지 등을 아동과 이야기 나누며 흥미를 북돋아 주세요.

오늘은 맛있는 음식을 만드는 요리연구가가 되어 볼 거예요.

□□(이)는 피자를 좋아하나요?

피자를 어떻게 만드는지 알고 있나요?

피자를 만들기 위해서는 어떤 재료가 필요한지 알고 있나요?

기하 20회기

① 오늘은 일일 요리연구가가 되어요.

약 5분

그럼 이번에는 피자를 만드는 데 필요한 준비물과 만드는 방법을 알아 봅시다.

치료사용 지침

① 피자를 만드는 데 필요한 준비물과 만드는 방법을 아동이 소리 내어 또박또박 읽을 수 있도록 지도해 주세요.
② 재료의 용량/개수, 세세한 방법들을 차근차근 읽고 기억할 수 있도록 유도해 주세요.

피자를 만드는 데 필요한 준비물

식빵 1개, 피자치즈 25g, 파프리카 반 개, 브로콜리 3쪽, 햄 2쪽,
양송이버섯 3개, 블랙올리브 1큰술, 케첩 2큰술, 칼, 도마, 모양틀

피자를 만드는 방법

① 네모 모양의 식빵에 케첩을 고루 펴 바른다.
② 케첩을 뿌린 식빵 위에 피자치즈를 고루 뿌려준다.
③ 파프리카를 반으로 잘라 그 위에 올린다.
④ 햄을 동그라미, 세모 모양틀로 찍어 올린다.
⑤ 양송이버섯과 브로콜리, 블랙올리브를 올려준다.
⑥ 재료가 떨어지지 않게 피자치즈를 뿌린다.
⑦ 전자레인지에 1분 30초 정도 돌려준다.
(오븐일 경우 180도에서 10분간 굽는다.)

기하 20회기

① 오늘은 일일 요리연구가가 되어요.

약 3분

피자를 만드는 데 필요한 준비물과 방법을 잘 익혔나요?
그렇다면 아래 내용들 중 피자를 만드는 데 필요한 준비물과 필요하지 않은 준비물을 구분하여 보세요.
피자를 만드는 데 필요한 준비물에는 파란색 동그라미, 필요하지 않은 준비물에는 빨간색 세모로 표시해 보세요.

식빵 1개	모양틀	양상추	피자치즈 25g	초코송이 1봉지
고기패티 500g	크림치즈 25g	파프리카 반 개	소시지 2알	블랙올리브 1큰술
김가루	피자치즈 45g	당근 반 개	브로콜리 2쪽	설탕 1큰술

치료사용 지침

① 피자를 만드는 데 필요한 준비물을 기억하고 인출하는 활동입니다. 헷갈려 하거나 어려워 한다면 기억해 낼 수 있도록 격려해 주세요.

기하
20회기

① 오늘은 일일 요리연구가가 되어요.

(답안)

○ 식빵 1개	○ 모양틀	△ 양상추	○ 피자치즈 25g	△ 초코송이 1봉지
△ 고기패티 500g	△ 크림치즈 25g	○ 파프리카 반 개	△ 소시지 2알	○ 블랙올리브 1큰술
△ 김가루	△ 피자치즈 45g	△ 당근 반 개	△ 브로콜리 2쪽	△ 설탕 1큰술

기하
20회기

① 오늘은 일일 요리연구가가 되어요.

약 5분

다음으로는 피자를 만드는 방법을 화살표를 이용하여 순서를 매겨 보세요.
(숫자) > (순서) > (숫자) > (순서)의 방식으로 선을 이어 보세요. 이때 최대한 빠르고 정확하게 하는 것이 중요합니다.

피자를 만드는 방법

7

6

1

전자레인지에 1분 30초 정도 돌려준다.
(오븐일 경우 180도에서 10분간 굽는다.)

네모 모양의 식빵에 케첩을 고루 펴 바른다

햄을 동그라미, 세모 모양틀로 찍어 올린다.

양송이버섯과 블랙올리브, 브로콜리를 올려준다.

4

2

5

케첩을 뿌린 식빵 위에 피자치즈를 고루 뿌려준다.

3

파프리카를 반으로 잘라 그 위에 올린다.

재료가 떨어지지 않게 피자치즈를 뿌린다.

치료사용 지침

① 이번에는 피자를 만드는 방법을 순서로 매겨 보는 과제입니다. 1 〉 순서 〉 2〉 순서…의 방식으로 선을 이어 보게 합니다. 이때 각 순서에 해당하는 문장을 읽는 것을 어려워 한다면 소리 내어 다시 읽어보게 합니다.

기하 20회기

① 오늘은 일일 요리연구가가 되어요.

다음으로는 피자를 만드는 방법을 화살표를 이용하여 순서를 매겨 보세요.
(숫자) > (순서) > (숫자) > (순서)의 방식으로 선을 이어 보세요. 이때 최대한 빠르고 정확하게 하는 것이 중요합니다.

(답안)

피자를 만드는 방법

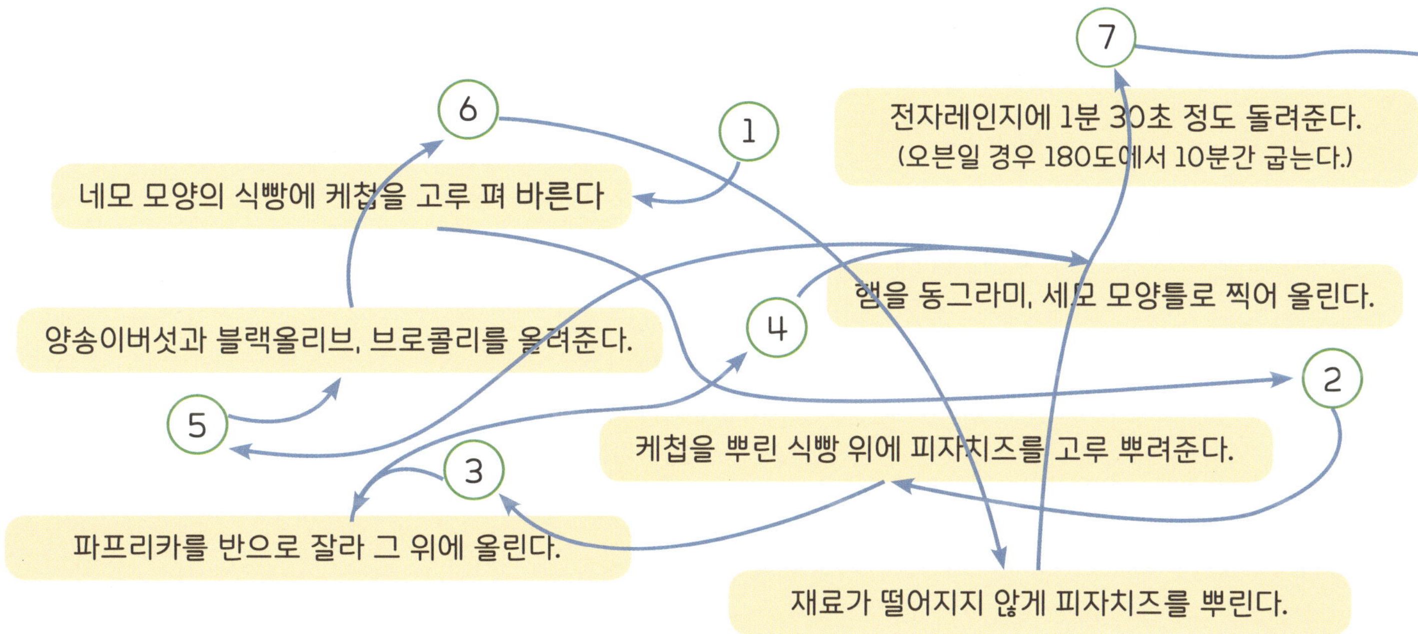

기하 20회기

① 오늘은 일일 요리연구가가 되어요.

약 5분

치료사용 지침

1. 네모
2. 피자치즈
4. 동그라미, 세모
5. 블랙올리브, 브로콜리
7. 1분 30초, 180도, 10분간

잘 하고 있어요!
이번에는 우리가 개발한 피자 만들기 레시피를 다른 친구들에게도 알려 주려고 해요.
그런데 한 가지 문제가 생겼어요. 레시피를 적은 종이가 들어있던 가방 안에서
물이 새는 바람에 레시피 내용이 지워져 버렸지 뭐예요!
내용을 잘 읽고 지워진 부분을 다시 채워 넣어 보세요.

피자를 만드는 방법

① ______________ 모양의 식빵에 케첩을 고루 펴 바른다.

② 케첩을 뿌린 식빵 위에 ______________ 를 고루 뿌려준다.

③ 파프리카를 반으로 잘라 그 위에 올린다.

④ 햄을 ______________ 모양틀로 찍어 올린다.

⑤ 양송이버섯과 ______________, ______________를 올려준다.

⑥ 재료가 떨어지지 않게 피자치즈를 뿌린다.

⑦ 전자레인지에 ______________ 정도 돌려준다.
(오븐일 경우 ______________에서 ______________ 굽는다.)

기하 20회기

① 오늘은 일일 요리연구가가 되어요.

약 15분

다시 만든 레시피를 친구들에게 보여주고 함께 맛있는 피자를 만들어 보았어요.
앗, 그런데 레시피대로 만들지 않은 친구들이 있네요? 어떤 친구인지 찾아 볼까요?
그리고 친구에게 레시피대로 만들지 않은 부분에 대해 편지를 써서 설명해 보세요.

철수

기하

예송

민서

치료사용 지침

① 앞서 만든 레시피대로 피자를 만든다면 어떤 결과물이 나올까요? 순차적으로 잘 기억하였는지를 확인할 수 있는 과제입니다. 레시피대로 만들지 않은 친구가 있는지, 있다면 어떤 부분을 보완하여야 하는지 설명해 줄 수 있도록 합니다.

기하 20회기

① 오늘은 일일 요리연구가가 되어요.

다시 만든 레시피를 친구들에게 보여주고 함께 맛있는 피자를 만들어 보았어요.
앗, 그런데 레시피대로 만들지 않은 친구들이 있네요? 어떤 친구인지 찾아 볼까요?
그리고 친구에게 레시피대로 만들지 않은 부분에 대해 편지를 써서 설명해 보세요.

(예시) 철수

철수는 레시피대로 맛있는 피자를 만들었어.

기하

기하는 레시피대로 맛있는 피자를 만들었구나.

예송

예송아, 너는 브로콜리를 하나도 넣지 않았어. 레시피대로 만들려면 브로콜리를 세 쪽 넣어야 해.

민서

민서야, 너는 양송이 버섯을 하나도 넣지 않았어. 레시피대로 만들려면 양송이 버섯을 세 개 넣어야 해. 그리고 파프리카를 제일 마지막에 올렸네. 레시피대로라면 파프리카를 그 이전에 올려야 해.

치료사용 지침

① 앞서 만든 레시피대로 피자를 만든다면 어떤 결과물이 나올까요? 순차적으로 잘 기억하였는지를 확인할 수 있는 과제입니다. 레시피대로 만들지 않은 친구가 있는지, 있다면 어떤 부분을 보완하여야 하는지 설명해줄 수 있도록 합니다.

기하 20회기

② 내 마음도 요리가 되나요?

약 15분

- 지금까지 일일 요리 연구가가 되어 맛있는 피자 만드는 방법을 익히고, 다른 친구들에게도 소개해 봤어요. 어땠나요? 무언가 만드는 것은 재밌고도 많은 생각과 고민이 필요한 과정이라는 것을 알게 되었나요?

- 이번에는 내 마음의 요리 연구가가 되어 볼 거예요. 아래에 쓰여 있는 단어들 중 내 마음에 드는 것 3가지를 재료로 선택해 보세요. 비어 있는 재료 안에는 내가 좋아하는 단어들을 더 써볼 수도 있습니다.

즐거움	부지런함	책읽기	수학 공부	그림 그리기
영어 공부	체육 활동	보드 게임	맛있는 간식	친구와 놀기
사랑스러운	활기찬			

치료사용 지침

① 다음으로는 마음 요리하기입니다. 아래 쓰여 있는 단어들 중 아동의 마음에 드는 것 3가지를 재료로 선택해 보게 합니다. 비어 있는 재료 안에는 내가 좋아하는 단어들을 직접 써 볼 수도 있습니다. 이때 아동이 어려워 한다면 '어떤 단어를 갖고 싶니?', '어떤 단어가 너를 설명하는 말이 되었으면 좋겠니?', '네가 듣고 싶은 말이 무엇이니?' 등의 다양한 언어로 물어봐 줄 수 있습니다.

기하 20회기

② 내 마음도 요리가 되나요?

- 마음에 드는 단어 재료들을 골랐나요?
  아래 프라이팬 위에 놓인 재료들에 이름과 색을 칠해 보세요.

- 이번에는 이 3가지 재료들을 가지고 내 마음을 요리해 볼 거예요.

- 각각의 재료가 몇 개씩 필요한지, 혹은 몇 스푼씩 필요한지 자유롭게 나만의 마음 요리 레시피를 만들어 보세요.
  그리고 완성된 '나만의 마음 요리'의 모습은 어떨지, 어디에 좋을지, 어떤 맛이 날지 등 자유롭게 표현해 보세요.

기하 20회기

② 내 마음도 요리가 되나요?

마음 요리 이름	
준비물(재료)	
요리 방법/순서	
어디에 좋을까요?	
어떤 맛이 날까요?	

치료사용 지침

① 아동이 요리에 대한 사전 지식이 전혀 없는 상태라면 앞서 나온 피자 만들기를 따라 해 볼 수도 있습니다. 선택한 단어들은 무슨 맛인지, 어떤 순서로 요리할지, 다 만들고 나면 어디에 좋을지, 어떤 맛이 날지 등등 자유롭게 상상하고 표현할 수 있도록 독려해 주세요.

기하 20회기

② 내 마음도 요리가 되나요?

(예시)

마음 요리 이름	멋진 미술 선생님이 되는 요리
준비물(재료)	책읽기 / 그림 그리기 / 친구와 놀기
요리 방법/순서	책읽기를 2스푼 넣는다. 그림 그리기를 3스푼 넣고 섞어준다. 친구와 놀기를 10개 올려서 오븐에 10분 돌려준다.
어디에 좋을까요?	똑똑해진다. 친구들과 더 잘 지내게 된다. 미술 실력이 좋아진다.
어떤 맛이 날까요?	달콤하다. 짭짤하다. 포근한 맛이 난다.

치료사용 지침

① 긍정적인 마음에 관련된 것일 수도 있고 자신이 이루고자 하는 꿈에 관련된 것일 수도 있습니다. 중요한 것은 자신을 구성하는 요리 재료들을 어떤 것으로 선택 하느냐에 따라 '나'가 변하거나 결정될 수 있음을 알아차리고 내 안에 긍정적이고 유익한 것들로 채워 넣는 것임을 알려 주세요. 이는 일종의 '긍정확언'이 될 수 있습니다.

과제

집에서 해봅시다.

피자 요리를 오늘 배운 레시피를 기억해서 직접 만들어 봅시다.
만들고 나니 맛은 어땠나요? 어떤 점이 즐거웠나요? 어떤 점이 어려웠나요?

21 회기

칠교로 만드는 이야기

1 준비물

칠교(필수 아님), 가위, 풀, 색연필, 필기구

2 적용 대상

평균 하(80~89) 지능에 해당하는 초등학교 1~2학년 학생

3 적용 시기

후기

4 소요 시간

약 50분

5 향상 목표 주요 지표

언어이해, 시공간, 유동추론, 작업기억, 처리속도

기하 21회기

① 칠교를 알아 보아요.

약 2.5분

오늘은 칠교로 다양한 이야기를 만들어 볼 거예요.
칠교에는 어떤 도형이 있었지요? 어떤 도형이 몇 개 있었지요?
그리고 크기와 상관 없이 같은 도형끼리 같은 색으로 색칠해 보세요.

치료사용 지침

① 이전에 배운 칠교를 다시 알아 보는 회기예요. 칠교에는 삼각형 5개, 사각형 1개, 평행사변형 1개로 이루어져 있음을 말로 표현할 수 있도록 지도해 주세요.

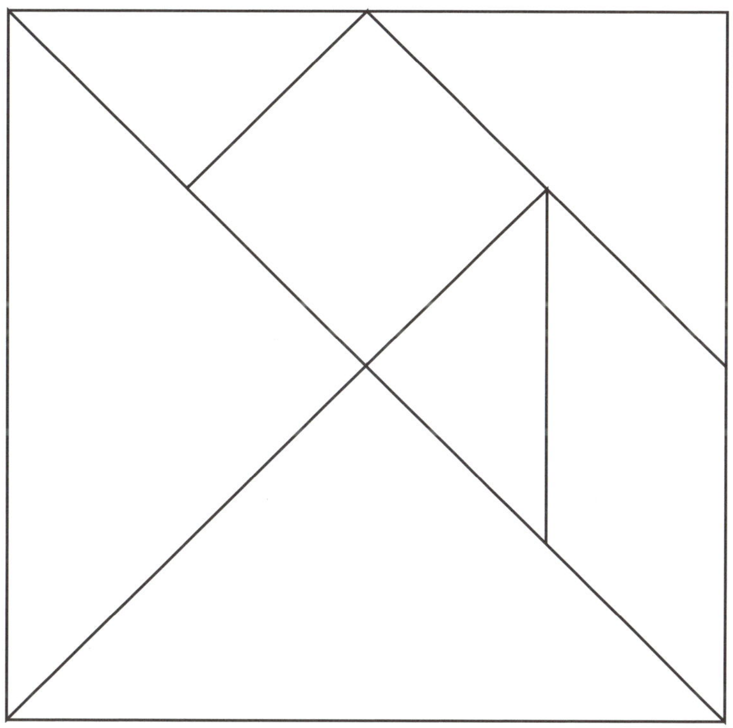

기하
21회기

① 칠교를 알아 보아요.

오늘은 칠교로 다양한 이야기를 만들어 볼 거예요.
칠교에는 어떤 도형이 있었지요? 어떤 도형이 몇 개 있었지요?
그리고 크기와 상관 없이 같은 도형끼리 같은 색으로 색칠해 보세요.

기하 21회기

② 규칙대로 해요.

약 2.5분

다음의 순서로 이루어진 칠교 조각들로 묶인 그림에 [ ] 해보세요.
최대한 빠르고 정확하게 해보세요.

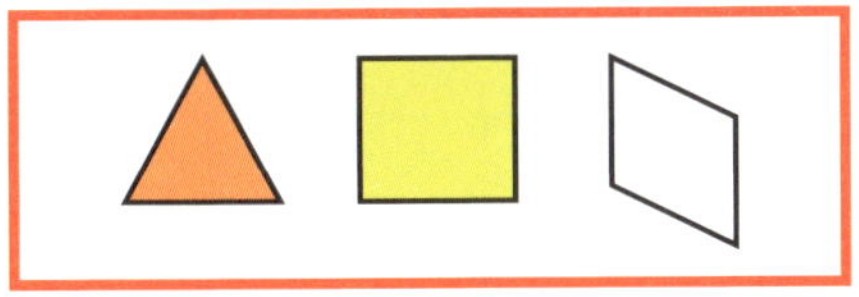

치료사용 지침

① 다음의 순서로 이루어진 칠교 조각들로 묶인 그림에 표시하고 총 몇 개를 찾을 수 있는지 알아보게 합니다. 이때 도형의 순서와 형태, 색을 기억하고 묶을 수 있도록 지도합니다.

② 규칙대로 해요.

(답안)

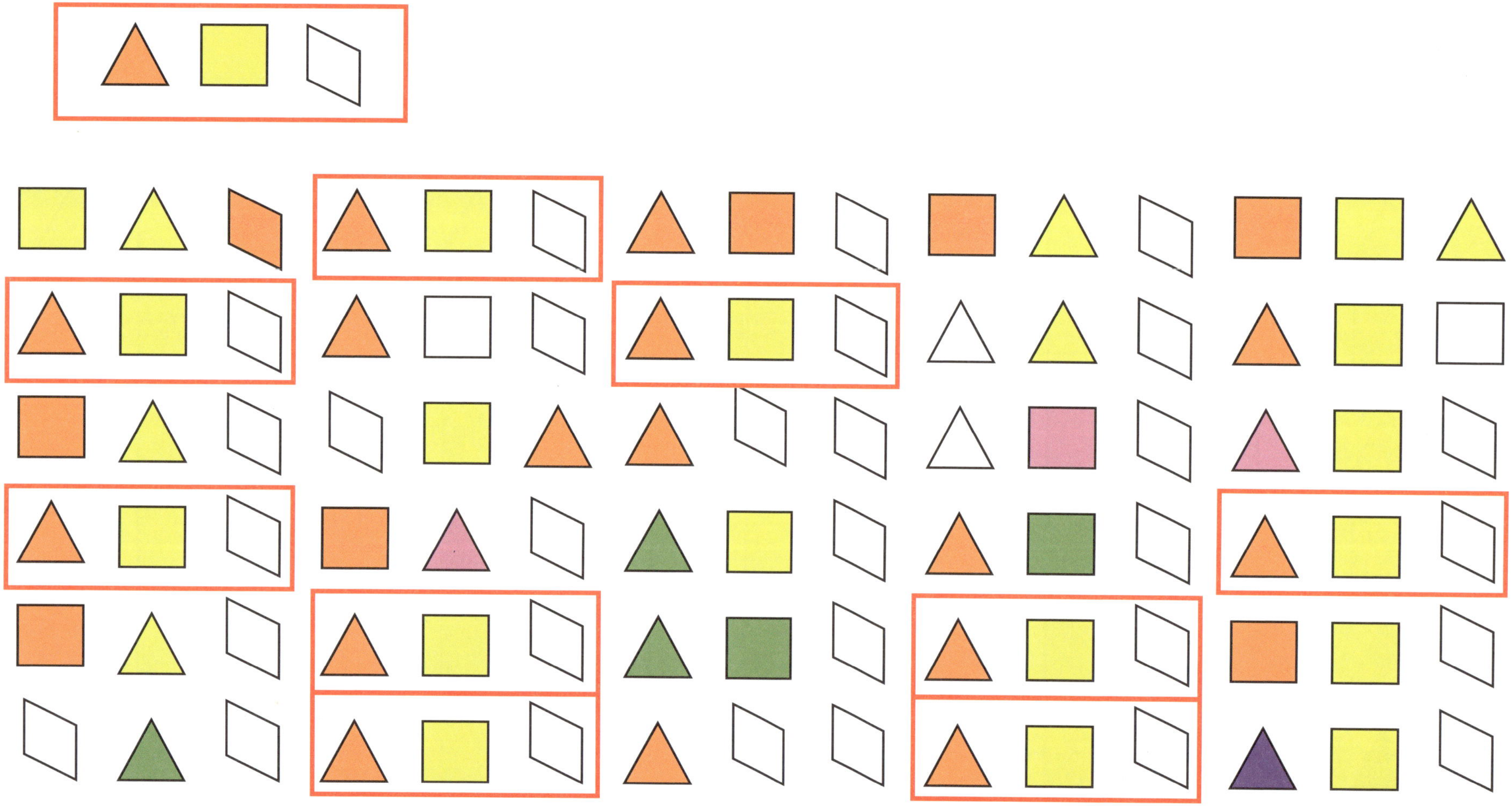

기하
21회기

② 규칙대로 해요.

약 5분

칠교 조각에는 각 도형들이 몇 개씩 있다고 했는지 기억하나요?
각 도형의 개수를 기억하고 다음에 제시된 내용을 살펴 보세요.
규칙을 찾고 다음 문제들을 풀어 보세요.

치료사용 지침

① 보기 문제를 보고 삼각형은 5, 사각형은 1, 평행사변형은 1임을 알아 차릴 수 있도록 지도해 주세요. ② 도형이 나타내는 숫자를 기억해서 연산 문제를 풀어볼 수 있도록 지도해 주세요.

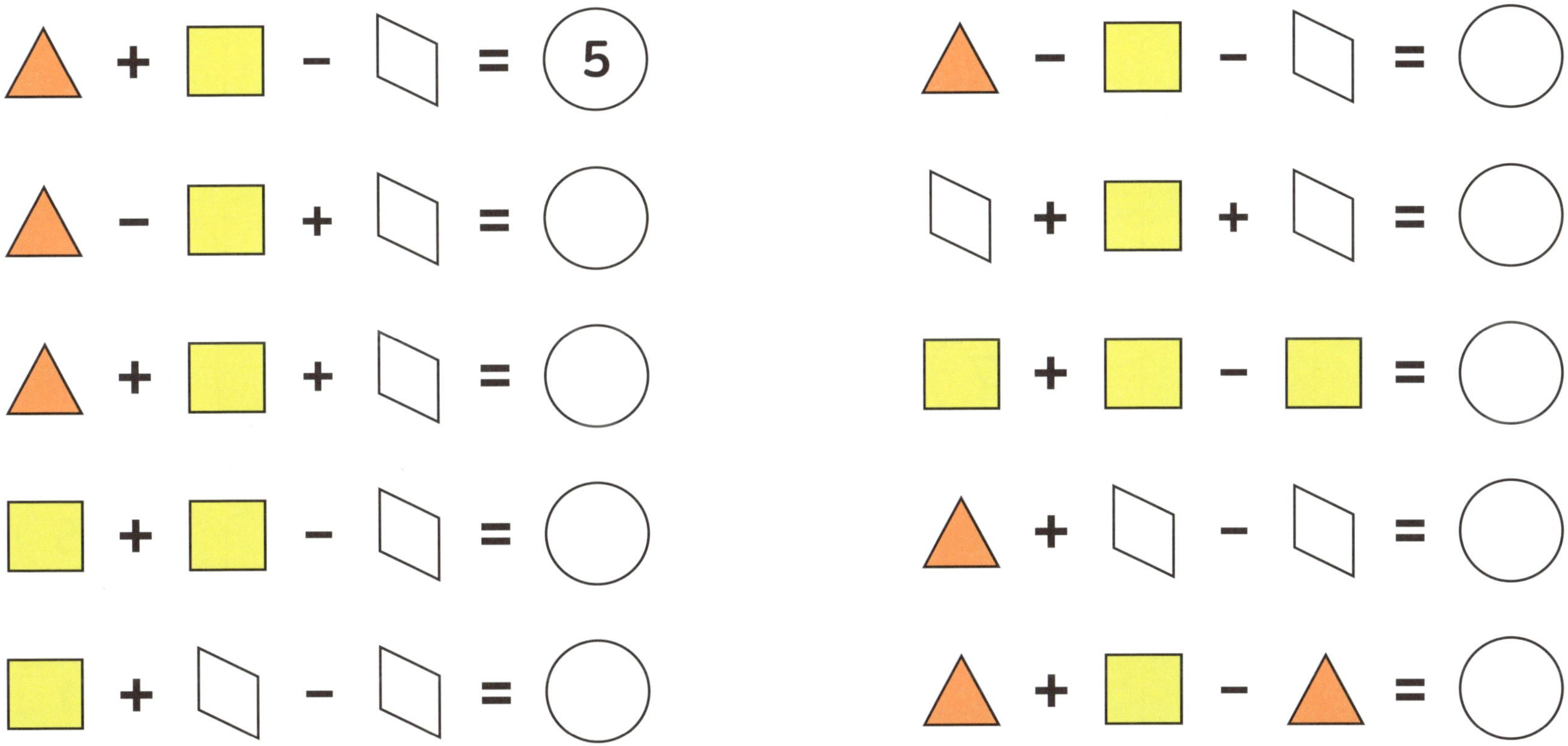

기하
21회기

② 규칙대로 해요.

(답안)

△ + □ − ▱ = 5

△ − □ + ▱ = 5

△ + □ + ▱ = 7

□ + □ − ▱ = 1

□ + ▱ − ▱ = 1

△ − □ − ▱ = 3

▱ + □ + ▱ = 3

□ + □ − □ = 1

△ + ▱ − ▱ = 5

△ + □ − △ = 1

기하 21회기

② 규칙대로 해요.

약 5분

다 풀어 보았나요? 어땠나요?
이번에는 세 가지 모양의 칠교 조각들을 사용해서 만들 수 있는 가장 큰 수와, 가장 작은 수는 무엇일지 생각해 보고 이야기해 보세요.
이때 같은 모양의 조각은 한 번씩만 사용할 수 있습니다.

치료사용 지침

① 칠교 조각들을 한 번씩만 사용했을 때 만들 수 있는 가장 큰 수와, 가장 작은 수를 찾아 보게 합니다. ② 수감각과 처리속도 향상을 위해 여러 가지 경우의 수를 사용해 보고 답을 찾아가는 과정을 경험하도록 지도해 주세요.

가장 큰 수:

= ◯

가장 작은 수:

= ◯

② 규칙대로 해요.

다 풀어 보았나요? 어땠나요?
이번에는 세 가지 모양의 칠교 조각들을 사용해서 만들 수 있는 가장 큰 수와, 가장 작은 수는 무엇일지 생각해 보고 이야기 해보세요. 이때 칠교 조각은 한 번씩만 사용할 수 있습니다.

(답안)

가장 큰 수:

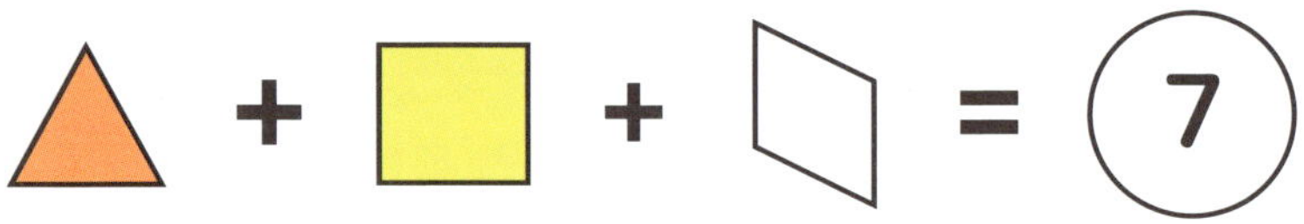

가장 작은 수:

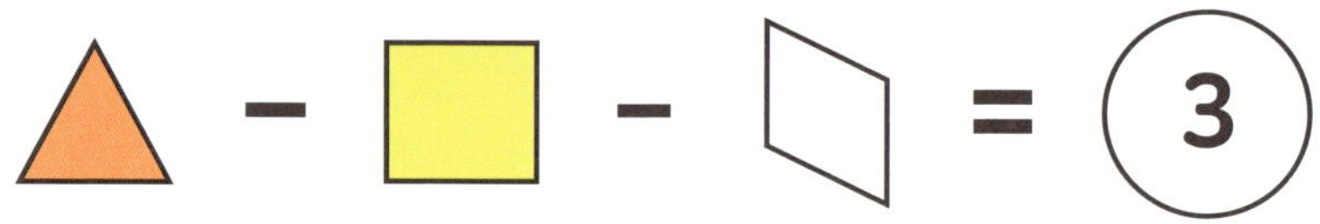

③ 칠교로 속담을 만들어요.

약
2분

이번에는 칠교로 여러 가지 이야기를 만들어 볼 거예요.
아래 그림을 가위로 오린 후 다음 장으로 넘겨 조각을 맞춰 보세요.

③ 칠교로 속담을 만들어요.

약 3분

어떤 속담이 떠오르나요? 그 속담의 의미는 무엇일까요?
언제 이 속담을 쓸 수 있나요?
나의 경험도 함께 이야기해 보세요.

치료사용 지침

① 문해력 발달에서 떼어 놓을 수 없는 속담을 칠교로 표현해 보는 과제예요. 느린 학습자 아동들의 경우, 비유적 의미를 이해하기 어려워 하기 때문에 속담의 의미 또한 이해하지 못하는 경우가 많은데요, 이를 칠교로 흥미롭게 풀어 나가며 다양한 속담의 의미와 상황, 내가 직, 간접적으로 경험했던 이야기들을 함께 풀어 나갈 수 있도록 지도해 주세요.

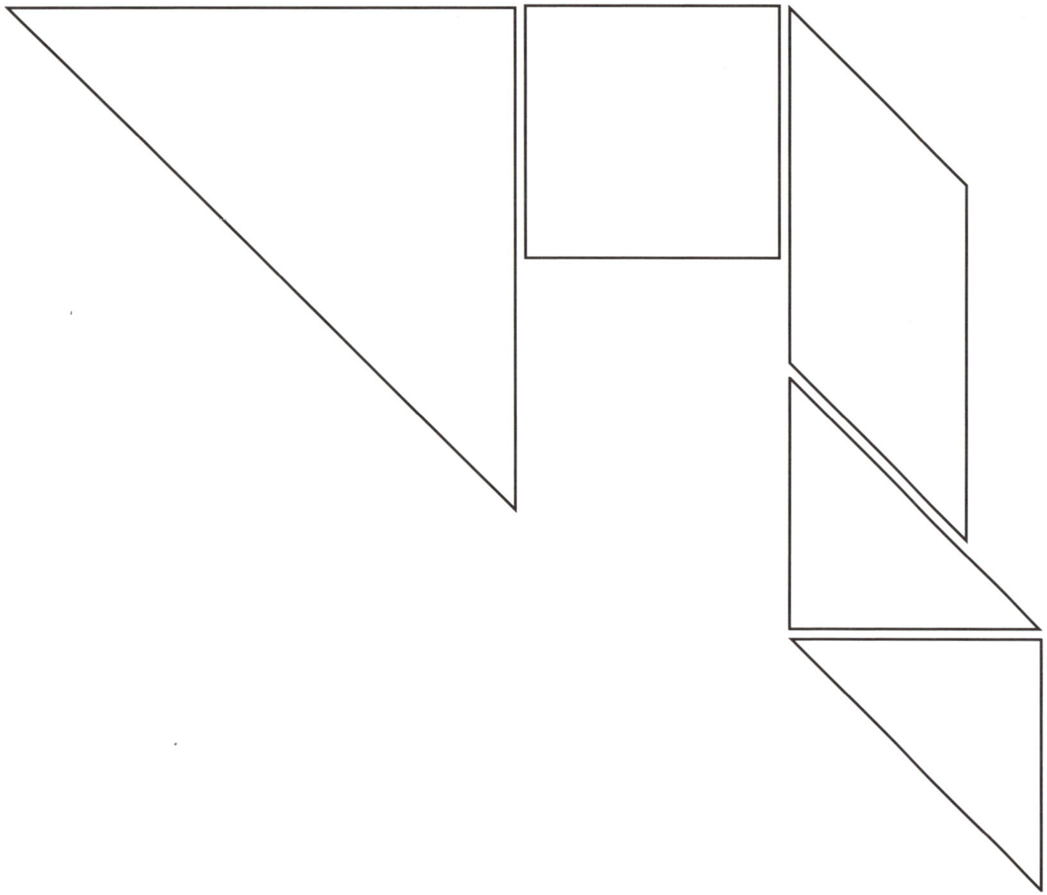

속담:
의미:

상황:
경험:

기하
21회기

③ 칠교로 속담을 만들어요.

치료사용 지침

① 문해력 발달에서 떼어 놓을 수 없는 속담을 칠교로 표현해 보는 과제예요. 느린 학습자 아동들의 경우, 비유적 의미를 이해하기 어려워 하기 때문에 속담의 의미 또한 이해하지 못하는 경우가 많은데요, 이를 칠교로 흥미롭게 풀어 나가며 다양한 속담의 의미와 상황, 내가 직, 간접적으로 경험했던 이야기들을 함께 풀어 나갈 수 있도록 지도해 주세요.

(예시)

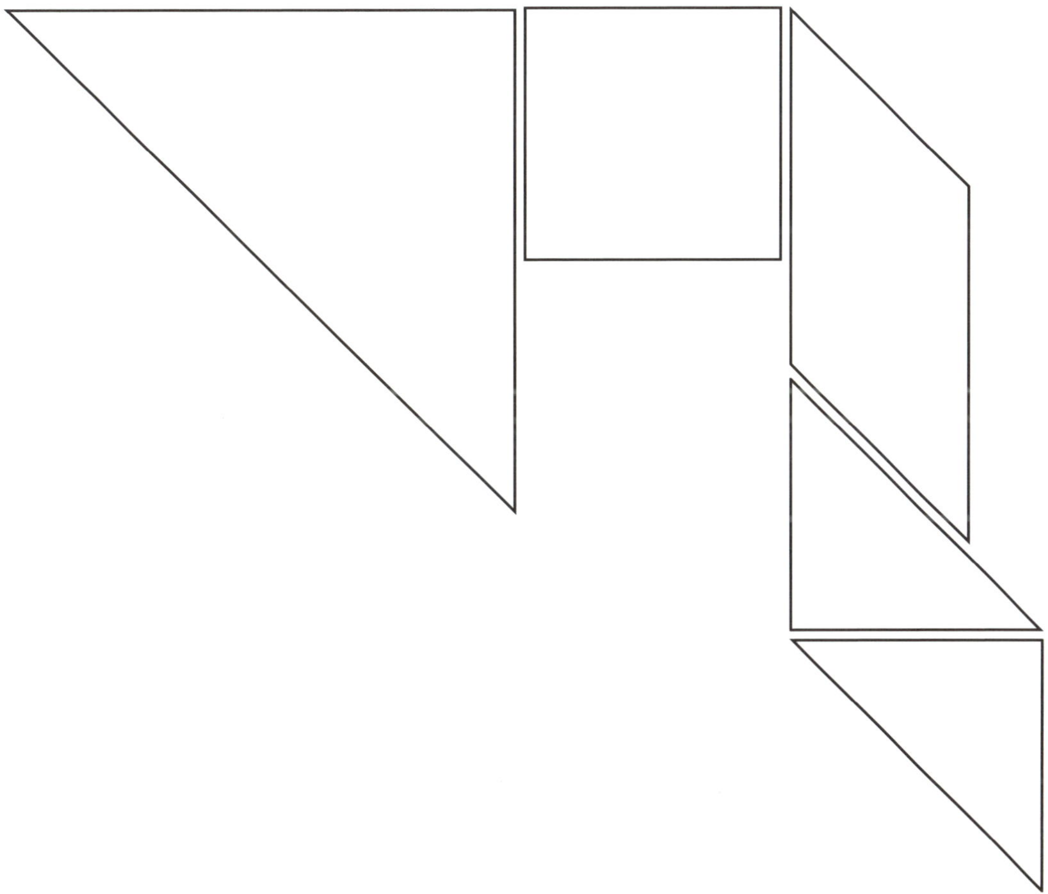

속담: 낫 놓고 기역자도 모른다.

의미: 생김새가 비슷한 낫을 보고도 기역자를 모를 만큼 아는 것이 없다는 것을 이르는 말

상황:

경험:

③ 칠교로 속담을 만들어요.

약
5분

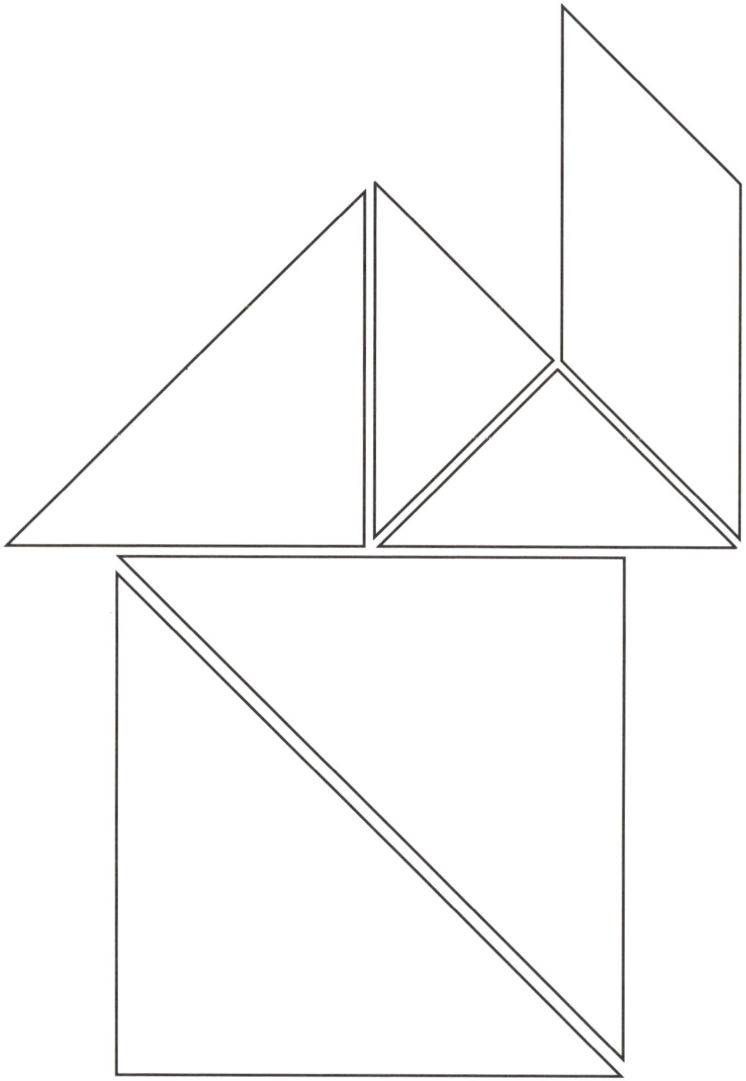

속담:
의미:

상황:
경험:

기하
21회기

③ 칠교로 속담을 만들어요.

(예시)

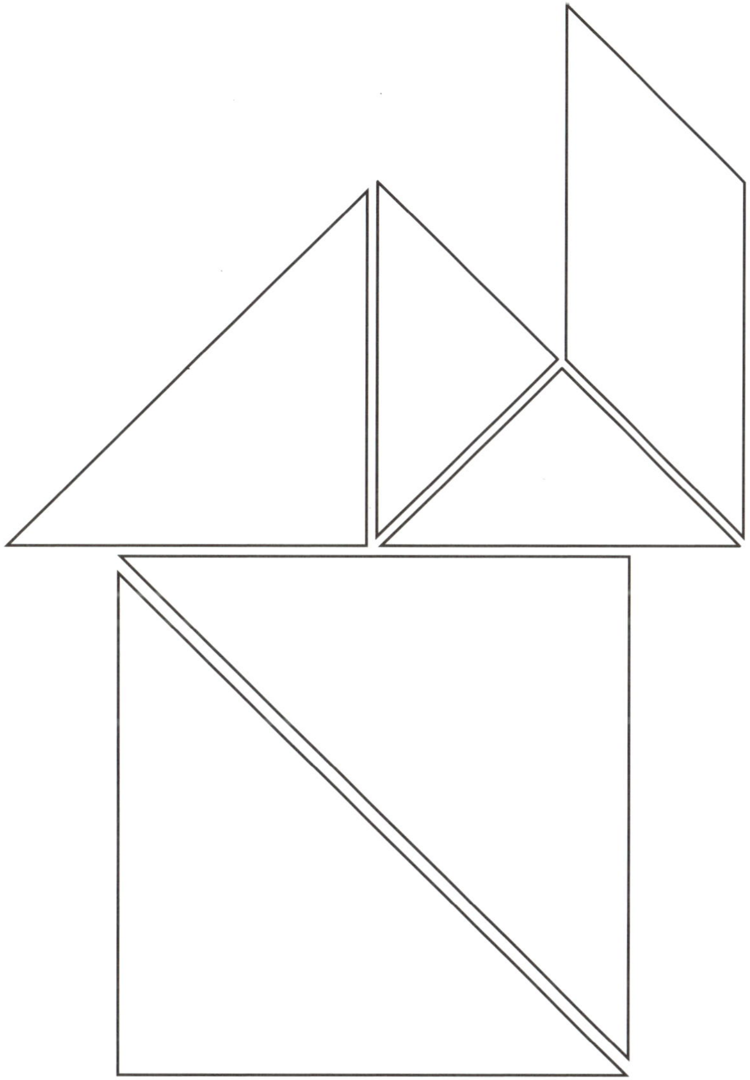

속담: 소 잃고 외양간 고친다.

의미: 이미 어떤 일이 벌어지고 난 뒤에는
후회해도 소용없다는 말

상황:

경험:

③ 칠교로 속담을 만들어요.

약 5분

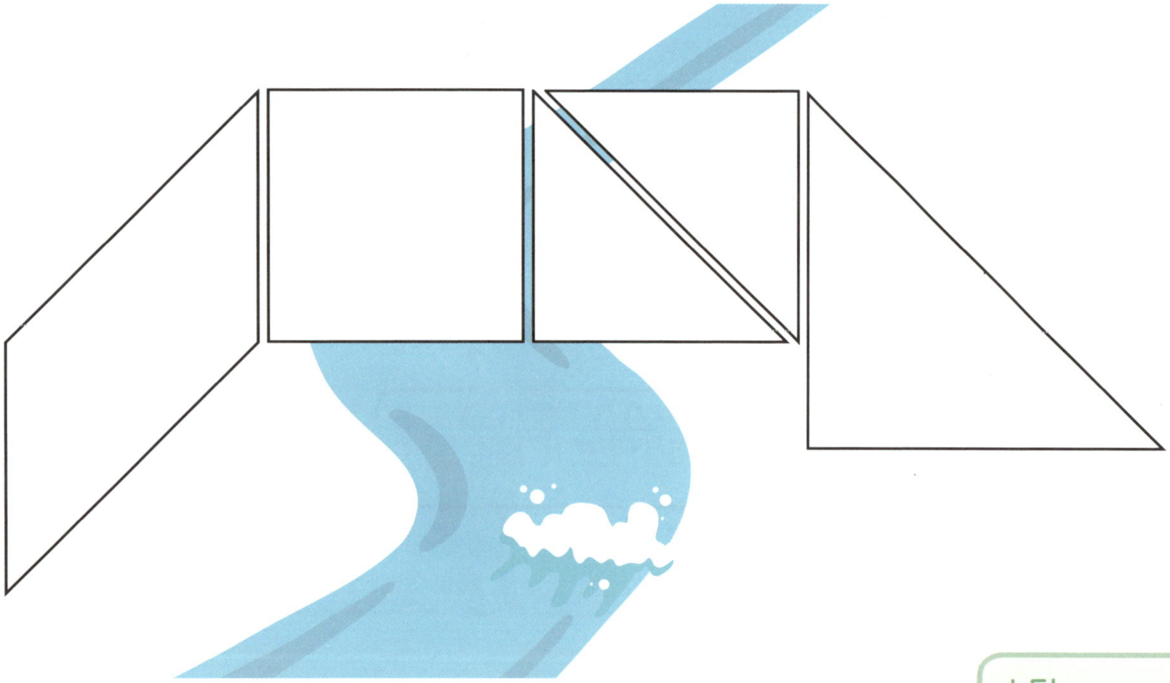

속담:
의미:

상황:
경험:

③ 칠교로 속담을 만들어요.

(예시)

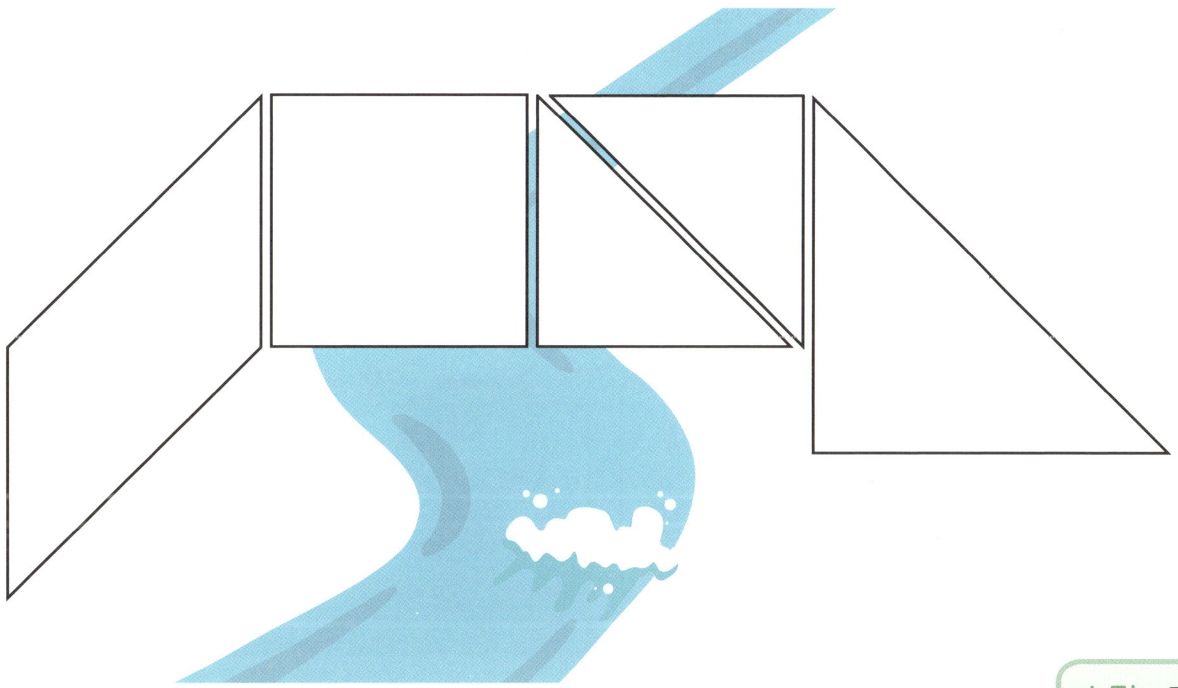

속담: 돌 다리도 두들겨 보고 건너라.

의미: 잘 아는 일이라도 세심하게 주의를 살피라는 말

상황:

경험:

③ 칠교로 속담을 만들어요.

약
5분

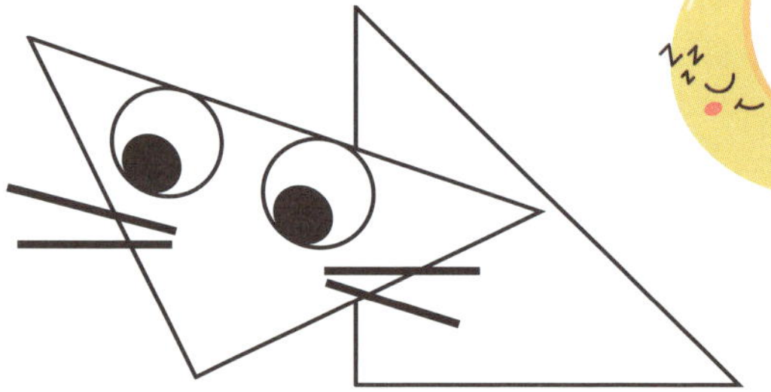

속담:

의미:

상황:

경험:

기하
21회기

③ 칠교로 속담을 만들어요.

(예시)

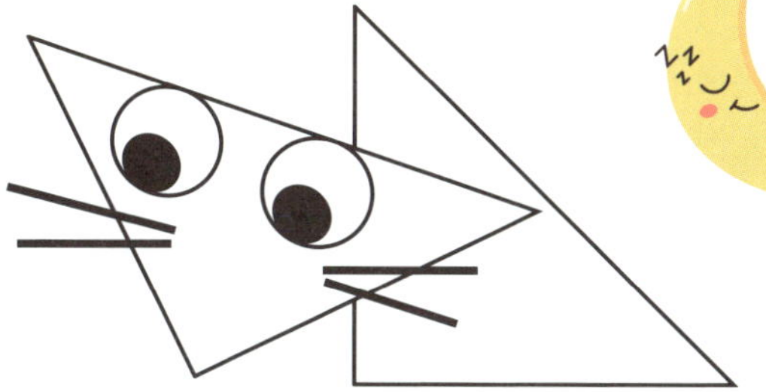

속담: 낮말은 새가 듣고 밤말은 쥐가 듣는다.

의미: 말은 언젠가 새어 나가기 마련이니
조심해서 해야 한다는 말

상황:

경험:

③ 칠교로 속담을 만들어요.

약 5분

속담:

의미:

상황:

경험:

기하
21회기

③ 칠교로 속담을 만들어요.

(예시)

속담: 공든 탑이 무너지랴

의미: 공들여 쌓은 탑은 무너지지 않는다는 뜻으로 힘을 다 해서 노력한다면 그 결과가 헛되지 않다는 것을 의미

상황:

경험:

기하 21회기

③ 칠교로 속담을 만들어요.

약 10분

이번에는 직접 칠교로 속담을 만들어 보세요.

속담:

의미:

상황:

경험:

과제

집에서 해봅시다.

이외에도 내가 좋아하는 속담을 적어보고 칠교로 표현 해보세요.

22 회기

똑똑해지는 손끝 놀이

1 준비물

도장 잉크패드, 거울, 미니건반 혹은 멜로디언(필수아님), 색연필, 필기구

2 적용 대상

평균 하(80~89) 지능에 해당하는 초등학교 1~2학년 학생

3 적용 시기

후기

4 소요 시간

약 50분

5 향상 목표 주요 지표

언어이해, 시공간, 유동추론, 작업기억, 처리속도

기하 22회기

① 손끝에는 뭐가 있을까요?

약 1분

다음 그림을 본 적 있나요?
어떤 그림처럼 보이나요? 생각해 보세요.

치료사용 지침

① 오늘은 손끝의 지문과 손가락을 이용한 다양한 활동을 해볼 거예요. 아래 그림이 무엇처럼 보이는지 자유롭게 이야기 나눌 수 있도록 지도해 주세요.

기하
22회기

① 손끝에는 뭐가 있을까요?

약 1분

이 그림들은 손가락에 있는 지문을 나타낸 것이에요.
경찰서에서 지문을 등록해본 적이 있나요? 경찰서에서는 18세 이전의 아동들의 지문, 사진, 보호자 인적사항 등을 등록하여 관리하고 있는데요. 이는 아동이 실종되었을 때 경찰관이 실종된 아동을 신속하게 발견하기 위해서예요.

치료사용 지침

① 이 그림들은 손가락 끝에 있는 지문을 나타낸 것입니다. 경찰서에서 지문 등록을 하는 이유, 등록해본 적이 있는지 등에 관해 자유롭게 나눌 수 있도록 이끌어 주세요.

① 손끝에는 뭐가 있을까요?

약 1분

손가락의 지문은 사람마다 ____________ 생겼어요.
그렇기 때문에 지문만으로도 지문의 주인을 찾을 수 있지요.
지문으로는 잃어버린 아이를 찾기도 하지만 법을 어기고 죄를 지은 사람을 잡을 수도 있답니다.
내 지문은 어떻게 생겼나요? 엄지 손가락의 지문을 잘 관찰해 보세요.

치료사용 지침

① 손가락의 지문은 사람마다 '다르게' 생겼다는 점을 알게 해주세요. 따라서 지문만으로도 지문의 주인을 찾을 수 있다는 것, 잃어버린 아이를 찾기도 하지만 법을 어기고 죄를 지은 사람을 잡는 데에도 쓰일 수 있다는 점을 알려 주세요. ② 나의 지문은 어떻게 생겼는지, 세 가지 그림 중 어느 그림과 가장 비슷한지 관찰해 보게 해주세요.

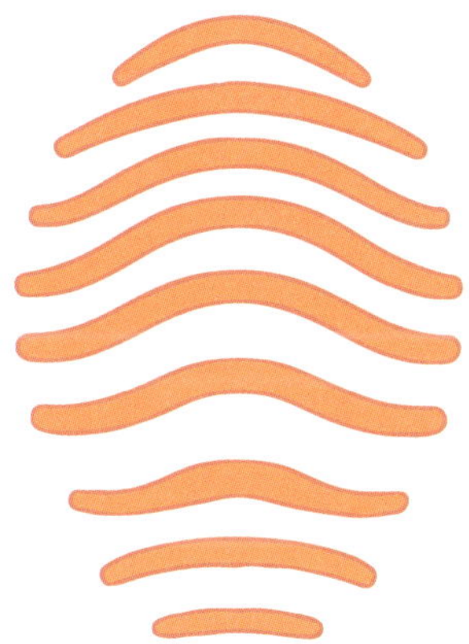

기하 22회기

② 지문으로 뭘 할 수 있을까요?

약 2.5분

이번에는 내 엄지 손가락의 지문을 잉크 패드에 묻혀 도장을 찍어 볼까요?
그리고 아래의 글자를 완성해 보세요.

치료사용 지침

① 도장 잉크 패드에 엄지 손가락의 지문을 묻혀 도장을 찍어 다음 글자를 완성해 보게 합니다. 이때 치료사의 재량에 따라 다른 글자를 완성하게 해볼 수도 있습니다.

기하 22회기

② 지문으로 뭘 할 수 있을까요?

이번에는 내 이름을 써볼까요?

치료사용 지침

① 아동의 흥미와 관심에 따라 한두 가지 과제를 좀 더 해 볼 수도 있습니다.

기하
22회기

② 지문으로 뭘 할 수 있을까요?

약 7분

이름을 완성했다면, 이번에는 거울을 보고 나의 모습을 관찰한 뒤 다른 사람이 알아볼 수 있는 나의 특징에 대해 적어 보세요. 다 적고 난 뒤에는 오른쪽 엄지 손가락의 지문 도장을 찍어 가상의 아동 실종 예방카드를 완성해 보세요.

치료사용 지침

① 이름을 완성해 보았다면, 이번에는 다른 사람이 나를 알아볼 수 있는 나의 특징에 대해 적어 보게 합니다. 다 적고 난 뒤에는 오른쪽 빈 칸에 지문 도장을 찍어 가상의 아동 실종 예방카드를 완성해 보는 활동입니다.

- 다른 사람이 알아볼 수 있는 나의 특징:

기하
22회기

② 지문으로 뭘 할 수 있을까요?

(예시)

● 다른 사람이 알아볼 수 있는 나의 특징:

- 오른쪽 눈 옆에 작은 점이 있다.
- 머리카락이 진한 갈색이다.
- 콧등에 주근깨가 조금 있다.
- 빨간 테의 안경을 쓰고 있다.

기하 22회기

③ 손가락으로 집중력 향상 놀이를 해보아요.

약 2.5분

다음의 내용을 잘 읽고 기억하세요.
그리고 지시하는 내용에 따라 양 손가락을 동시에 움직여 놀이해 보세요.

치료사용 지침

① 시지각 협응과 소근육 운동, 주의집중력 등 다양한 인지기능 향상에 도움을 주는 손끝 놀이 활동입니다. 지시문을 잘 읽고 양손을 사용해서 활동할 수 있도록 지도해 주세요.

오른손: 빨간색, 왼손: 파란색
엄지손가락부터 약지손가락까지 ①②③④⑤

→

1	2	3	4	5	5	4	3	2	1
1	2	3	4	5	5	4	3	2	1

기하 22회기

③ 손가락으로 집중력 향상 놀이를 해보아요.

약 2.5분

다음의 내용을 잘 읽고 기억하세요.
그리고 지시하는 내용에 따라 양 손가락을 동시에 움직여 놀이해 보세요.

치료사용 지침

① 이 활동은 미니건반, 멜로디언, 혹은 피아노 어플리케이션이 있으면 훨씬 더 즐겁게 할 수 있는 활동입니다. 건반 위에서 활동한다면 익숙한 멜로디라는 것을 알 수 있어요.

오른손: 빨간색, 왼손: 파란색
엄지손가락부터 약지손가락까지 ①②③④⑤

1	2	3	4	5	5	4	3	2	1
5	4	3	2	1	1	2	3	4	5

기하 22회기

③ 손가락으로 집중력 향상 놀이를 해보아요.

약 5분

다음의 내용을 잘 읽고 기억하세요.
그리고 지시하는 내용에 따라 양 손가락을 동시에 움직여 놀이해 보세요.

치료사용 지침

① "떴다 떴다! 비행기"의 악보

오른손: 빨간색, 왼손: 파란색

엄지손가락부터 약지손가락까지 ①②③④⑤

→

오른손(빨간색)	3	2	1	2	3	3	3	2	2	2	3	3	3
왼손(파란색)	5	1	3	1	5	1	3	4	1	2	5	1	3

기하 22회기

③ 손가락으로 집중력 향상 놀이를 해보아요.

약 5분

다음의 내용을 잘 읽고 기억하세요.
그리고 지시하는 내용에 따라 양 손가락을 동시에 움직여 놀이해 보세요.

치료사용 지침

① "삐약 삐약 병아리"의 악보

오른손: 빨간색, 왼손: 파란색

엄지손가락부터 약지손가락까지 ①②③④⑤

→

3	5	3	5	1	1	1	3	5	3	5	2	2	2
5	1	3	1	5	1	3	5	1	3	1	4	1	2

③ 손가락으로 집중력 향상 놀이를 해보아요.

약 2.5분

다음의 내용을 잘 읽고 기억하세요.
그리고 지시하는 내용에 따라 색칠하고 양 손가락을 동시에 움직여 놀이해 보세요.

치료사용 지침

① 이번에는 지시하는 내용에 따라 색칠하고, '책상 치기'에 관한 지시문이 추가 되었습니다. 훨씬 복잡해진 과제이므로 아동이 포기하지 않고 차근차근 해나갈 수 있도록 독려해주세요.

오른손: 빨간색, 왼손: 파란색, 책상 치기: 초록색
엄지손가락부터 약지손가락까지 ①②③④⑤
그리고 3보다 작은 수는 초록색

오른손	1	2	3	4	5	5	4	3	2	1
왼손	1	2	3	4	5	5	4	3	2	1

기하 22회기

③ 손가락으로 집중력 향상 놀이를 해보아요.

(답안)

오른손: 빨간색, 왼손: 파란색, 책상 치기: 초록색

엄지손가락부터 약지손가락까지 ①②③④⑤

그리고 3보다 작은 수는 초록색

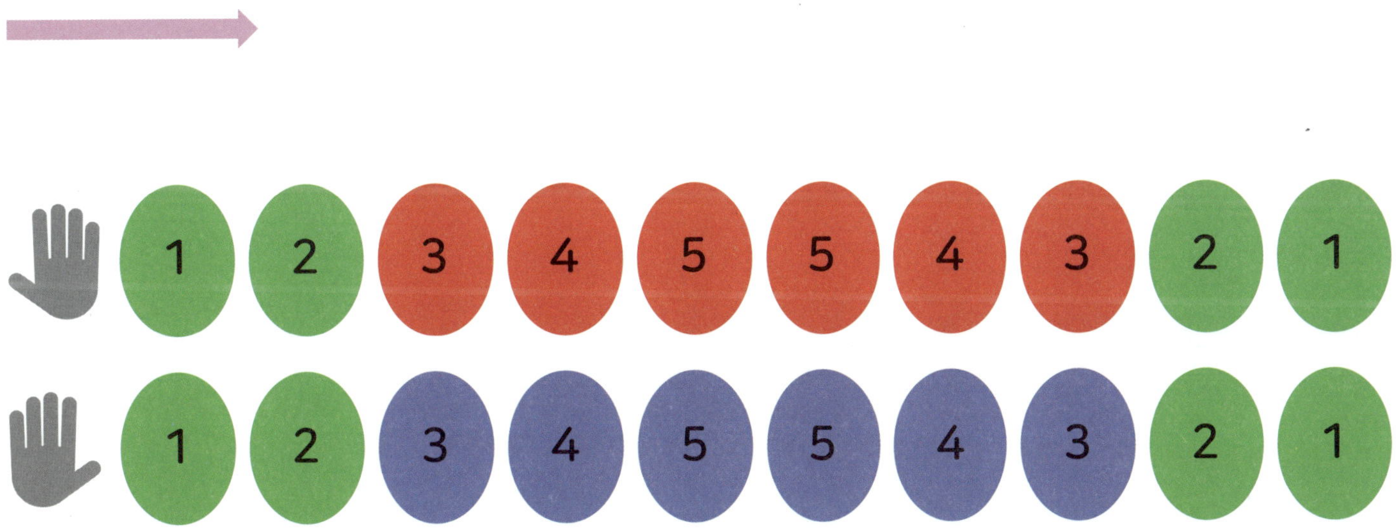

기하
22회기

③ 손가락으로 집중력 향상 놀이를 해보아요.

약 2.5분

다음의 내용을 잘 읽고 기억하세요.
그리고 지시하는 내용에 따라 색칠하고 양 손가락을 동시에 움직여 놀이해 보세요.

치료사용 지침

① 이번에는 지시하는 내용에 따라 색칠하고, '책상 치기'에 관한 지시문이 추가되었습니다. 훨씬 복잡해진 과제이므로 아동이 포기하지 않고 차근차근 해나갈 수 있도록 독려해주세요.

오른손: 빨간색, 왼손: 파란색, 책상 치기: 초록색
엄지손가락부터 약지손가락까지 ①②③④⑤
그리고 3보다 작은 수는 초록색

→

1	2	3	4	5	5	4	3	2	1
5	4	3	2	1	1	2	3	4	5

③ 손가락으로 집중력 향상 놀이를 해보아요.

(답안)

오른손: 빨간색, 왼손: 파란색, 책상 치기: 초록색

엄지손가락부터 약지손가락까지 ①②③④⑤

그리고 3보다 작은 수는 초록색

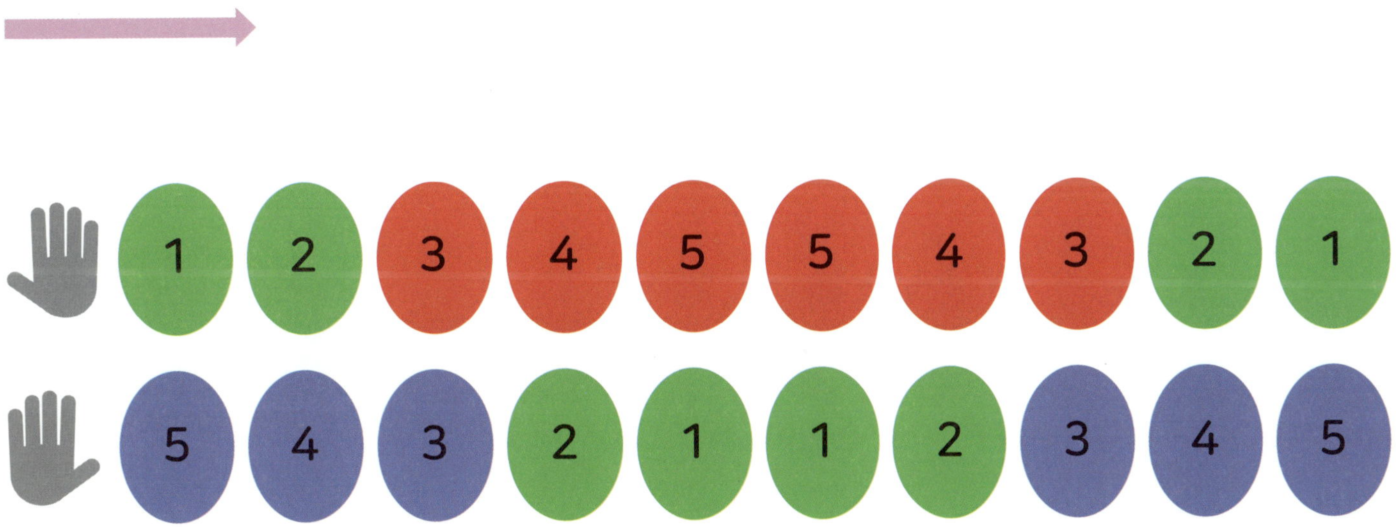

③ 손가락으로 집중력 향상 놀이를 해보아요.

약 2.5분

다음의 내용을 잘 읽고 기억하세요.
그리고 지시하는 내용에 따라 색칠하고 양 손가락을 동시에 움직여 놀이해 보세요.

치료사용 지침

① 이번에는 지시하는 내용에 따라 색칠하고, '책상 치기'에 관한 지시문이 추가되었습니다. 훨씬 복잡해진 과제이므로 아동이 포기하지 않고 차근차근 해나갈 수 있도록 독려해주세요.

오른손: 빨간색, 왼손: 파란색, 책상 치기: 초록색
엄지손가락부터 약지손가락까지 ①②③④⑤
그리고 3보다 작은 수는 초록색

3	2	1	2	3	3	3	2	2	2	3	3	3
5	1	3	1	5	1	3	4	1	2	5	1	3

기하 22회기

③ 손가락으로 집중력 향상 놀이를 해보아요.

(답안)

오른손: 빨간색, 왼손: 파란색, 책상 치기: 초록색

엄지손가락부터 약지손가락까지 ①②③④⑤

그리고 3보다 작은 수는 초록색

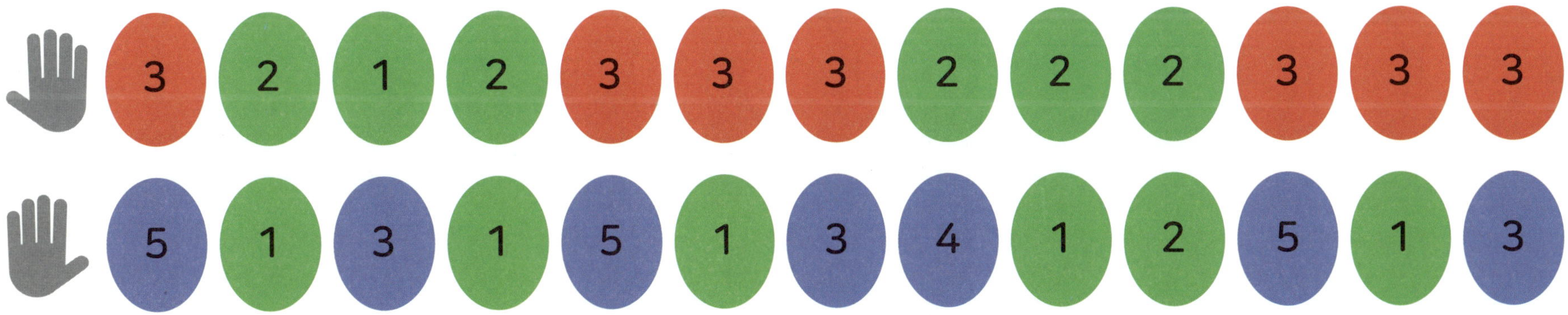

③ 손가락으로 집중력 향상 놀이를 해보아요.

약 2.5분

다음의 내용을 잘 읽고 기억하세요.
그리고 지시하는 내용에 따라 양 손가락을 동시에 움직여 놀이해 보세요.

치료사용 지침

① 이번에는 지시하는 내용에 따라 색칠하고, '책상 치기'에 관한 지시문이 추가되었습니다. 훨씬 복잡해진 과제이므로 아동이 포기하지 않고 차근차근 해나갈 수 있도록 독려해주세요.

오른손: 빨간색, 왼손: 파란색, 책상 치기: 초록색

엄지손가락부터 약지손가락까지 ①②③④⑤

그리고 3보다 작은 수는 초록색

3	5	3	5	1	1	1	3	5	3	5	2	2	2
5	1	3	1	5	1	3	5	1	3	1	4	1	2

기하 22회기

③ 손가락으로 집중력 향상 놀이를 해보아요.

(답안)

오른손: 빨간색, 왼손: 파란색, 책상 치기: 초록색

엄지손가락부터 약지손가락까지 ①②③④⑤

그리고 3보다 작은 수는 초록색

3	5	3	5	1	1	1	3	5	3	5	2	2	2
5	1	3	1	5	1	3	5	1	3	1	4	1	2

기하 22회기

④ 손바닥 토크

약 10분

손끝부터 손가락 놀이까지 잘 따라와 주었어요!
이번에는 손바닥을 펼쳐서 아래에 그림으로 그려 보세요.
그리고 다섯 손가락의 안쪽에 나의 장점을,
바깥쪽에는 나의 단점을 적어 보세요.

치료사용 지침

① 손바닥 그림을 그린 후 손가락의 안쪽에는 장점을, 바깥쪽에는 단점을 적어보게 합니다. 아직 자신의 장, 단점에 대해 정확하게 잘 모르거나 생각해본 적이 없다고 이야기할 수 있습니다. 이런 경우에는 그동안 치료사가 지켜본 아동의 장점에 대해 이야기하며 북돋아 주시면 좋겠습니다.

기하 22회기

④ 손바닥 토크

(예시)

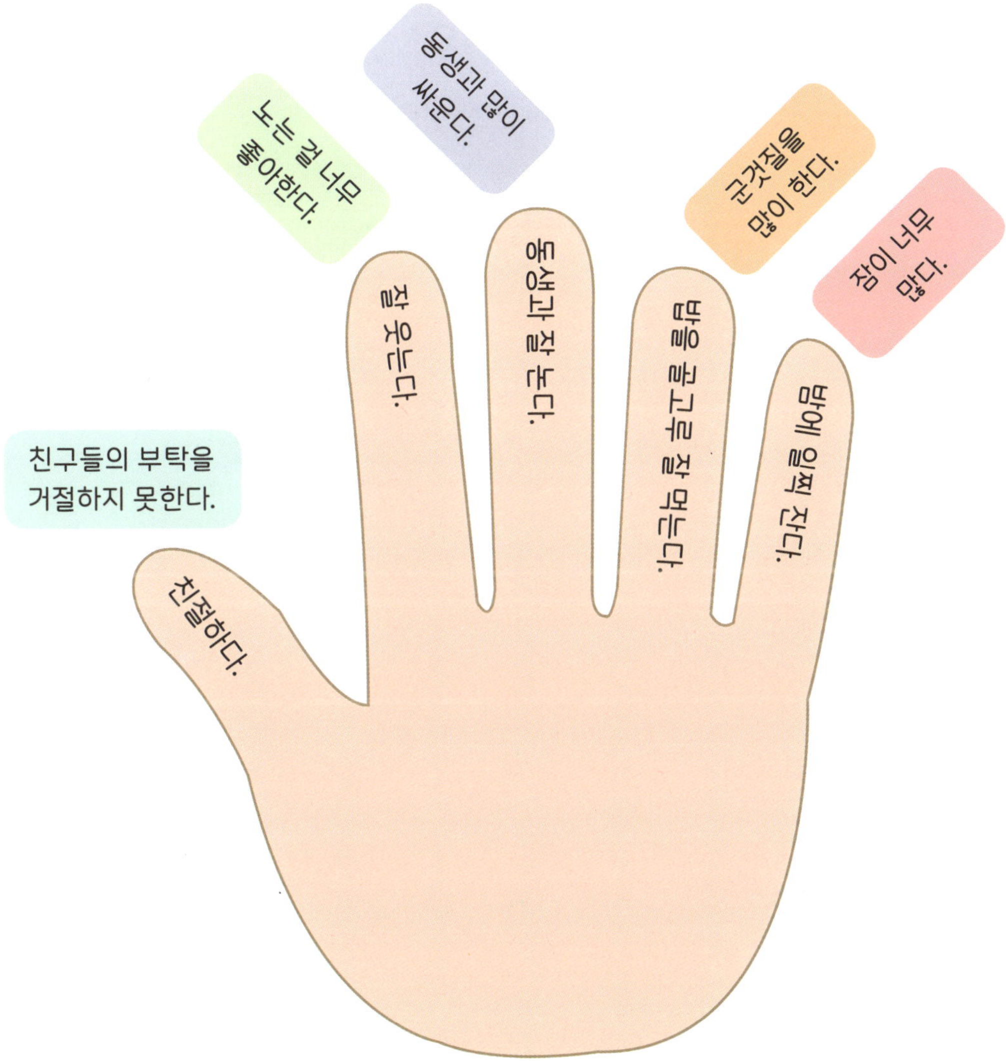

④ 손바닥 토크

다 적었나요? 사람에게는 누구에게나 장점과 단점이 있어요.
어떻게 쓰이는지에 따라 장점이 될 수도 있고 단점이 될 수도 있지요.
어떻게 하면 장점으로 잘 살려 쓸 수 있을지 고민해 보세요.
그리고 가위를 사용해서 손바닥 모양을 오려 보세요.

치료사용 지침

① 같은 특성이라도 상황에 따라, 어떻게 쓰이는지에 따라 장점이 될 수도, 단점이 될 수도 있다는 것을 알아차릴 수 있도록 지도해 주세요. 그리고 어떻게 하면 장점으로 잘 살려 쓸 수 있을지 고민해 보는 시간을 가질 수 있도록 독려해 주세요. ② 그리고 가위를 사용하여 손바닥 모양을 오리게 합니다. 그렇게 하면 장점이 적힌 손바닥 안쪽 부분만 남게 됩니다. 나의 성격의 장, 단점이 나의 손에 달려 있다는 것을 시각적으로 확인하고 알아차릴 수 있도록 도와 주세요.

과제

집에서 해봅시다.

가족에게 오늘 배운 내용들을 설명하고 가족들과 함께 손가락 놀이(악보 보고 연주하기)를 해보아요.
최대한 틀리지 않고 정확하게 연주하도록 노력해 보고, 누가 더 정확하게 연주했는지 게임처럼 즐겨도 좋습니다.

23 회기

나의 일상을 바꾸는 도형 카드놀이

1 준비물

가위, 색연필, 필기구

2 적용 대상

평균 하(80~89) 지능에 해당하는 초등학교 1~2학년 학생

3 적용 시기

후기

4 소요 시간

약 50분

5 향상 목표 주요 지표

언어이해, 시공간, 유동추론, 작업기억, 처리속도

기하 23회기

① 묶어 보세요.

약 2분

아래 그림들을 살펴 보고 비슷하다고 느껴지는 그림끼리 묶어 보세요. 그리고 어떻게 묶였는지,어떻게 묶인 쪽이 더 보기에 편한지 등 이야기를 나눠 보세요.

치료사용 지침

① 다음의 그림을 살펴 보고 비슷하다고 느껴지는 그림끼리 묶어 보게 합니다. 어떤 기준으로 묶었는지, 어떻게 묶인 쪽이 더 보기에 편한지 등 자유롭게 이야기를 나눌 수 있도록 해주세요.

기하
23회기

① 묶어 보세요.

(답안)

기하 23회기

② 나의 일상 점검하기

약 5분

규칙과 질서를 지키는 상태와 정돈되지 않고 혼란스러운 상태로 각각 묶어 보았어요. 우리 주변에도 다양한 규칙들이 있지요. 나의 일상생활은 어떤가요? 나의 일상은 어떤지 점검해 보고 느낀 점을 적어 보세요.

치료사용 지침

① 우리의 일상에도 다양한 규칙, 질서, 지켜야 할 것들이 많아요. 다음의 점검표를 보고 나의 일상을 점검해 보고 나의 느낌을 나눠보게 해주세요. 이때 잘 지키면 어떤 점이 좋을지, 어떤 결과가 있을 것 같은지 등을 자세히 나눌 수 있도록 독려해 주세요.

	나의 일상은 어떤가요?	O / X	나의 느낌
1	나는 아침에 일찍 일어난다.		
2	내 방 청소, 정리를 스스로 할 수 있다.		
3	스마트폰이나 TV를 약속한 시간만큼만 사용한다.		
4	음식을 골고루 먹는다.		
5	간식을 하루에 먹을 양만큼만 먹는다.		
6	오늘 하기로 한 공부를 미루지 않는다.		
7	숙제를 밀리지 않고 한다.		
8	학교/학원 갈 때 지각하지 않는다.		
9	부모님의 말씀을 잘 따른다.		
10	선생님의 말씀을 잘 따른다.		

② 나의 일상 점검하기

약 3분

앞서 나온 점검표에서 내가 잘 지키고 있는 것과
잘 지키지 못하고 어려움을 겪고 있는 것을 적어 보세요.

치료사용 지침

① 점검 후 내가 잘 지키고 있는 것과 잘 지키지 못하고 어려움을 겪고 있는 것을 적어 보게 합니다. 잘 지키지 못하고 있는 부분에 대해서는 그 어려움에 충분히 공감하고 이해해주세요.

잘 지키고 있는 것

잘 지키지 못하고 있는 것

③ 나의 일상 조절하기

약 10분

그렇다면, 이번에는 나의 일상을 좀 더 멋지게 바꿔보는 건 어떨까요?
나의 습관을 바꾸기 위한 계획을 세울 때 어떤 유의사항들이 있을까요?

작은 것부터 차근차근

측정 가능한 목표로

나에게 도움이 되게

기하 23회기

③ 나의 일상 조절하기

(예시 1)

작은 것부터 차근차근

아침에 일찍 일어나기

측정 가능한 목표로

전 날 9시에 취침하기
(일찍 일어나려면
일찍 자야 함!)

나에게 도움이 되게

일찍 자면 성장호르몬이
분비되기 때문에 키도
더 커질 수 있고,
일찍 일어나면 지각도
안 하게 되니
나에게 여러모로
도움이 된다.

기하 23회기

③ 나의 일상 조절하기

(예시 2)

작은 것부터 차근차근

내 방을 스스로 정리,
청소한다.

측정 가능한 목표로

매일 저녁 8시에,
그날 내 방에서 나온
쓰레기를 모아서
가지고 나온다.

나에게 도움이 되게

주변을 깨끗하게
정리하면 필요한 것을
금방 찾을 수 있고,
나에게 '뿌듯한 마음'이
들게 하므로 도움이 된다.
방이 깨끗해진다.

기하
23회기

③ 나의 일상 조절하기

계획을 잘 실천할 자신이 있나요? 이번에는 계획을 더 잘 실천할 수 있는 필살기를 써볼 거예요. 아래의 규칙을 잘 기억해 보세요.

치료사용 지침

① 동그라미, 세모, 네모 카드로 나의 일상을 조절하는 방법을 배울 수 있습니다. ② 네모 카드의 경우, 꼭 안 좋은 것은 아니지만 어느정도 적절한 조절이 필요할 때 사용합니다.

: 하자!

: 멈춰!

: 조절해 볼까?

기하
23회기

③ 나의 일상 조절하기

약 15분

오른쪽에 제시된 상황을 보고 어떤 도형의 카드를 쓸지 이야기 해보세요.

치료사용 지침

① 네모를 사용하는 경우, 어떻게 조절하면 좋을지도 함께 계획할 수 있도록 합니다.

아침 일찍
일어나기

상황	도형
밤에 늦게 자기	
자기 전 샤워하기	
자기 전 책 읽기	
따뜻한 물 한 잔 마시기	
자기 전 유튜브 영상보기	
저녁식사 후 간식 먹기	

③ 나의 일상 조절하기

(예시)

아침 일찍
일어나기

밤에 늦게 자기	자기 전 샤워하기	자기 전 책 읽기
따뜻한 물 한 잔 마시기	자기 전 유튜브 영상보기	저녁식사 후 간식 먹기

기하 23회기

③ 나의 일상 조절하기

오른쪽에 제시된 상황을 보고 어떤 도형의 카드를 쓸지 이야기 해보세요.

방 청소를 스스로

상황	도형
매일 정해진 시간에 쓰레기를 치운다.	
방 안에서 물감놀이를 한다.	
방 안에서 밥을 먹는다.	
정해진 장소에 물건을 둔다.	
친구들을 초대해서 논다.	
엄마에게 방 청소를 시킨다.	

기하 23회기

③ 나의 일상 조절하기

(예시)

방 청소를 스스로

매일 정해진 시간에 쓰레기를 치운다.	방 안에서 물감놀이를 한다.	방 안에서 밥을 먹는다.
정해진 장소에 물건을 둔다.	친구들을 초대해서 논다.	엄마에게 방 청소를 시킨다.

기하 23회기

③ 나의 일상 조절하기

약 5분

이번에는 나만의 계획과 도형 카드를 직접 만들어 넣어 볼까요?

기하
23회기

④ 도형 카드로 계획 달성 보드게임

약 10분

이번에는 나만의 계획과 도형 카드를 직접 만들어 넣어 볼까요?

- 준비물: 도형카드(도형별로 10장씩), 말 역할을 할 바둑알 2개
- 게임 인원: 2명
- 게임 방법: 각자 게임판을 나눠 가진 뒤 도형카드를 섞은 후 뒤집어 놓고 번갈아 가며 카드를 뒤집습니다.
  - 각 칸에 적힌 내용과 적합한 도형 카드가 나오면 다음 칸으로 이동할 수 있습니다.
    이 때, 적합한 도형 카드가 나오지 않는다면 다시 카드를 맨 아래에 넣어 두고 상대방에게 순서를 넘깁니다.
  - 가장 먼저 목적지에 도착하는 사람이 승리!
  - 게임에서 승리한 사람은 목적지의 긍정 확언 내용을 적습니다. Ex) "성실한 김구성", "똑똑해지는 김구성" 등…

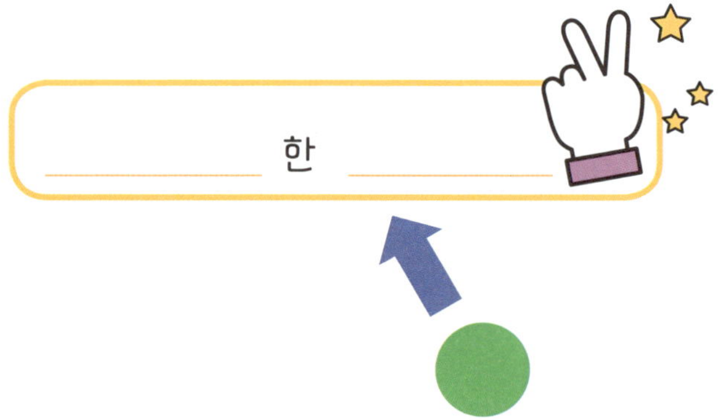

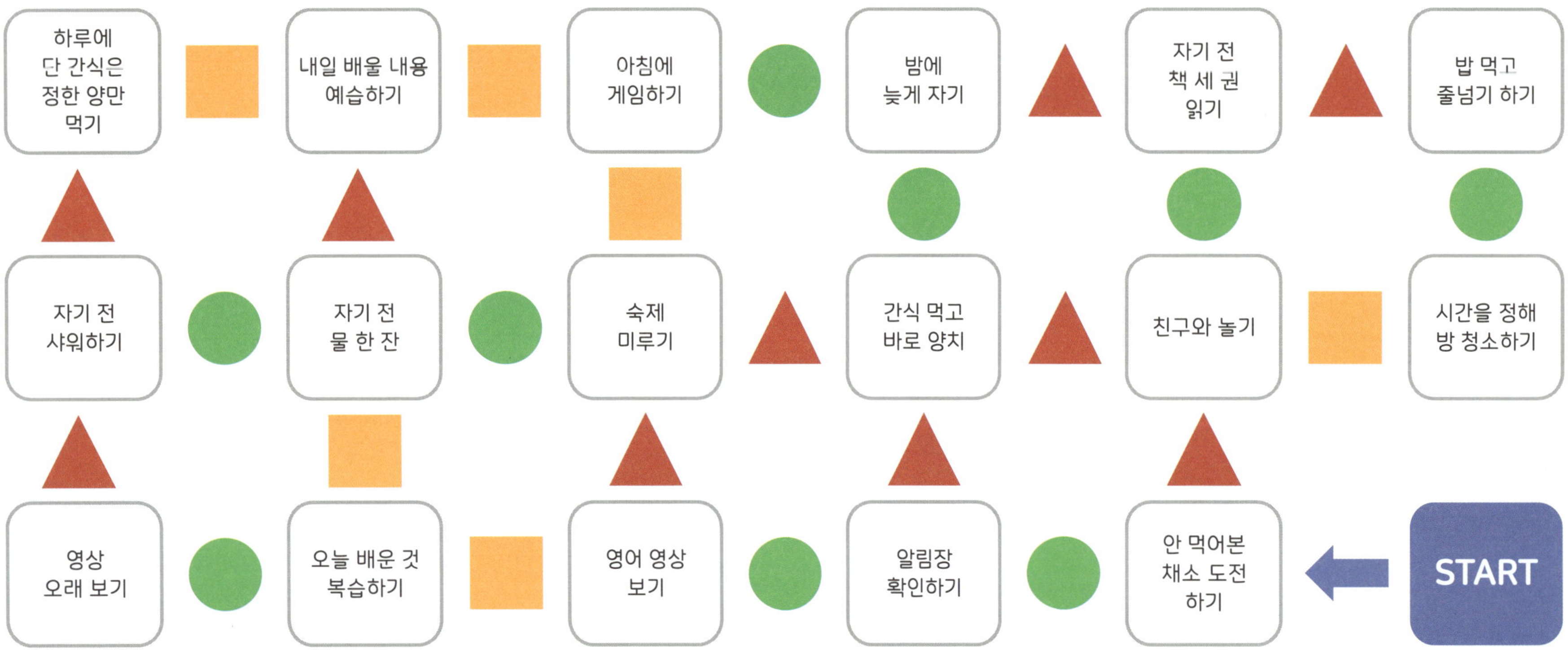

기하 23회기

④ 도형 카드로 계획 달성 보드게임

(예시)

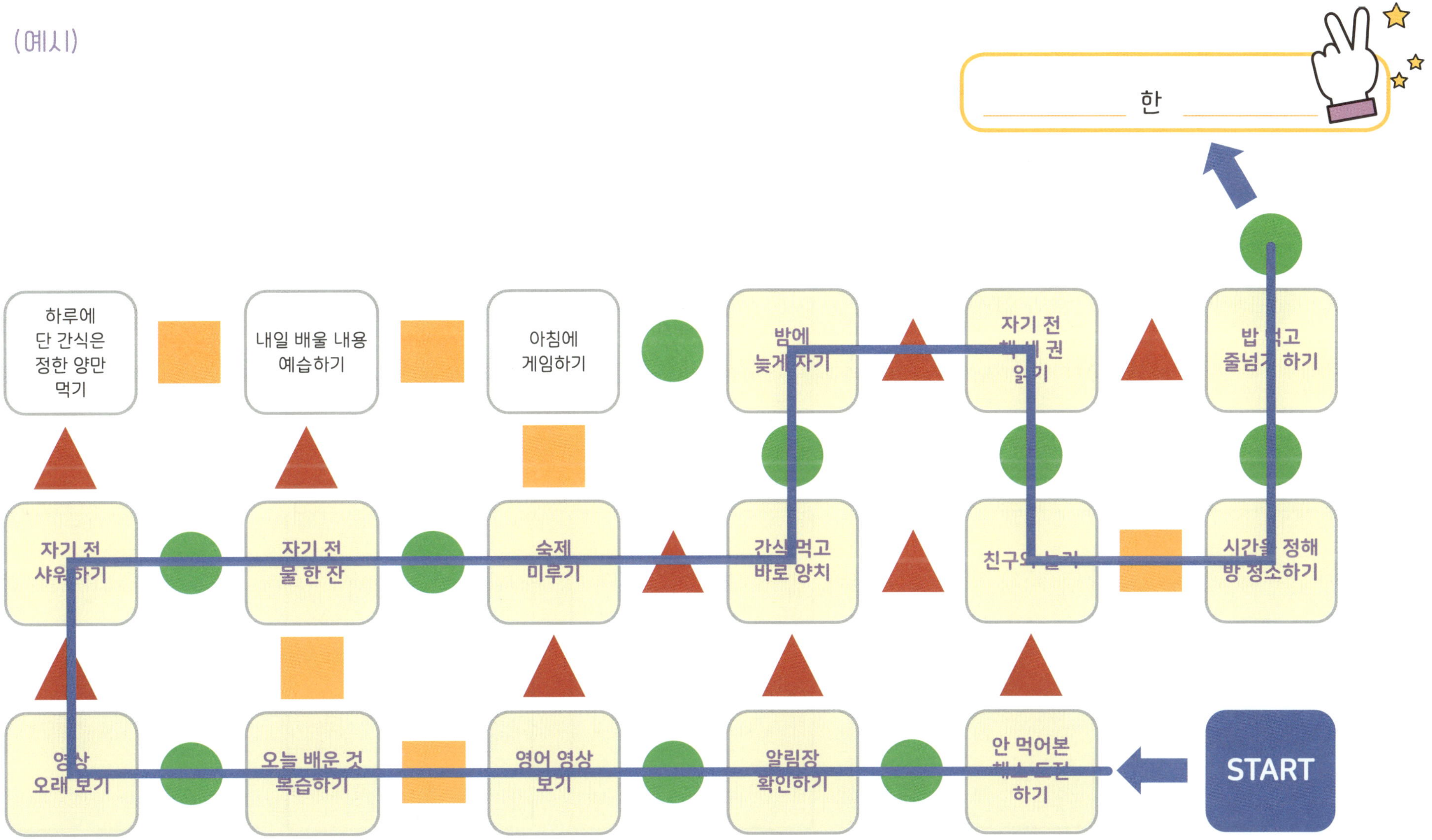

④ 도형 카드로 계획 달성 보드게임

[도형카드] - 잘라서 사용하세요.

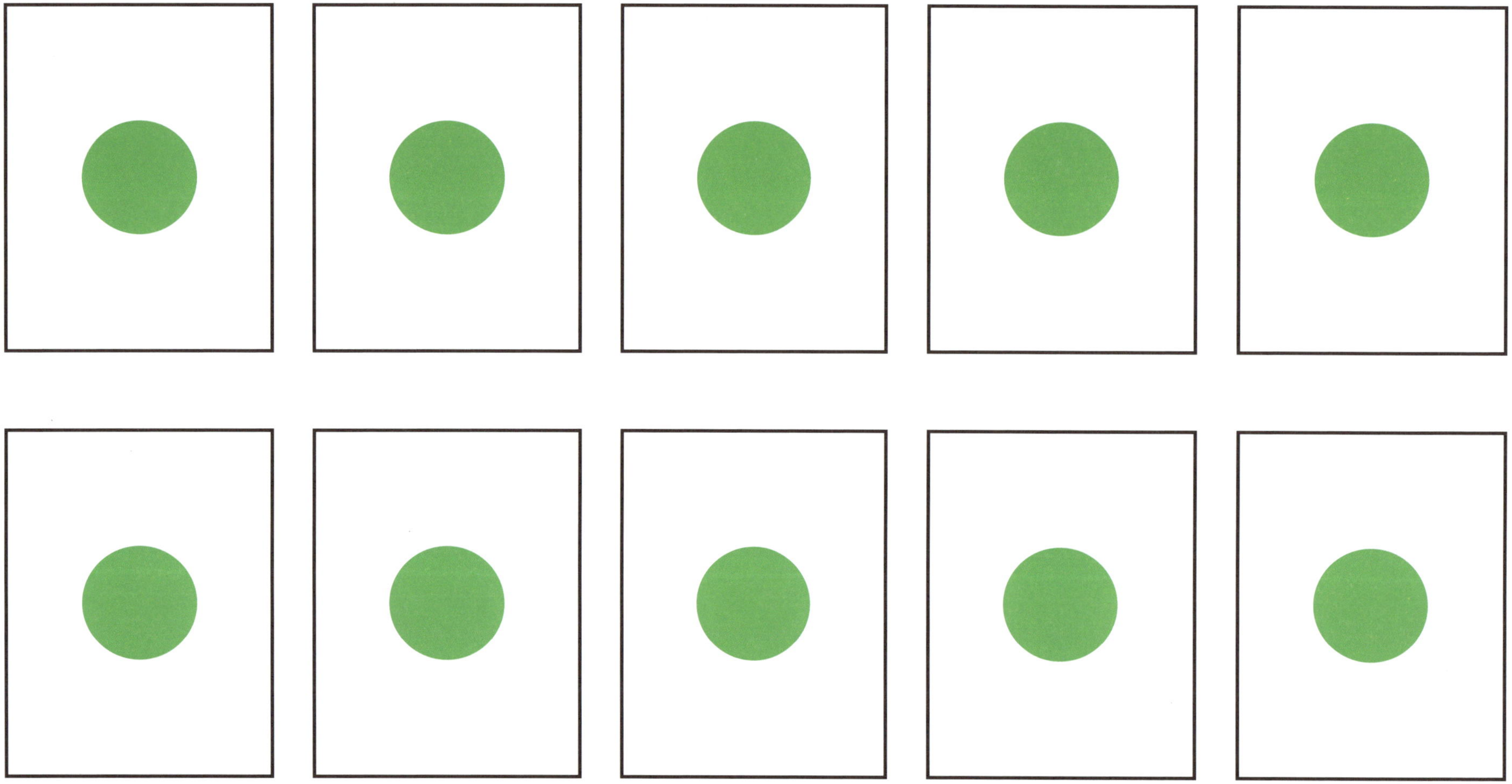

기하 23회기

④ 도형 카드로 계획 달성 보드게임

[도형카드] - 잘라서 사용하세요.

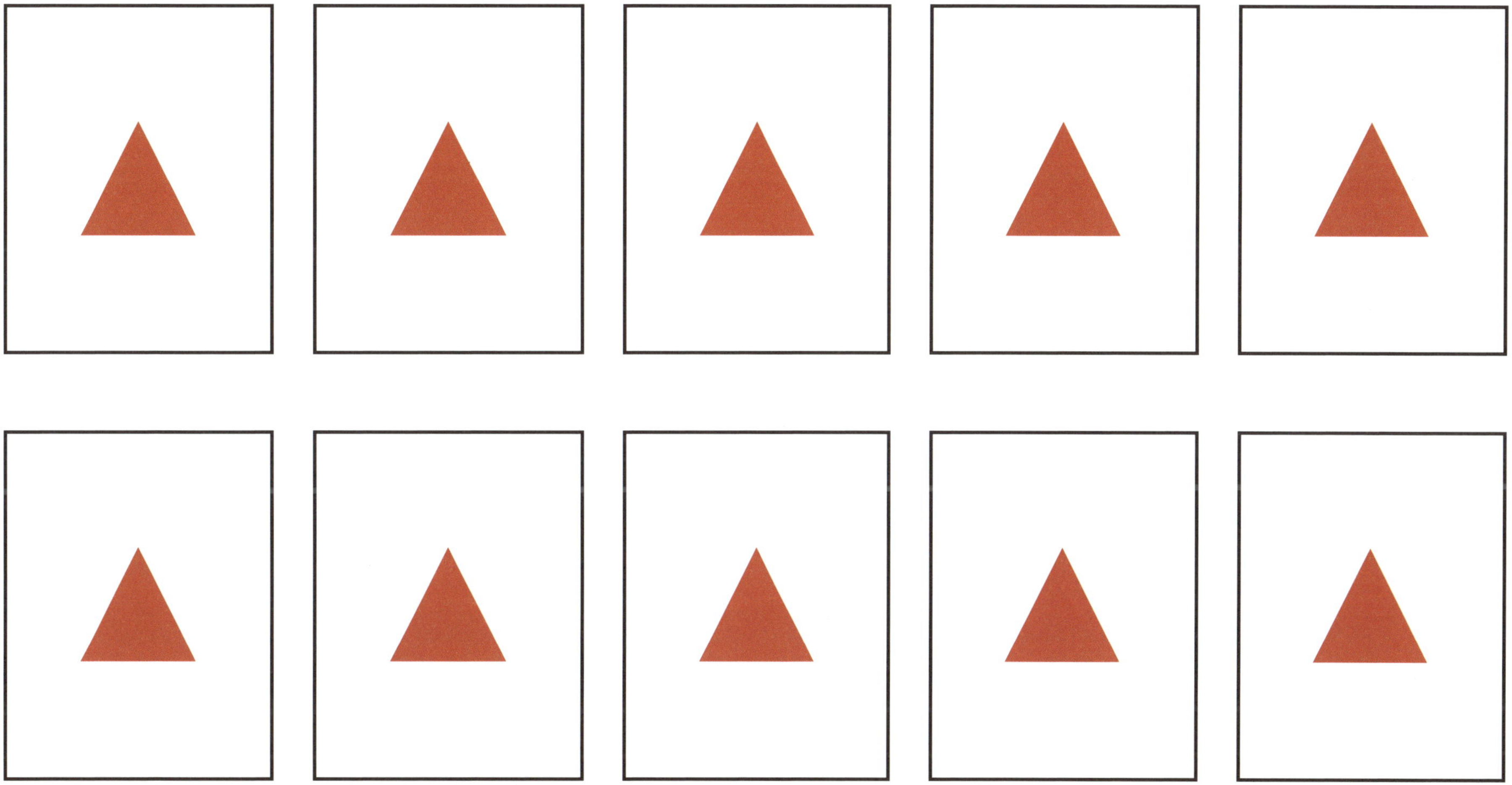

기하
23회기

④ 도형 카드로 계획 달성 보드게임

[도형카드] - 잘라서 사용하세요.

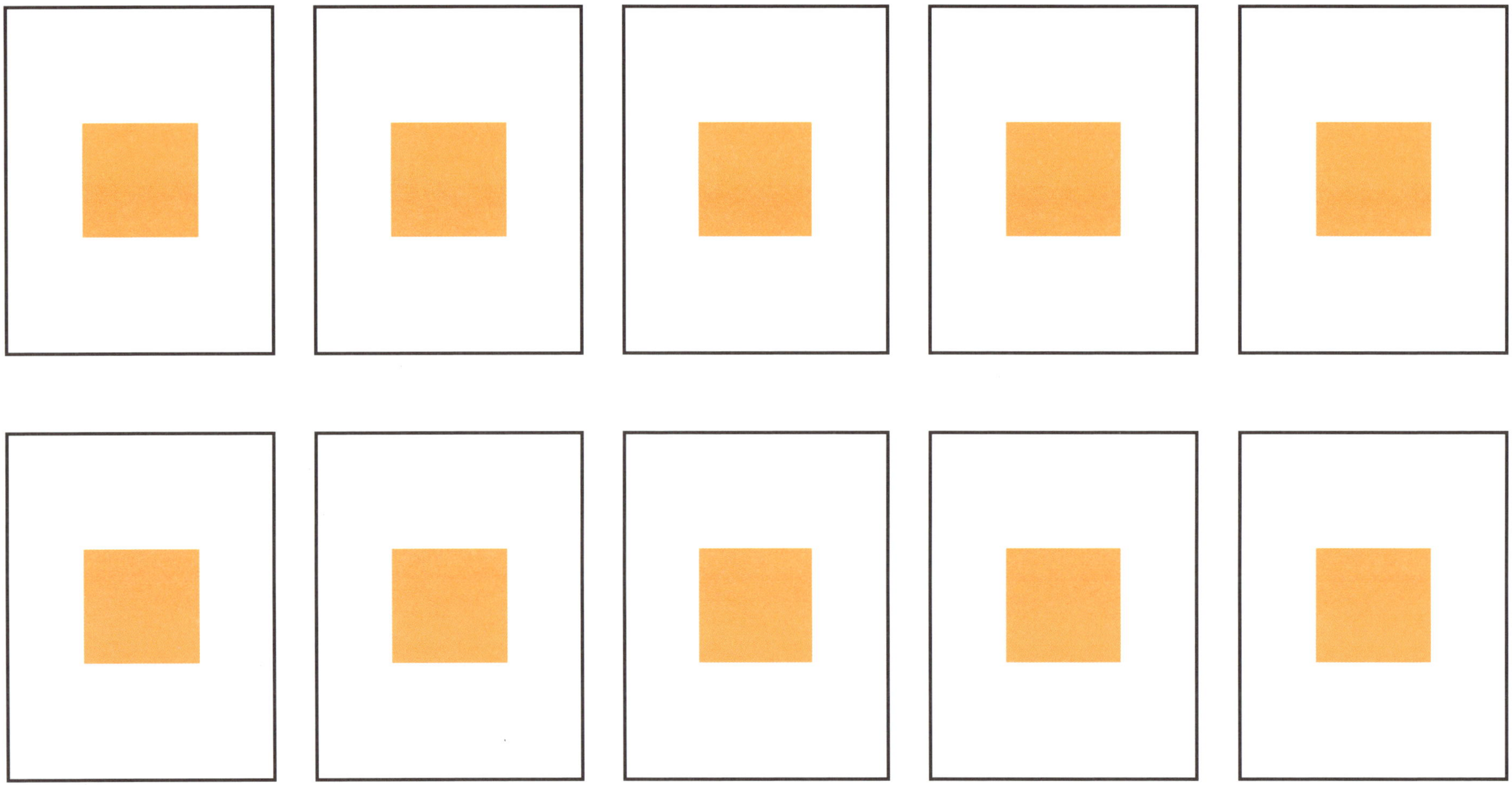

과제

집에서 해봅시다.

오늘 배운 보드게임을 가족과 함께 해봅시다.

24 회기

다르게 생각해 봐요.

1 준비물

색연필, 필기구, 가위, 풀

2 적용 대상

평균 하(80~89) 지능에 해당하는 초등학교 1~2학년 학생

3 적용 시기

후기

4 소요 시간

약 50분

5 향상 목표 주요 지표

언어이해, 시공간, 유동추론, 작업기억

① 여러 측면에서 관찰해요.

약 5분

아래 블록을 보고 앞에서 볼 때와 옆에서 볼 때, 위에서 볼 때의 그림을 그려 볼까요?

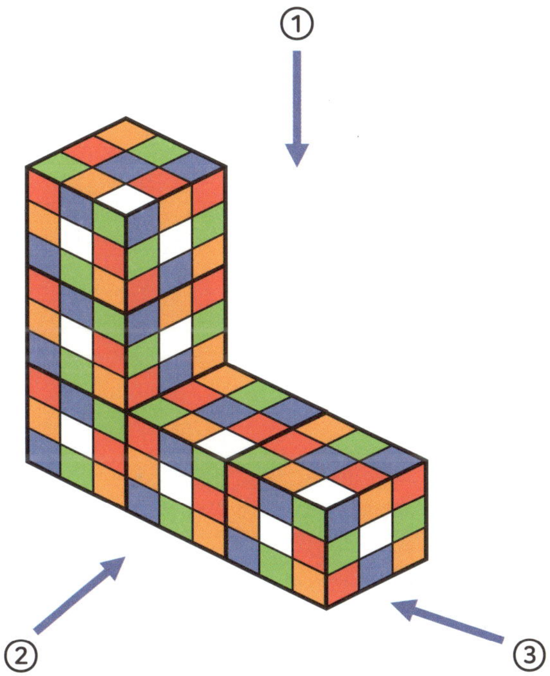

치료사용 지침

① 다음의 블록 그림을 보고 앞에서 볼 때와 위에서 볼 때, 옆에서 볼 때 어떻게 보일 것 같을지 유추해서 그림으로 그려보게 하세요. ② 이 과제를 너무 어려워한다면 뒤에 있는 부록의 정육면체 전개도를 오려 블록으로 만들어 직접 관찰하게 해볼 수 있습니다.

①

②

③

기하
24회기

① 여러 측면에서 관찰해요.

(답안)

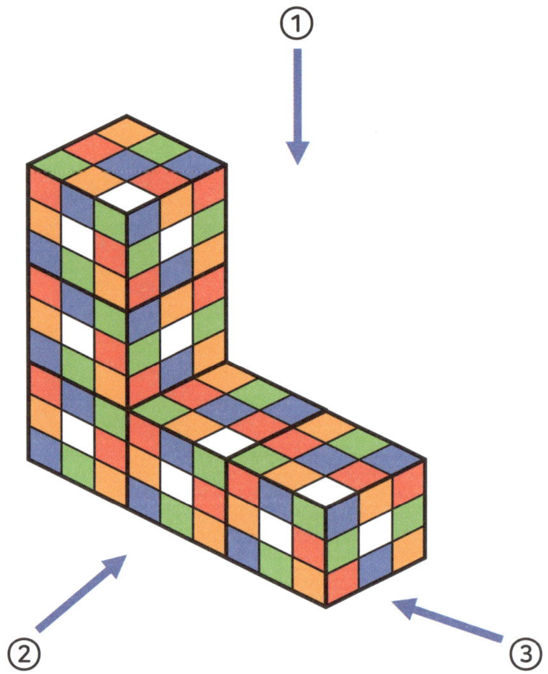

①

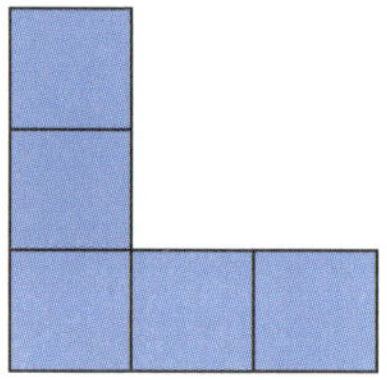

②

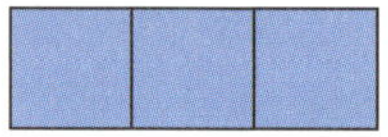

③

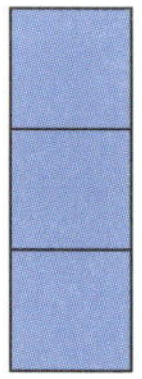

① 여러 측면에서 관찰해요.

약
5분

◈ 아래 블록을 보고 앞에서 볼 때와 옆에서 볼 때, 위에서 볼 때의 그림을 그려 볼까요?

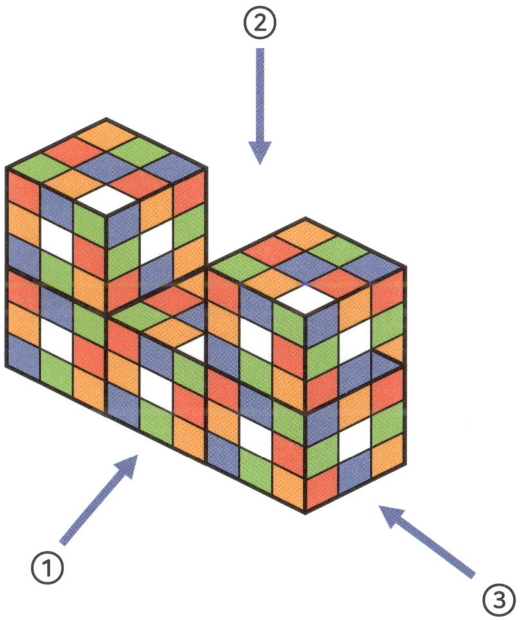

①

②

③

① 여러 측면에서 관찰해요.

(답안)

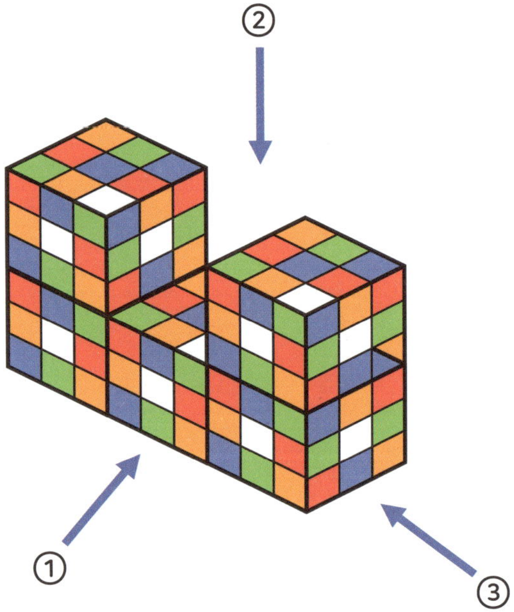

①

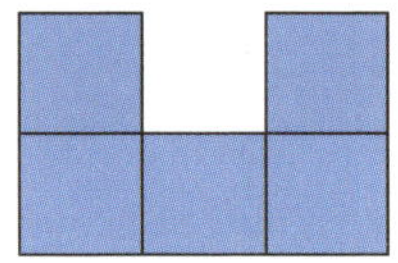

②

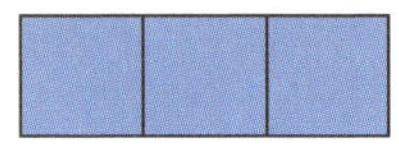

③

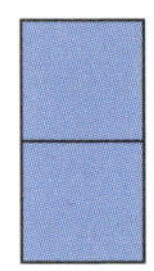

기하
24회기

① 여러 측면에서 관찰해요.

약 5분

◈ 아래 블록을 보고 앞에서 볼 때와 옆에서 볼 때, 위에서 볼 때의 그림을 그려 볼까요?

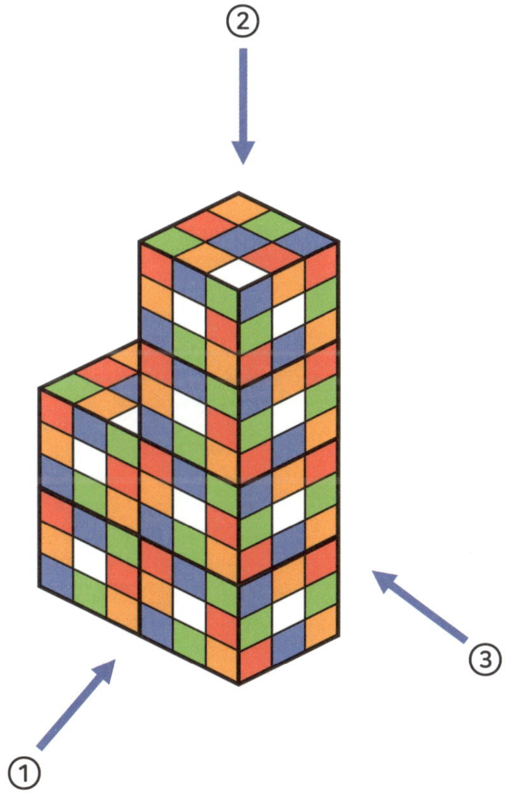

①

②

③

① 여러 측면에서 관찰해요.

(답안)

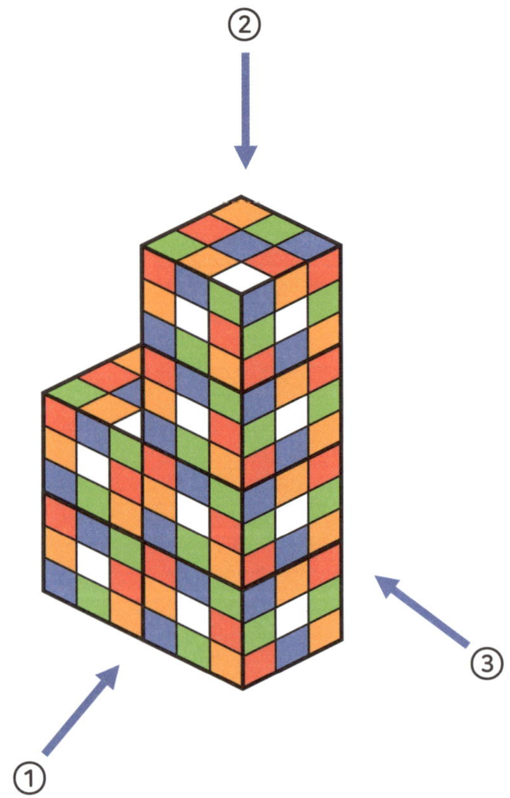

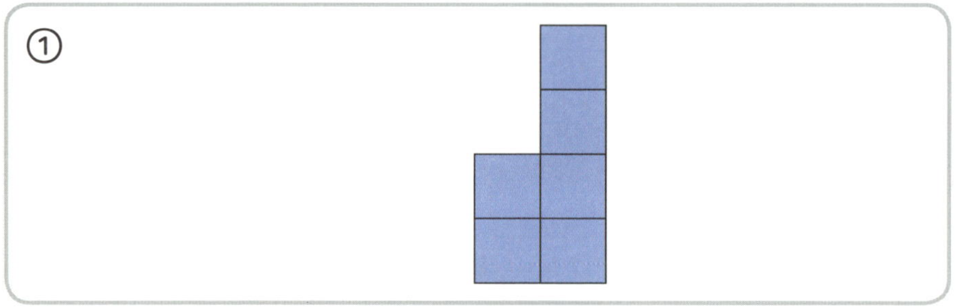

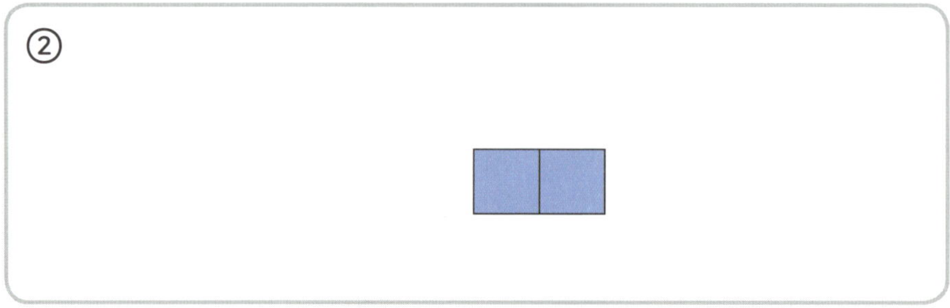

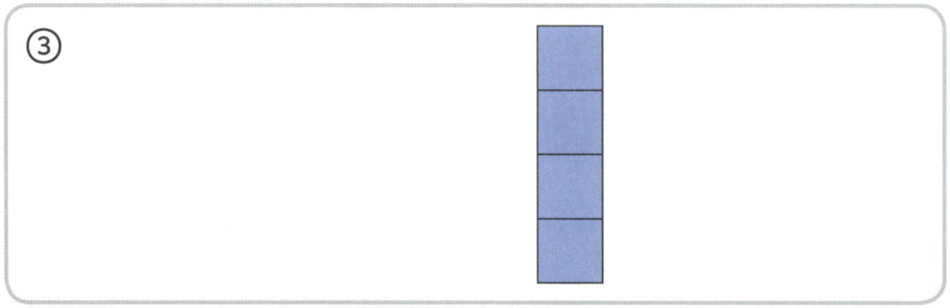

① 여러 측면에서 관찰해요.

약
5분

아래 블록을 보고 앞에서 볼 때와 옆에서 볼 때, 위에서 볼 때의 그림을 그려 볼까요?

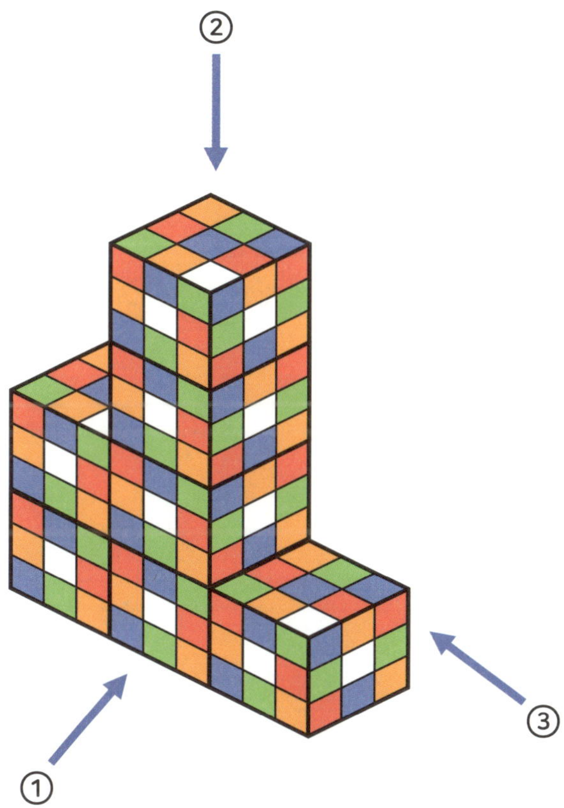

①

②

③

① 여러 측면에서 관찰해요.

(답안)

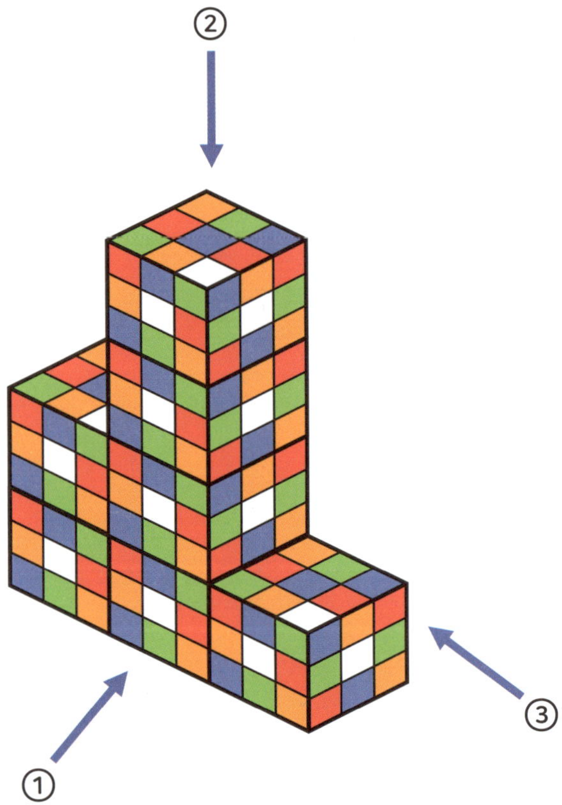

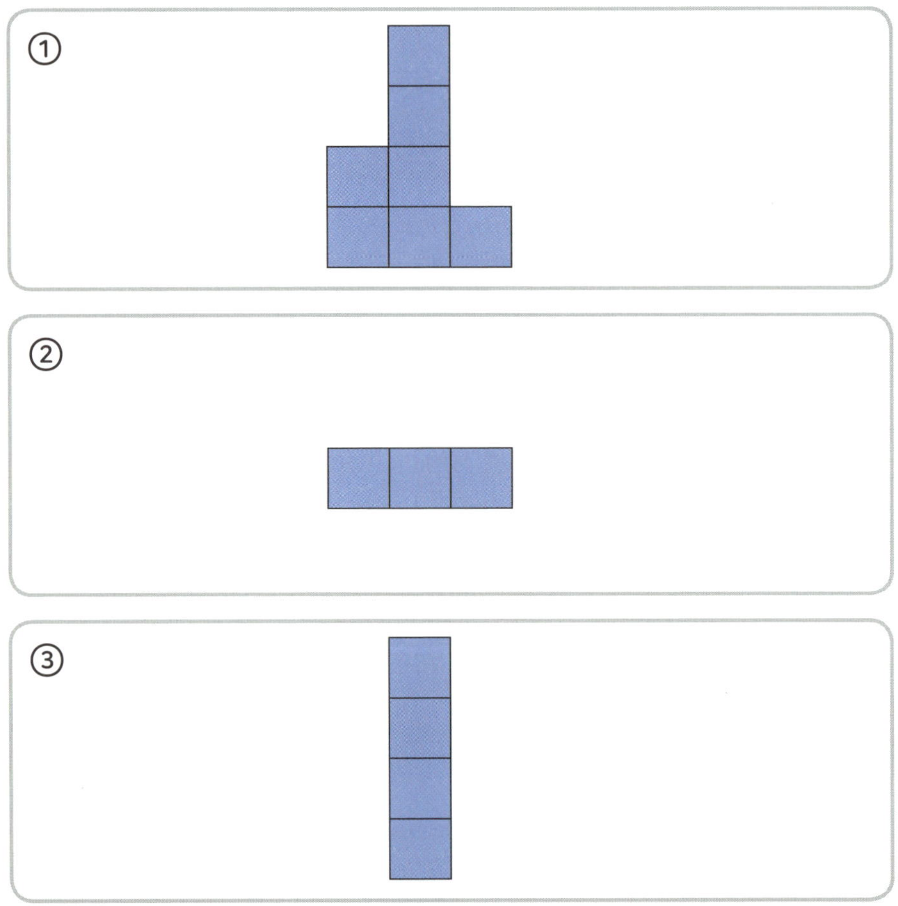

기하
24회기

부록

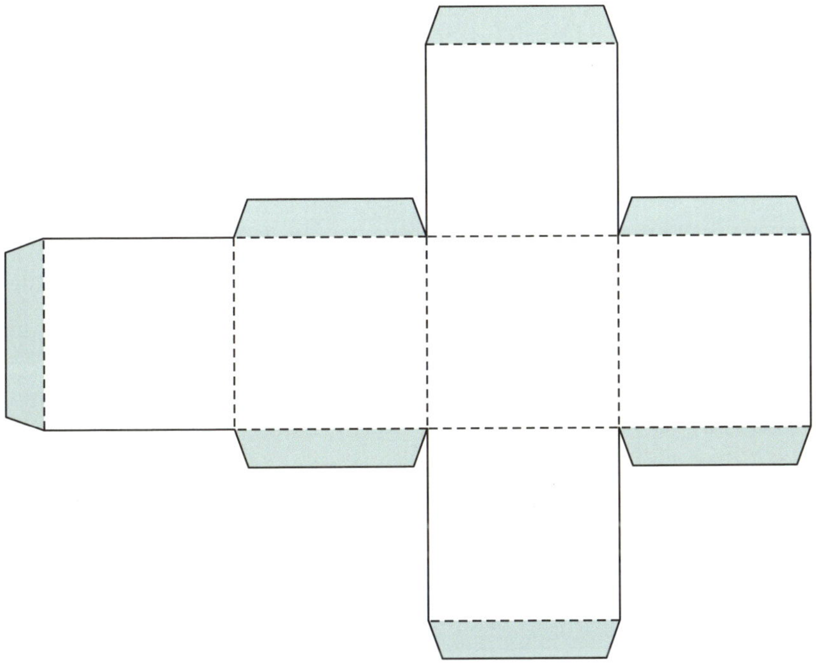

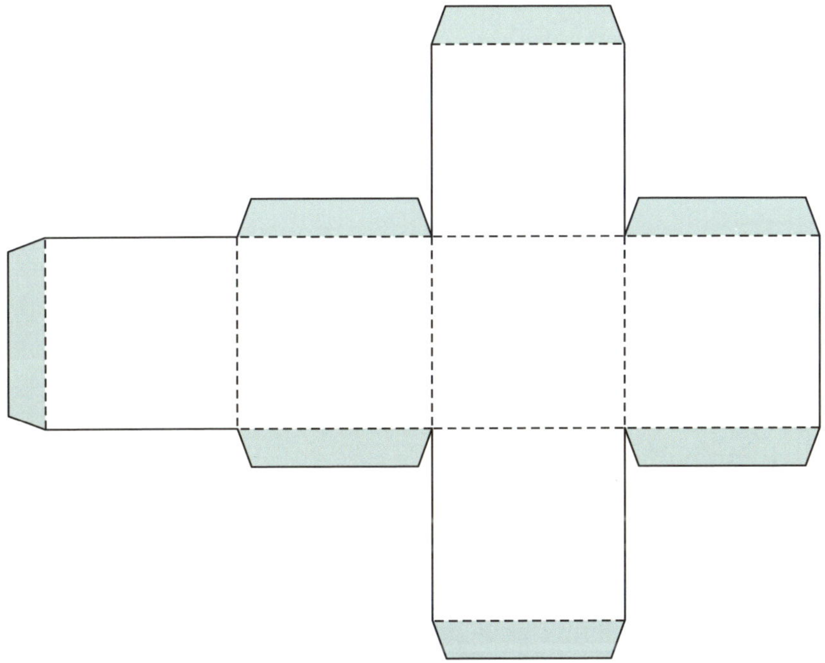

치료사용 지침

① 앞 장의 활동을 할 때 필요한 전개도입니다. 치료실에 블록이 구비되어 있지 않은 경우 이 '부록'을 여러 장 복사하여 사용할 수 있습니다. 아동이 직접 전개도를 그려 정육면체 모양의 블록을 만들어 보게 하는 것도 의미 있는 작업이 될 것입니다.

② 같은 사물 다른 느낌

약
15분

아래 그림을 본 적이 있나요? 그림을 보고 어떤 상황으로 보이는지 이야기 해보세요.
그리고 옆에 있는 글을 읽어 보세요.

군맹무상(群盲撫象)

옛날에 인도의 왕이 앞이 보이지 않는 사람들에게 '코끼리'라는 동물을 가르쳐 주기 위해 궁으로 불렀습니다. 그리고 신하들을 시켜 코끼리를 데려오게 했는데요. 소경들에게 코끼리를 만져 보게 한 뒤, 임금님이 물었습니다. "코끼리가 어떻게 생겼는지 알겠느냐?" 그러자 소경들은 "예, 알았나이다."하고 대답했습니다. "그럼 어디 한 사람씩 말해 보거라."하니, 코끼리의 상아를 만진 소경은 "무와 같사옵니다."라고 대답하고, 귀를 만진 소경은 "절굿공이 같사옵니다."라고 대답했습니다. 머리를 만진 소경은 "돌과 같사옵니다."라고 대답했습니다.

이는 사람마다 각자의 생각으로 사물을 판단한다는 것으로 부분만 보고도 전체를 잘못 보는 것을 의미합니다.

치료사용 지침

① 블록의 모습은 변하지 않았지만, 블록을 어디에서 관찰하는지에 따라 다르게 보인다는 것을 알아차렸다면, 군맹무상의 읽기자료를 읽어 보게 합니다. ② 군맹무상은 사람마다 각자의 생각으로 사물을 판단한다는 것으로 부분만 보고도 전체를 본 것이라고 착각하는 것을 말하는데요. 아동에게도 이런 경험이 있었는지 함께 나눠볼 수 있도록 유도해 주세요.

기하 24회기

② 같은 사물 다른 느낌

◈ 옆의 질문을 보고 답해 보세요.

Q. 그렇다면, 어떤 사물을 부분이 아니라 전체적으로 정확하게 보기 위해서는 어떻게 해야 할까요?

치료사용 지침

① 그렇다면 어떤 사물을 볼 때 부분이 아니라 전체적으로, 정확하게, 폭넓게 보기 위해서는 어떻게 해야 하는지 질문하고 답해 보게 합니다.

② 같은 사물 다른 느낌

(답안)

Q. 그렇다면, 어떤 사물을 부분이 아니라 전체적으로 정확하게 보기 위해서는 어떻게 해야 할까요?

예) 다른 사람의 입장에서 생각해 봐요, 세상에 다양한 생각이 있다는 것을 알기 위해 책을 많이 읽어요, 다양한 경험을 해 봐요, 생각을 많이 해요, 등등...

기하
24회기

③ 같은 일 다른 입장 이해하기

약 7.5분

다음의 여러 가지 상황들을 보고 드는 나의 생각을 적어 보세요.
그리고 이때 다른 사람의 입장에서 다른 사람의 생각을 생각해서 적어 보세요.

내가 보던 책을 내려 놓자마자 친구 동석이가 가져갔다.

내 생각	생각	→	감정
동석 입장	동석이의 생각	→	내 생각

치료사용 지침

① 조망수용능력이 부족한 아동들은 사회성 또한 발달하기 어렵습니다. 따라서 같은 일을 경험하더라도 다른 사람의, 다른 입장을 이해하지 못하는 데서 오는 오해와 그로 인한 부정적인 감정을 경험하기 쉬운데요. 다양한 상황 제시를 통해 내 생각과 친구의 생각(입장)을 생각해 보게 하고, 그로 인해 드는 감정을 정리해 보게 합니다.

기하
24회기

③ 같은 일 다른 입장 이해하기

다음의 여러 가지 상황들을 보고 드는 나의 생각을 적어 보세요.
그리고 이때 다른 사람의 입장에서 다른 사람의 생각을 생각해서 적어 보세요.

내가 보던 책을 내려 놓자마자 친구 동석이가 가져갔다.

내 생각	동석이가 내 책을 뺏어 갔다.	→	기분이 나쁘다. 화가 난다. 약이 오른다.
동석 입장	ㅇㅇ이가 책을 다 봐서 더 이상 읽지 않을 것이라고 생각해서 가져갔을 뿐이다.	→	그럴 수 있었겠다. 다음부터는 아직 보고 있는 책이라고 이야기 해야지. 혹은 다음부터는 오해하지 않게 내가 빌릴 책이라면 잘 들고 있어야지.

기하 24회기

③ 같은 일 다른 입장 이해하기

약 7.5분

다음의 여러 가지 상황들을 보고 드는 나의 생각을 적어 보세요.
그리고 이때 다른 사람의 입장에서 다른 사람의 생각을 생각해서 적어 보세요.

복도에서 서영이를 마주쳤는데 내 인사를 받지 않고 지나갔다.

내 생각	생각	→	감정
서영 입장	서영이의 생각	→	내 생각

기하 24회기

③ 같은 일 다른 입장 이해하기

다음의 여러 가지 상황들을 보고 드는 나의 생각을 적어 보세요.
그리고 이때 다른 사람의 입장에서 다른 사람의 생각을 생각해서 적어 보세요.

복도에서 서영이를 마주쳤는데 내 인사를 받지 않고 지나갔다.

내 생각	서영이가 내 인사를 무시했다.	→	기분이 나쁘다. 화가 난다. 상처 받는다.
서영 입장	ㅇㅇ이가 나에게 인사한 줄 몰랐다. 혹은, 시력이 나빠서(다른 데를 보느라) ㅇㅇ이를 보지 못했다.	→	그랬구나. 다음부터는 다시 한번 큰 소리로 불러서 인사해 봐야지.

과제 집에서 해봅시다.

친구와 혹은 가족과 생긴 오해를 떠올려 보고, 나의 생각과 타인의 입장을 정리해 보세요.
그리고 그렇게 생각했을 때 드는 감정을 적어 보세요.

내 생각	생각	→	감정
입장	_____의 생각	→	내 생각

25 회기

뒤집어서 생각해요.

1 준비물

색종이, 색연필, 필기구

2 적용 대상

평균 하(80~89) 지능에 해당하는 초등학교 1~2학년 학생

3 적용 시기

후기

4 소요 시간

약 50분

5 향상 목표 주요 지표

언어이해, 시공간, 유동추론, 작업기억

기하 25회기

① 색종이를 뒤집어 보세요.

약 5분

◈ 아래 색종이 ________ 장이 있어요.
이 색종이를 한꺼번에 잡고 뒤로 넘긴다면 어떤 모양이 될까요?
빈 색종이에 색칠해 보세요.

치료사용 지침

① 아래에 정사각형의 색종이 2장이 겹쳐져 있습니다. 이 색종이를 한꺼번에 잡고 뒤로 넘겼을 때 어떤 모양이 되는지 유추해 보게 합니다. 그리고 색칠해 보게 합니다. ② 이때 어려워 한다면 초반에는 실제 색종이를 활용하여 해봐도 좋습니다.

기하
25회기

① 색종이를 뒤집어 보세요.

(답안)

기하 25회기

① 색종이를 뒤집어 보세요.

약 5분

◈ 아래 색종이 ________ 장이 겹쳐 있어요.
이 색종이를 한꺼번에 잡고 뒤로 넘긴다면 어떤 모양이 될까요?
빈 색종이에 색칠해 보세요.

치료사용 지침

① 아래 색종이 3장이 있습니다. 이 색종이를 한꺼번에 잡고 뒤로 넘겼을 때 어떤 모양이 되는지 유추해 보게 합니다. 그리고 색칠해 보게 합니다.
② 이때 어려워 한다면 초반에는 실제 색종이를 활용하여 해봐도 좋습니다.

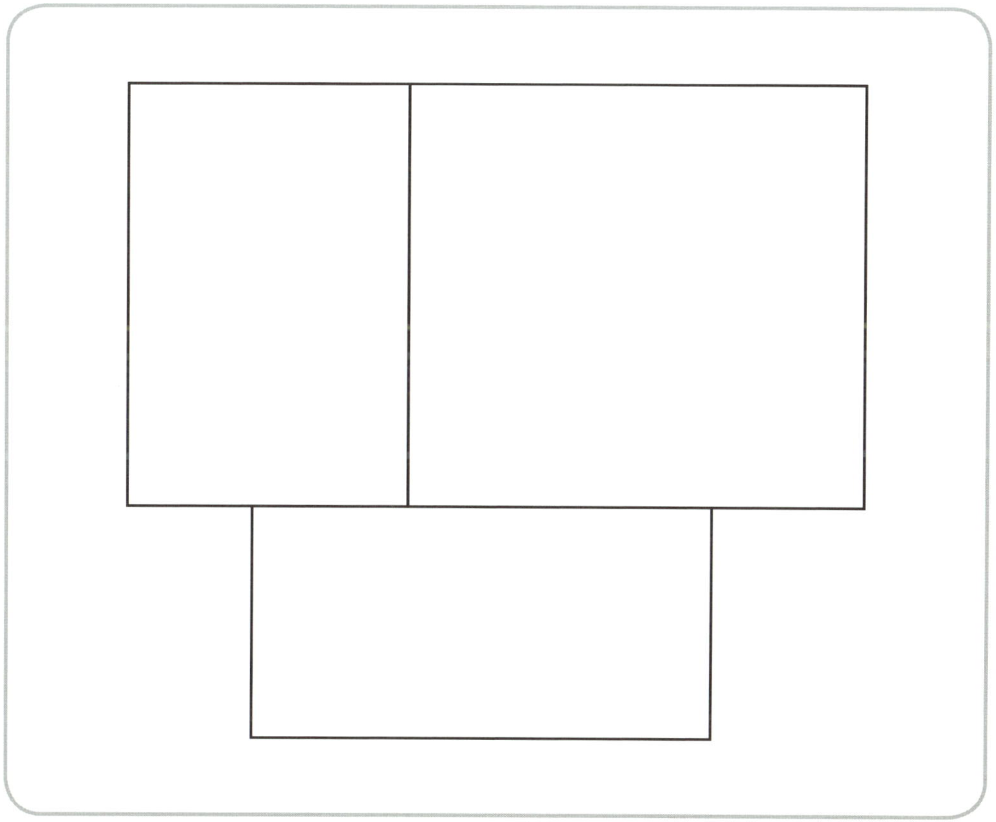

기하
25회기

① 색종이를 뒤집어 보세요.

(답안)

기하
25회기

① 색종이를 뒤집어 보세요.

약
5분

◈ 아래 색종이 ________ 장이 있어요.
이 색종이를 한꺼번에 잡고 뒤로 넘긴다면 어떤 모양이 될까요?
오른쪽 빈 칸에 그림을 그리고 색칠해 보세요.

치료사용 지침

① 아래 색종이 2장이 있습니다. 이 색종이를 한꺼번에 잡고 뒤로 넘겼을 때 어떤 모양이 되는지 유추하여 직접 그려보고, 색칠해 보게 합니다.
② 이때 어려워 한다면 초반에는 실제 색종이를 활용하여 해봐도 좋습니다.

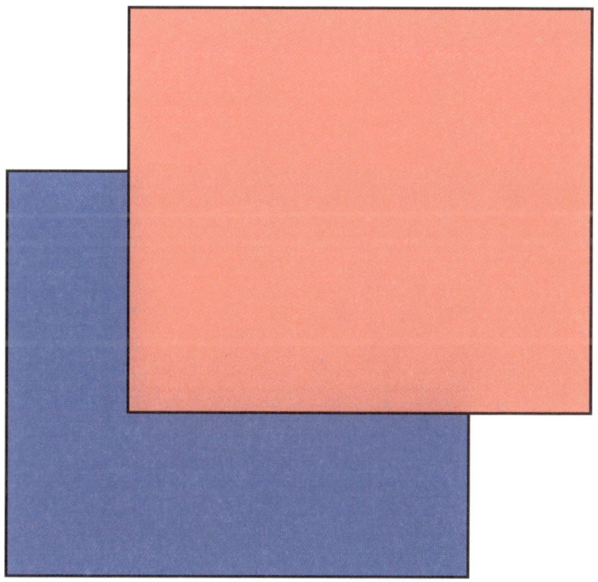

① 색종이를 뒤집어 보세요.

(답안)

기하 25회기

① 색종이를 뒤집어 보세요.

약 5분

◈ 아래 색종이 __________ 장이 있어요.
이 색종이를 한꺼번에 잡고 뒤로 넘긴다면 어떤 모양이 될까요?
오른쪽 빈 칸에 그림을 그리고 색칠해 보세요.

치료사용 지침

① 아래 색종이 3장이 있습니다. 이 색종이를 한꺼번에 잡고 뒤로 넘겼을 때 어떤 모양이 되는지 유추해 보게 합니다. 그리고 색칠해 보게 합니다.
② 이때 어려워 한다면 초반에는 실제 색종이를 활용하여 해봐도 좋습니다.

기하
25회기

① 색종이를 뒤집어 보세요.

치료사용 지침

① 뒤집었을 때 위, 아래에 놓이는 색종이의 순서만 바뀌는 것이 아니라 방향도 달라짐을 알아차리게 도와 주세요.

(답안)

기하
25회기

① 색종이를 뒤집어 보세요.

약
5분

◈ 아래 색종이 ________ 장이 있어요.
이 색종이를 한꺼번에 잡고 뒤로 넘긴다면 어떤 모양이 될까요?
오른쪽 빈 칸에 그림을 그리고 색칠해 보세요.

치료사용 지침

① 아래 색종이 3장이 있습니다. 이 색종이를 한꺼번에 잡고 뒤로 넘겼을 때 어떤 모양이 되는지 유추해 보게 합니다. 그리고 색칠해 보게 합니다.
② 이때 어려워 한다면 초반에는 실제 색종이를 활용하여 해봐도 좋습니다.

① 색종이를 뒤집어 보세요.

치료사용 지침

① 뒤집었을 때 위, 아래에 놓이는 색종이의 순서만 바뀌는 것이 아니라 방향도 달라짐을 알아차리게 도와 주세요.

(답안)

기하 25회기

① 색종이를 뒤집어 보세요.

약 5분

아래 색종이 ______ 장이 있어요.
이 색종이를 한꺼번에 잡고 뒤로 넘긴다면 어떤 모양이 될까요?
빈 색종이에 색칠해 보세요.

치료사용 지침

① 아래 색종이 3장이 있습니다. 이 색종이를 한꺼번에 잡고 뒤로 넘겼을 때 어떤 모양이 되는지 유추해 보게 합니다. 그리고 색칠해 보게 합니다.
② 이때 어려워 한다면 초반에는 실제 색종이를 활용하여 해봐도 좋습니다.

기하 25회기

① 색종이를 뒤집어 보세요.

치료사용 지침

① 뒤집었을 때 위, 아래에 놓이는 색종이의 순서만 바뀌는 것이 아니라 방향도 달라짐을 알아차리게 도와 주세요.

(답안)

기하 25회기

② 뒤집어 생각해 봐요.

약 5분

◈ 마음 속의 색종이를 뒤집어 보니 어땠나요? 같은 색종이로도 뒤집어서 보면 다른 측면을 볼 수 있지 않았나요? 우리의 생각도 마찬가지예요. 어떤 현상에 대해 뒤집어 본다면 다르게 생각할 수 있어요. 부정적인 생각을 뒤집어 보면 긍정적인 생각으로 바꿔볼 수 있답니다.

치료사용 지침

① 색종이 뒤집어 보기 활동을 통해 같은 사물, 현상이라도 뒤집어서 보면 다른 측면을 볼 수 있다는 것을 알아차리게 도와줍니다. ② 그리고 실제로 우리가 평소 하는 생각도 뒤집어서 본다면 다르게 생각할 수 있다는 것을 알려줍니다. 주어진 그림을 보고 어떤 생각이 드는지, 그 반대되는 생각은 어떤 것인지 적어 보게 합니다. 그리고 내가 선택하고 싶은 생각은 무엇인지, 이유는 무엇인지도 함께 생각해 보게 합니다.

◈ 다음 그림을 보고 어떤 생각이 드는지 써보세요.
그리고 그 반대 되는 생각을 함께 생각해서 써보고,
내가 선택하고 싶은 생각은 어떤 것인지 골라 보세요.
왜 이 생각을 선택하고 싶나요?
그 이유에 대해서도 써보세요.

❶

❷

➡

왜냐하면,

② 뒤집어 생각해 봐요.

(예시)

❶ 컵에 물이 반 밖에 남지 않았네.

❷ 컵에 아직 물이 반이나 남았네!
충분히 목을 축일 수 있을 것 같아.

➡ 컵에 아직 물이 반이나 남았네! 충분히
목을 축일 수 있을 것 같아.

왜냐하면, 정말로 목이 마를 때는
반 정도만 마셔도 충분하기 때문이다.

기하 25회기

② 뒤집어 생각해 봐요.

약 5분

다음 그림을 보고 어떤 생각이 드는지 써보세요.
그리고 그 반대 되는 생각을 함께 생각해서 써보고,
내가 선택하고 싶은 생각은 어떤 것인지 골라 보세요.
왜 이 생각을 선택하고 싶나요? 그 이유에 대해서도 써보세요.

치료사용 지침

① 색종이 뒤집어 보기 활동을 통해 같은 사물, 현상이라도 뒤집어서 보면 다른 측면을 볼 수 있다는 것을 알아차리게 도와줍니다. ② 그리고 실제로 우리가 평소 하는 생각도 뒤집어서 본다면 다르게 생각할 수 있다는 것을 알려줍니다. 주어진 그림을 보고 어떤 생각이 드는지, 그 반대되는 생각은 어떤 것인지 적어 보게 합니다. 그리고 내가 선택하고 싶은 생각은 무엇인지, 이유는 무엇인지도 함께 생각해 보게 합니다.

1

2

➡

왜냐하면,

기하 25회기

② 뒤집어 생각해 봐요.

(예시)

1. 다리가 너무 아파서 짜증난다.

2. 다리가 아프긴 하지만 나는 키가 더 커지기 위한 성장통을 겪고 있는 거구나.

➡ 다리가 아프긴 하지만 나는 키가 더 커지기 위한 성장통을 겪고 있는 거구나.

왜냐하면, 키가 커지려면 뼈가 자라야 하기 때문이다. 다리가 하나도 안 아프고 키가 자라지 않는 것보다는 지금 조금 아프더라도 키가 자라는 게 더 좋다.

기하 25회기

② 뒤집어 생각해 봐요.

약 5분

다음 그림을 보고 어떤 생각이 드는지 써보세요.
그리고 그 반대 되는 생각을 함께 생각해서 써보고,
내가 선택하고 싶은 생각은 어떤 것인지 골라 보세요.
왜 이 생각을 선택하고 싶나요? 그 이유에 대해서도 써보세요.

치료사용 지침

① 색종이 뒤집어 보기 활동을 통해 같은 사물, 현상이라도 뒤집어서 보면 다른 측면을 볼 수 있다는 것을 알아차리게 도와줍니다. ② 그리고 실제로 우리가 평소 하는 생각도 뒤집어서 본다면 다르게 생각할 수 있다는 것을 알려줍니다. 주어진 그림을 보고 어떤 생각이 드는지, 그 반대되는 생각은 어떤 것인지 적어 보게 합니다. 그리고 내가 선택하고 싶은 생각은 무엇인지, 이유는 무엇인지도 함께 생각해 보게 합니다.

1

2

➡

왜냐하면,

기하
25회기

② 뒤집어 생각해 봐요.

(예시)

1 친구랑 의견이 맞지 않아 싸웠고 화가 났다.

2 나에게 싸우고 화해하고 다시 잘 지낼 수 있는 친구가 있다는 것은 감사한 일이다.

➡ 나에게 싸우고 화해하고 다시 잘 지낼 수 있는 친구가 있다는 것은 감사한 일이다.

왜냐하면, 친구가 아예 없는 것보다는 다투더라도 다시 화해하고 잘 지낼 수 있는 친구가 있는 편이 낫다고 생각하기 때문이다. 그리고 잘 화해하는 방법도 배울 수 있어서 좋다.

기하 25회기

② 뒤집어 생각해 봐요.

약 5분

◈ 다음 그림을 보고 어떤 생각이 드는지 써보세요.
그리고 그 반대 되는 생각을 함께 생각해서 써보고,
내가 선택하고 싶은 생각은 어떤 것인지 골라 보세요.
왜 이 생각을 선택하고 싶나요? 그 이유에 대해서도 써보세요.

치료사용 지침

① 색종이 뒤집어 보기 활동을 통해 같은 사물, 현상이라도 뒤집어서 보면 다른 측면을 볼 수 있다는 것을 알아 차리게 도와줍니다. ② 그리고 실제로 우리가 평소 하는 생각도 뒤집어서 본다면 다르게 생각할 수 있다는 것을 알려줍니다. 주어진 그림을 보고 어떤 생각이 드는지, 그 반대되는 생각은 어떤 것인지 적어 보게 합니다. 그리고 내가 선택하고 싶은 생각은 무엇인지, 이유는 무엇인지도 함께 생각해 보게 합니다.

①

②

➡

왜냐하면,

② 뒤집어 생각해 봐요.

(예시)

1 엄마의 잔소리가 듣기 싫다.

2 엄마가 나에게 관심이 있고 내가 더 잘 되었음 하는 바람이 있으시구나.

➡ 엄마가 나에게 관심이 있고 내가 더 잘 되었음 하는 바람이 있으시구나.

왜냐하면, 엄마가 나를 사랑하지 않거나 관심이 없다면 잔소리를 하지 않으실 것 같기 때문이다. 앞으로는 잔소리를 듣기 전에 먼저 해봐야겠다.

기하
25회기

집에서 해봅시다.

오늘 배운 색종이 과제를 다시 한번 가족과 함께 해보고 연습해 보세요.

초등 저학년 아동의 **학습 잠재력을 깨우는**

인지학습치료
전문가를 위한

인지학습치료 워크북 1

한국정신건강심리학회

대표 저자 이은주 · 임의진 · 이수현

인지학습치료 전문가를 위한

인지학습치료 워크북 1

첫째판 1쇄 인쇄 | 2025년 12월 23일
첫째판 1쇄 발행 | 2026년 01월 07일

지 은 이 한국정신건강심리학회, 대표저자 이은주, 임의진, 이수현
발 행 인 장주연
출 판 기 획 임경수
책 임 편 집 이연성
표지디자인 김재욱
편집디자인 주은미
일 러 스 트 신윤지
발 행 처 군자출판사(주)
등록 제4-139호(1991. 6. 24)
본사 (10881) **파주출판단지** 경기도 파주시 회동길 338(서패동 474-1)
전화 (031) 943-1888 팩스 (031) 955-9545
홈페이지 | www.koonja.co.kr

ISBN 979-11-7068-395-7
정 가 50,000원